Jamin • Vermisst – und manchmal Mord

W0230917

Vermisst – und manchmal Mord

Über Menschen, die verschwinden, und jene, die sie suchen

von
Peter Jamin

VERLAG DEUTSCHE POLIZEILITERATUR GMBH
Buchvertrieb

Bibliographische Information der Deutschen Bibliothek

Die Deutsche Bibliothek verzeichnet diese Publikation in der
Deutschen Nationalbibliographie; detailierte bibliographische
Daten sind im Internet über http./dnb.ddb.de abrufbar

© VERLAG DEUTSCHE POLIZEILITERATUR GMBH Buchvertrieb, Hilden/Rhld., 2007
Alle Rechte vorbehalten
Titelfoto: ImagePoint, Zürich
Satz: VDP GMBH Buchvertrieb, Hilden
Druck und Bindung: Griebsch & Rochol Druck, Hamm
Printed in Germany
ISBN 978-3-8011-0538-9

Dank

Der Autor dankt den Angehörigen und den ehemaligen Vermissten, die ihm bereitwillig und vertrauensvoll Auskunft über ihre Erfahrungen gegeben haben, sowie den Mitarbeitern von Behörden und Institutionen, die ihn mit Informationen versorgten.

Dank auch an Kathrin Lenzer für ihre sehr geschätzte journalistische Unterstützung und an Natascha Kampusch und ihren Medienberater Stefan Bachleitner von der Wiener Agentur „The Skills Group".

Geleitwort zum Buch

Angehörige sind oftmals Opfer

Meine Entführung war nicht nur für mich eine schreckliche Erfahrung: Auch meine Familie musste in diesen Jahren furchtbare Zeiten durchleben. Die Erlebnisse meiner Eltern, Geschwister und anderer Verwandten zeigen mir, dass die Angehörigen von Vermissten die oftmals übersehenen Opfer solcher Schicksalsschläge sind.

Die Sorge um einen lieben Menschen, die niemals enden wollende Hoffnung auf ein glückliches Ende, die quälende Frage, was geschehen sein mag und ob es nicht hätte verhindert werden können, gemeine Verdächtigungen, sensationsgierige Medien, gefühllose Behörden, falsche Fährten ... all das kann das Leben für die Angehörigen verschwundener Menschen zur Hölle auf Erden machen.

Aus diesem Grund begrüße ich jede Initiative, die nicht nur auf das Schicksal von Vermissten, sondern auch auf deren Familien aufmerksam macht. Ich hoffe sehr, dass dadurch mehr öffentliches Bewusstsein für die Probleme von Angehörigen in solchen Situationen geschaffen wird, damit Freunde, Nachbarn, Kommunen, Behörden und auch Medien ihnen besser dabei helfen können, ein derart schreckliches Ereignis zu bewältigen.

Natascha Kampusch
Wien, April 2007

Vorwort: Den Nachbarn helfen

Gestern Abend sagte mir ein Bekannter: „Marion ist weg."
Obwohl ich der jungen Frau nur gelegentlich begegnet bin und sie kaum
kenne, spürte ich die Angst, der Verschwundenen könnte Schreckliches
passiert sein.

Was ist ihr geschehen? Entführt? Ermordet? Freiwillig fort?

Obwohl ich schon oft über diese Situation geschrieben, darüber Filme
gemacht und hunderte Male die Angehörigen von Vermissten beraten
habe, fällt es mir schwer, ruhig zu bleiben. Mir ergeht es wie allen: Wer
vom plötzlichen Verschwinden eines Angehörigen, Freundes oder Bekannten erfährt, gerät fast immer in Panik. Man fühlt sich hilflos und unsicher, ist verzweifelt.

Was tun? Was sofort und wie machen?

Selbst wenn es sich, wie in meinem Fall, um eine Bekanntschaft handelt,
die nicht von Gefühlen und Nähe und Vertrauen und vielen gemeinsamen Erfahrungen und Erinnerungen geprägt ist und auch keine verwandt-
schaftlichen Bande bestehen, kann man sich den aufkommenden Emoti-
onen nicht erwehren. Zu sehr verbinden wir mit dem Verschwinden eines
Menschen eine unbekannte Gefahr. Eine diffuse, nicht fassbare Bedro-
hung, vor der wir uns selbst und die Nahestehenden instinktiv schützen
wollen.

Weil das so ist, benötigen die Angehörigen von Vermissten die Unterstützung von Helfern, die einen klaren Kopf bewahren. Sie brauchen Polizisten, die einen guten Job machen, und fachkundige Ratgeber, die wissen,
was zu tun ist. Gute Polizisten gibt es viele, fachkundige Helfer nur eine
Handvoll.

Dieses Buch ist das Ergebnis einer rund 15 Jahre dauernden Auseinandersetzung mit dem Schicksal von Vermissten und ihren Angehörigen.
Die Erfahrungen aus hunderten Gesprächen mit Betroffenen und Helfern sind in dieses Buch eingeflossen, aber auch die Enttäuschung darüber,
dass unsere Gesellschaft die Bedürfnisse der Betroffenen weitgehend ignoriert.

Dieses Buch ist Ratgeber und Bestandsaufnahme zugleich. Ich beschrei-
be die Situation der Angehörigen von Vermissten und zeige auf, was sie
in ihrer Notlage tun können. Und ich berichte über die Arbeit der Polizei,
der noch immer die Hauptlast aufgebürdet wird – bei der Suche nach
Vermissten wie auch bei der Beratung und seelischen Unterstützung der
Angehörigen.

Dieses Buch ist ein Plädoyer dafür, dass wir uns mehr um das Schicksal der Angehörigen kümmern und ihnen professionelle Hilfe organisieren. Nicht nur zwischen den Zeilen appelliere ich an alle, mehr Verantwortungsbewusstsein für die Probleme dieser Minderheiten in den Städten und Gemeinden zu übernehmen.

Gerade noch freut man sich gemeinsam über „Wetten dass..." mit Thomas Gottschalk, gerade noch hat man sich unbeschwert einen Krimi im Kino angesehen, da steht man vor einer Situation, mit der man nie gerechnet hat und auf die man sich nie vorbereiten konnte. Ohne Warnung, ohne Vorbereitung: Ein geliebter, vertrauter Mensch ist verschwunden. Ganz gleich, ob Universitätsprofessor oder Handwerksmeister, Friseurin oder Unternehmensberaterin – in einer solchen Situation reagieren die Angehörigen von Vermissten alle gleich: mit der Hilflosigkeit eines Kindes, das die Welt nicht versteht.

Dieses Buch soll den Betroffenen helfen, in den Stunden der Verzweiflung handlungsfähig zu bleiben. Es soll ihnen und den Helfern Ratgeber sein, wenn der Fall des Falles eintritt. Dieses Buch ist für Polizisten geschrieben, die nicht zum Expertenkreis der Vermisstensachbearbeiter gehören, aber informiert sein möchten, wie sie Betroffenen, die ihnen in ihrem Berufsalltag begegnen, helfen können. Dieses Buch ist aber auch für jene Verantwortlichen in Politik, Sozialbehörden und Universitäten geschrieben, die bisher glaubten, dass die Sorgen der Angehörigen von Vermissten sie nichts angehen.

Für sie ist dieses Buch eine Aufforderung, dieses große soziale Problem, mit dem jedes Jahr eine halbe Million Angehörige zu kämpfen haben, endlich anzupacken. Endlich helfen, nicht länger ignorieren – dazu fordere ich vor allem die Bürgermeister und Oberbürgermeister, die Ratsherren und Ratsfrauen in den Kommunen Deutschlands auf. Sie vor allem haben es in der Hand, den Angehörigen von Vermissten die Hilfe zukommen zu lassen, die sie dringend benötigen. In jeder Stadt, in jedem Dorf leben Menschen, die bereits einen Menschen vermissen oder es morgen tun werden. Sie sind unsere Nachbarn. Wir dürfen sie mit ihrer Verzweiflung nicht alleine lassen.

Peter Jamin

Inhaltsverzeichnis

Vorwort: Den Nachbarn helfen 9

I.   Die Phase des Schocks:
Ein Mensch ist verschwunden 15

Kaum Hilfe für Angehörige – Deutschland ein Entwicklungsland 16

Eine Stadt verschwindet – die ersten Stunden und Tage 18

Tipp: Verhaltensregeln für Kinder – und Eltern 20

Karlheinz K. und die Flucht vor sich selbst – das erste Mal 24

Freund und Helfer – die Vermisstenanzeige bei der Polizei 28

Info: Wann eine Person für die Polizei als vermisst gilt 29

Info: Die meisten Vermissten kehren nach kurzer Zeit heim 30

Rund 100 000 Fälle – und manchmal Mord und Entführung 32

Info: Das macht die Polizei nach einer Vermisstenanzeige 34

Selbsthilfe organisiert – mit einen Suchtrupp in die Wälder 34

Tipp: Am 25. Mai des vermissten Kindes gedenken 37

Erste Maßnahmen – wie Angehörige und Helfer aktiv werden 38

Tipp: Auf versteckte Signale der Angehörigen achten 39

Tipps: So verhalten sich Angehörige immer richtig 42

Der Fall Agnes M. – mit dem Kind spurlos verschwunden 44

Info: So arbeitet die Polizei vor Ort 46

Die Statistik – fast jeder zweite Vermisste ist ein Kind oder
Jugendlicher 47

Tipp: Von der Polizei lernen 49

Job für die Medien – den Betroffenen mehr Service bieten 50

Immer ein Thema – Reportage über Schicksal von Angehörigen 51

Tipp: Hilfe bei den Problemen des Alltags 53

Guter Rat vom MDR – Extraseiten im Internet 54

Service der Tageszeitung – Lebenshilfe für den Alltag bieten 57

Tipps: Das können Lokalredakteure machen 58

Der Fall Natascha Kampusch – wie Medien richtig bedient werden .. 59

Tipp: Medienberater von Natascha Kampusch empfiehlt
Zurückhaltung 60

II. Die Phase der Erkenntnis: Die hilflosen Helfer 64

Tipp: Einen Vermisst-Bundesverband gründen 65

Der Fall Debby – wenn die Familie fast zerbricht 67

Info: Fotosoftware für die Kindersuche 68

Entführt, vermisst – keine Statistik über gescheiterte Entführungen 69

Bitte an die Täter: Erlöst die Angehörigen von ihren Qualen 70

Der Fall Silvia – gefangen, eingesperrt und gefoltert 73

Tipps: Guter Rat für Polizisten 75

Der Fall Natascha Kampusch – entführt, weggeschlossen und selbst befreit 76

Tipp: Das Stockholm-Syndrom rettet Opfer 79

LKA und BKA – über die Arbeit der Vermisstenstellen 80

Schlechte Geschäfte – Hellseher und andere falsche Helfer 82

Tipp: Infos über Selbsthilfegruppen 84

Schlechter Rat vom Wahrsager – 21 Tage kein Fleisch essen 86

Am Tag X – die meisten Angehörigen sind allein 87

Ratschlag für Stadträte – Vermisst-Berater im Sozialamt 91

Das Beispiel Bern – Probleme akzeptiert, Maßnahmen ergriffen 94

Anfrage beim Deutschen Städtetag – wie die Kommunen helfen 95

Karlheinz K. und die Flucht vor sich selbst – das zweite Mal 97

III. Die Phase der Hoffnung: Die Todesnachricht als Erlösung 101

Erkenntnis und Hoffnung – Allein mit vielen Fragen 104

Trauerarbeit leisten – das Leben ist voller Abschiede 107

Am Ende Mord – niemand kennt das Ende eines Vermisstenfalles 110

Der Fall B. – vom Ehemann ermordet 113

Von der Freundin vermisst – und von der Ehefrau gefoltert 117

Der Fall R. – den Täter nach 14 Jahren gefasst 119

Andrea W. – die Entführer und Mörder leben noch mitten unter uns 124

Im Ausland vermisst – wie das Auswärtige Amt und das
BKA helfen 130

    Tipp: So hilft eine Auslandsvertretung 131

Karlheinz K. und die Flucht vor sich selbst – das dritte
Mal USA 133

Besondere Vermisstenfälle – von der Kindesentziehung bis
zur Katastrophe 136

    Info: Bei Kindesentziehung entscheidet das Gericht 137

    Info: So hilft der DRK-Suchdienst bei Katastrophen 142

Die Rückkehr von Vermissten – und die Folgen für das
Familienleben 144

Die Rückkehr des Siegfried L. – zum Sterben heim zur Familie 148

    Bitte: Vermisste gebt ein Lebenszeichen 150

    Tipp: Verhalten bei der Heimkehr des Vermissten 151

Die Rückkehr des Karlheinz K. – und das Ende der Beziehung 154

Die Rückkehr von Stefanie R. – und ewig Angst vor dem Täter 155

Die Rückkehr der Natascha Kampusch – ein langer Brief an die
Öffentlichkeit 159

Eine kurze Bilanz – Hilfe kann nur aus den Rathäusern in den
Städten und Gemeinden kommen 161

Anhang

    Adressen 165

    Quellen / Literatur / Filme 170

Stichwortverzeichnis 173

I. Die Phase des Schocks: Ein Mensch ist verschwunden

Wie zivilisiert und menschlich eine Gesellschaft ist, offenbart sich daran, wie sie ihre Minderheiten behandelt. Dazu gehören die Angehörigen von vermissten Menschen, jene Personen also, die meist von einer Minute zur anderen verschwinden – für Tage, Wochen, Monate und nicht selten auch für Jahre oder für immer.

Rund 100 000 Menschen werden allein in Deutschland jedes Jahr bei der Polizei als vermisst registriert. Das stürzt mindestens 500 000 Menschen in Verzweiflung, die davon direkt betroffen sind: Ehe- oder Lebensgefährten, Eltern, Großeltern, Onkel, Tante und Geschwister. Zählt man zum engen, betroffenen Kreis eines Menschen noch entfernte Verwandte, enge Freunde, Nachbarn, Vereins- und Arbeitskollegen hinzu, kommt schnell ein Millionenheer Betroffener zusammen, von denen fast niemand weiß, was zu tun ist und wie man helfen oder an wen man sich wenden kann.

Die Telefonauskunft bietet keine Ansprechpartner, das Internet hat keine Adressen parat – ansprechbar ist nur die Polizei, von der zwei Insider, der Leitende Kriminaldirektor a. D. Horst Clages und der Kriminaloberrat a. D. Klaus-Dieter Schlieper, in einer kritischen Bestandsaufnahme unter dem Titel „Polizeiliche Bearbeitung von Vermisstenfällen" feststellten: „Der Bearbeitung von Vermisstenfällen wird in der polizeilichen Praxis nur wenig Aufmerksamkeit gewidmet."

Die Bevölkerung einer kompletten mittelgroßen Stadt verschwindet also jedes Jahr in der Polizeistatistik – und niemand interessiert sich für die Sorgen und Probleme der Zurückgebliebenen. Außer der Polizei, die die Vermissten registriert, Angehörige beruhigt und – wenn es die Rechtslage, die Gefahreneinschätzung, aber auch die Personalsituation zulässt – aktiv nach den Vermissten sucht.

Außerhalb der Polizeiwachen und Polizeipräsidien gibt es in den Städten und Gemeinden keine professionellen, auf die Bedürfnisse von Angehörigen von Vermissten zugeschnittenen Hilfsangebote. Weder sind Mitarbeiter etwa von Sozialbehörden darauf trainiert, noch gibt es flächendeckend Vereine oder Organisationen, die das leisten können. Die wenigen Hilfsangebote von kleinen, fast ausschließlich für die Suche nach Kindern gegründeten Gruppen spielen im Einzelfall sicherlich, aber bundesweit keine nennenswerte Rolle. Großzügig gerechnet erhalten jedes Jahr maximal ein paar Hundert von 500 000 Betroffenen hier Beistand, wenn ein Angehöriger verschwindet.

Kaum Hilfe für Angehörige – Deutschland ein Entwicklungsland

Wenn es um die Hilfe und Unterstützung für Angehörige von Vermissten geht, ist Deutschland ein Entwicklungsland. Die Mängelliste:

Keine kommunalen Hilfsangebote

Wer von einer Minute zur nächsten einen Menschen verliert, erlebt unvermittelt eine psychologische und organisatorische Katastrophe. Der Betroffene weiß nicht, wie er mit seinen Gefühlen umgehen, was er tun oder an wen er sich wenden soll. In dieser Situation benötigt er einen Ansprechpartner, der sich mit der Vermisst-Problematik auskennt, ihn beruhigen, aber auch zu nächsten Schritten raten kann, wie und wann man eine Vermisstenanzeige bei der Polizei aufgibt oder welche Maßnahmen man selbst ergreifen kann. Hier sind die Sozialbehörden in den Kommunen gefordert, Mitarbeiter zumindest als Ansprechpartner für Vermisst-Probleme aus- oder weiterzubilden und diese Hilfe offensiv anzubieten und in ihren Leistungskatalog aufzunehmen.

Keine ausgebildeten Helfer

Kaum jemand weiß, wie er Angehörige von Vermissten richtig beraten und ihnen wirksam helfen kann. Außerhalb der Polizei gibt es vielleicht eine Handvoll Menschen in Deutschland, die einen Überblick haben und aktiv und sinnvoll helfen können. Sozialverbände sollten diese Aufgaben gemeinsam mit den Kommunen übernehmen und ehrenamtlich tätige Helfer aus- bzw. weiterbilden sowie lokale Anlaufstellen und etwa Vermisstentelefone einrichten.

Keine qualifizierte psychologische Hilfe

Die Psychologen haben sich kaum mit der Psyche von Menschen befasst, die einen Angehörigen vermissen und mit diesem Schicksalsschlag nicht fertig werden. Es gibt kaum Psychologen oder Psychotherapeuten, die den Betroffenen qualifizierten helfen können. Es gibt keine Fachliteratur, keine speziellen Untersuchungen oder Studien. Die Situation von Angehörigen Vermisster, ihre Gefühle, ihr Denken und Handeln ist für die Wissenschaft Niemandsland. Einen Wissenschaftler, den ich vor einigen Jahren aufforderte, gerade diese Lücke zu schließen, verabschiedete sich von diesem, anfangs mit großem Interesse aufgenommen Projekt, eben weil es keine Sekundärliteratur, keine Studien, keine halbwegs verlässlichen Erkenntnisse gab, die er als Basis für seine Arbeit verwenden konnte. Hier sind die Universitäten gefordert, Grundlagen und Wissen zu schaffen sowie Experten auszubilden.

Kein spezielles Informationsmaterial

Angehörige von Vermissten leben in einer Welt, in der ihr Schicksal nicht vorgesehen ist. In keiner Polizeistation gibt es Informationsmaterial zur Vermisst-Situation, die Angehörige mit nach Hause nehmen könnten. Ich habe vor vielen Jahren zusammen mit dem Innenministerium, der Polizei in NRW und dem WDR eine Broschüre entwickelt und herausgegeben. Innerhalb kurzer Zeit war die Broschüre vergriffen. Dieses Buch ist ein hilfreiches Angebot. Darüber hinaus sollte es allerdings kostenfreies Informationsmaterial geben, das in den Polizeiwachen ausliegt.

Keine nationalen Internetseiten

Nur hier und da informieren Einzelinitiativen und Medien über die Vermisst-Problematik im Allgemeinen oder geben spezielle Tipps, wie Angehörige selbst aktiv werden können. Dringend muss es einen fachkundigen nationalen Internetauftritt geben, wo Angehörige, ehemalige Vermisste und Helfer Erfahrungen austauschen können.

Keine echte Unterstützung durch die Medien

Vor allem die lokalen Medien – Tageszeitungen, Stadtmagazine, Anzeigenblätter, lokale Fernsehstationen, Rundfunksender und Internetplattformen – sollten sich intensiver dieses Themas annehmen. Mit einer knappen Vermisstenmeldung ist es nicht getan. Durch eine qualifizierte Berichterstattung könnten sie auf die Probleme der Angehörigen hinweisen und kompetente Hilfe für Angehörige von Vermissten in den Kommunen einfordern. Sie könnten aber auch auf ihren Internetseiten über die Vermisst-Problematik ausführlich informieren, Foren zum Erfahrungsaustausch installieren, echte Ratgeber-Seiten für Menschen, die nicht wissen, was sie bei der Suche nach Vermissten beachten und tun können und auch spezielle Rubriken für die Suche nach Vermissten anbieten.

Eine solche Liste von Forderungen, die gleichzeitig eine Aufzählung der Mängel ist, lässt nur einen Schluss zu: Unsere Gesellschaft hat noch viel aufzuarbeiten. Sie reduziert ihr soziales Engagement weitgehend auf jene Gruppen Hilfsbedürftiger, die über eine Lobby verfügen und genügend Druck auf Politik, Parteien und Behörden ausüben können. Minderheiten wie die Angehörigen von Vermissten, werden ignoriert, weil sie Hilfe nicht medien- und öffentlichkeitswirksam einfordern.

Die Angehörigen von Vermissten können das nicht. Niemand der Betroffenen hat den Kopf frei, eine solche Interessenvertretung zu gründen und zusätzliche organisatorische Schwerstarbeit zu leisten. Sie sind nicht in einem großen Verein oder Verband organisiert und haben keine prominenten Fürsprecher. Ihre Hilfsbedürftigkeit beginnt mit einem Schock, von dem sie sich während der Suche nach der vermissten Person kaum erholen. Solange der Vermisste nicht heimgekehrt ist, sind sie gleichzeitig mit der Suche nach der verschwundenen Person und der Stabilisierung ihrer Psyche befasst.

Und wenn dann ein Vermisster heimkehrt, stehen die Zurückgekehrten gemeinsam mit den Angehörigen vor neuen und den alten Problemen: Es gilt das aufzuarbeiten, was zum Untertauchen geführt hat, und das zu bewältigen, was durch das Verschwinden selbst entstanden ist. Ohne fachkundige Hilfe, die es kaum gibt, ist das nur schwer oder gar nicht zu bewältigen.

Vor diesem Hintergrund wurde dieses Buch geschrieben.

Eine Stadt verschwindet – die ersten Stunden und Tage

Eine Stadt verschwindet. Gibt es das wirklich? Eine 39-jährige Frau verschwindet am helllichten Tag zusammen mit ihrem einjährigen Sohn samt Kinderwagen. Ein Student taucht am Tag seines Examens für Monate unter. Ein junges Mädchen verlässt nach einem Streit mit den Eltern das Haus – und kommt nie mehr zurück.

Diese und viele andere Schicksale sind in den Akten der Polizei festgehalten. Tag für Tag verschwinden in Deutschland Hunderte von Menschen irgendwo im Nirgendwo. Junge und Alte, Familienväter und Alleinstehende, Kranke und Gesunde, Männer und Frauen, kleine Kinder und fast erwachsene Jugendliche, Alkoholiker und Rauschgiftsüchtige, Erfolgsgewohnte und Verzweifelte. Manche verschwinden unter mysteriösen Umständen, andere lassen sich nach einem Streit nicht mehr sehen und wieder andere kündigen an, nicht mehr zurückzukehren und machen das tatsächlich wahr. Selten passiert das, was sich der Volksmund gern über Vermisste erzählt: Sie verabschiedeten sich mit den Worten „Ich geh' mal eben Zigaretten holen" – und kehrten nie mehr heim. In Berlin sagte im August 1991 ein 36-jähriger Mann zu seiner Freundin: „Ich geh mal eben Zigaretten holen" – und verschwand. Der amerikanische Bestsellerautor *Stephen King* gehört zu den wenigen, die das erlebt haben. Sein Vater verschwand beim Zigarettenholen, als er zwei Jahre alt war.

Die meisten Vermissten kommen nach Tagen und Wochen, viele erst nach Monaten und Jahren, andere nie mehr zurück. Beispiele gibt es viele: Auf Ibiza verschwand 1981 die damals 20-jährige *Andrea W.* aus Bayern – vermutlich von international tätigen Mädchenhändlern entführt und ermordet. In Düsseldorf verschwand der Kö-Millionär *Otto-Erich Simon* – spurlos für immer. Ein 27-Jähriger aus Bayern meldete sich noch während eines Urlaubs in Griechenland – ein letztes Lebenszeichen. Andere sagten nichts:

Wie *Stephanie* aus Dresden, die nach 36 Tagen in Gefangenschaft ihrem Entführer entkommen konnte oder *Natascha Kampusch* aus Wien, der erst nach acht Jahren die Flucht gelang. Bis Redaktionsschluss diese Buches ist auch das Schicksal einer Frau aus Hamburg ungeklärt, die während einer Luxuskreuzfahrt im Januar 2007 auf der „Queen Elizabeth 2" verschwand – vielleicht ist sie weitab von der Küste im Atlantik über Bord gefallen.

Es gibt viele unterschiedliche Fälle und viele unterschiedliche Gründe, warum jemand verschwindet. Alle haben eins jedoch gemeinsam: Sie hinterlassen verzweifelte, hilflose Angehörige.

„Wenn jemand stirbt, ist das zwar schrecklich, aber schließlich von Gott gewollt. Wenn jemand plötzlich verschwindet und nicht mehr auftaucht, ist das unmenschlich", beschreibt eine Angehörige ihre Gefühle. Den Tag wird *Margret A.* nie mehr im Leben vergessen: Ihr 70-jähriger Ehemann *Rolf* wollte am Strand von Playa Palma auf Mallorca nur eine Flasche Wasser holen – nur 90 Schritte weit – und verschwand.

Wenn ein Vermisstenfall eintritt, gleich ob in Deutschland oder im Ausland, sind die Angehörigen weitgehend auf sich allein gestellt. Nur die Angehörigen jener Vermissten, bei denen die Polizei von einem Kapitalverbrechen wie Mord oder Entführung oder einer besonderen Notsituation ausgeht, werden von der Polizei in der Regel intensiver unterstützt.

Manche Betroffene wenden sich in ihrer Ausweglosigkeit an Hellseher oder Detektive. Die Antworten sind meist so unbefriedigend wie der Hinweis, den die Mutter eines 25-jährigen Studenten aus Düsseldorf von einem so genannten „Institut für Privat- und Wirtschafts-Prognostik" nach mehreren telefonischen Sitzungen erhielt: „Es ist etwas Schlimmes passiert."

Oft ist der öffentliche Aufruf in Zeitungen, Rundfunk oder Fernsehen der einzige Weg für die Angehörigen, dem Vermissten nachzurufen: Komm zurück! „Doch die Zeitungen kümmern sich meistens nur um Kinder, um Hilflose oder wenn ein Verbrechen vorliegt", stellte der Vater eines Vermissten enttäuscht fest, „der Fall meines erwachsenen Sohnes war für die Zeitung ohne Belang."

Dabei fällt es den Angehörigen meistens schwer genug, ihr Schicksal in den Medien auszubreiten. Sie müssen erst die eigene Schamgrenze überwinden. „Was ist, wenn meiner Frau nichts passiert ist, sondern sie mich einfach nur sitzen gelassen hat?", fragte ein Ehemann, „und wenn sie auftaucht, steh' ich wie ein Doofer da". Wer zu viel Öffentlichkeit herstellt, zu viel Privatleben preisgibt, das wissen die Mitarbeiter in den Pressestellen der Polizei, verbaut sich möglicherweise auch das Gespräch mit dem Vermissten, wenn dieser wieder heimkehrt.

„Rentnerin vermisst", so oder so ähnlich lauten häufig die Überschriften der 20-Zeilen-Meldungen in den Lokalzeitungen. Spektakuläres findet viel

Tipp: Verhaltensregeln für Kinder – und Eltern

Kinder sollen im Alltag Respekt erfahren und Selbstvertrauen entwickeln. Erfahrungsgemäß sprechen Täter unsicher und unselbstständig wirkende Kinder bevorzugt an. Machen Sie Ihrem Kind bewusst, dass es eine eigene Persönlichkeit ist mit Rechten, die kein Mensch – weder ein Fremder noch ein Bekannter – verletzen darf.

Kinder müssen lernen: Auch Erwachsenen gegenüber dürfen sie „Nein" sagen. Sie sind nicht verpflichtet mit Fremden zu reden oder Auskünfte zu geben. Ängstigen Sie Ihr Kind nicht, aber sagen Sie ihm immer wieder, dass es ohne ihre Genehmigung weder mit Fremden mitgehen noch in deren Auto steigen darf. Ihr Kind sollte Ihnen darüber berichten, wenn es zum Mitgehen oder Mitfahren aufgefordert worden ist oder dies trotz Ihres Verbotes getan hat.

Schicken Sie Ihr Kind nicht allein, sondern in kleinen Gruppen zusammen mit anderen Kindern zur Schule oder zum Spielplatz. Halten Sie Ihr Kind zur Pünktlichkeit an.

Schauen Sie sich mit Ihrem Kind auf dem Schulweg und in der näheren Umgebung „Rettungsinseln" an: Ein Geschäft, in dem es die Kassiererin ansprechen kann, eine Straße, in der viele Menschen sind, oder ein Haus, wo es klingeln kann.

Üben Sie mir Ihrem Kind, wie es sich in bedrohlichen Lagen verhalten soll, damit es im Notfall richtig reagieren kann. So sollte es z.B. andere Erwachsene ansprechen und um Hilfe bitten oder auch laut um Hilfe schreien. Versucht der Täter, ihr Kind anzufassen, dann sollte es sich nicht verstecken, sondern wegrennen und zwar dorthin, wo es hell ist und wo Menschen sind.

Ebenso wie das richtige Verhalten im Straßenverkehr kann auch der Ernstfall „Mann spricht Kind an" geübt werden.

Nehmen Sie sich täglich die Zeit, um mit Ihrem Kind über seine Erlebnisse und Sorgen zu sprechen. Vermitteln Sie Ihrem Kind, dass es Ihnen alle Erlebnisse erzählen kann, die ihm „komisch" oder gar beängstigend vorgekommen sind.

schneller Platz im Blätterwald. Eine ganze Armada von Journalisten etwa beschäftigt sich monatelang mit dem Schicksal des verschwundenen Millionärs *Otto-Erich Simon* in Düsseldorf. Er verkaufte angeblich für über 12 Millionen Euro zwei Häuser an der Edeleinkaufsmeile „Königsallee" – und wurde seitdem nicht mehr gesehen. Die Kripo, die zeitweise mit 17 Beamten einer „Sonderkommission Kö" den Vermisstenfall bearbeitete, ist sicher, dass der Mann ermordet wurde.

Man weiß noch nicht viel über die Psyche von Menschen, die plötzlich von einem ihnen Nahestehenden verlassen werden. In dem von der Menschenrechtsorganisation „Amnesty International" herausgegeben Buch „Nicht die Erde hat sie verschluckt. Verschwundene, Opfer politischer Verfolgung" beschreiben die Autoren diesen Zustand als „einen anhaltenden Schock, einen latenten und dauerhaften Krisenzustand, in dem Leid und Schmerz, verursacht durch die Abwesenheit einer geliebten Person, unendlich lange nachempfunden werden".

Das größte Problem: die Ungewissheit. Man weiß nicht, wie man trauern soll. Soll man über einen Toten, einen Entführten oder über einen Menschen, der freiwillig fort und in der Ferne glücklich geworden ist, weinen? Oder über einen, der einen Fehler gemacht hat und gerne heimkehren würde? Alles ist möglich. Aber der Prozess der Trauer oder des Schmerzes braucht für die Verarbeitung des Verlustes einen nachvollziehbaren Grund. Das Schlimmste ist nach Meinung von Psychologen, dass die Angehörigen von Vermissten diese Trauerarbeit eben nicht genügend leisten können. Sie befinden sich in einem unerträglichen Schwebezustand. Ein dauerndes Warten und Hoffen. Verdrängen und Vergessen funktionieren nicht. Es gibt ja immer noch die Hoffnung und die Chance, dass der oder die Vermisste lebt und zurückkehrt. Trauern kann man erst, wenn der Verlust endgültig ist – und dagegen wehren sich die Zurückgebliebenen mit aller Kraft.

„Durch Trauern lernt man, sich auf die Veränderungen einzustellen, die einem Verlust folgen müssen. Wenn dieser Prozess unbefriedigend verläuft, wenn jemand diesen Prozess nicht abgeschlossen hat, sind die Chancen für eine gesunde Anpassung an den Verlust nicht sehr groß", schreibt der Psychologe *Dr. Robert Kavanaugh* in seinem Buch „A Psychology of Death and Dying", was soviel bedeutet: Der Zurückgebliebene wird nie mit der Situation fertig, ein Leidensweg, dessen Ende nicht abzusehen ist, wartet auf den Angehörigen.

Angehörige geraten leicht in diese Endlosspirale der unbewältigten Gefühle. Ein Vater berichtete über seine Gefühle, nachdem seine erwachsene Tochter verschwunden war: „Man ist sehr hilflos, weil man nicht weiß, wie man sich selbst helfen kann. Man hat eigentlich keine Chance, etwas zu machen. Warten, warten. Immer wieder mit den Leuten reden, aber man hat keine Chance, etwas zu unternehmen."

Menschenrechtler und Ärzte von „Amnesty International" haben aus der Zusammenarbeit mit Familien von Vermissten, die aus politischen Gründen verschwunden oder entführt worden sind, festgestellt, dass die Angehörigen unterschiedliche Stadien der Verarbeitung mitmachen. Die Autoren des Buches „Nicht die Erde hat sie verschluckt" stellen fest, dass das erste Stadium gewöhnlich von Untätigkeit geprägt ist. Die Angehörigen stehen dieser völlig neuen Situation verwirrt gegenüber, fühlen sich auch schuldig und indirekt für den Verlust der geliebten Person verantwortlich. Sie fragen sich, ob sie etwas falsch gemacht oder gar den Menschen durch falsches Verhalten aus dem Haus getrieben haben.

Erst kommt der Schock, dann folgt das Stadium der Angst- und der Schuldgefühle, schließlich sucht man mehr und mehr nach den Gründen, und dann folgt die Phase der nie enden wollenden Suche nach der vermissten Person, das Wechselspiel von Hoffnung und Verzweiflung. Manchmal suchen Angehörige wie besessen nach dem Vermissten. Eine Mutter berichtete, dass sie lange Zeit von einer inneren Unruhe getrieben wird: „Ich musste einfach etwas tun, bei der Suche helfen. Ich habe Kontakt zu allen Bekannten und Freunden meiner Tochter aufgenommen. Ich habe herumtelefoniert, gefragt: Habt ihr meine Tochter gesehen? Ich habe überlegt, an welche Bekannte ich mich noch erinnern kann, habe das Zimmer meiner Tochter nach Unterlagen, Namen und Telefonnummern abgesucht." In ihrer Verzweiflung unternahm die Mutter sogar weite Spaziergänge in der Umgebung des Wohnorts und suchte in den Wäldern und hinter Gebüschen nach Hinweisen auf den Verbleib ihrer Tochter.

Die absolute Ungewissheit erzeugt nach Meinung der Amnesty-International-Autoren ein „extrem starkes Bangen, und die Hoffnung auf ein Wiedersehen verleiht der Aufgabe der Angehörigen eine erschreckende Dringlichkeit". Wenn eine Ehefrau oder ein Ehemann verschwinden, gerät das ganze Familienleben durcheinander. Die Kinder in der Familie werden oft in eine Rolle gedrängt, die ihrem Alter und ihrer Reife nicht gerecht werden. Sie hüten das Haus, ältere Kinder passen auf die jüngeren Geschwister auf. Der normale Tagesablauf der Heranwachsenden ist vollkommen gestört. Kleinkinder, die von einem Elternteil verlassen werden, leiden nach Erkenntnissen von Ärzten unter dem psychischen Trauma des Verlassenseins, der Einsamkeit und Unsicherheit sowie unter ständigen Angstgefühlen.

Die „erdrückende Gegenwart des Verlustes verbunden mit der Nichtgegenwärtigkeit des Todes peinigt die Familien." Die AI-Autoren schreiben: „Das Ergebnis ist eine Art seelische Folter, die entweder durch den anhaltenden und in seinem Ausgang ungewissen Verlust hervorgerufen wird oder durch das Gefühl der Hilflosigkeit und lähmenden Unsicherheit darüber, was zum Schutz der geliebten Person unternommen werden kann."

Zu den psychischen kommen häufig die ganz realen, wirtschaftlichen, existenziellen Probleme: Für die Wohnungen der Vermissten zahlen die Angehörigen oft monatelang die Miete – nicht selten eine finanzielle Härte. Versicherungsbeiträge, Raten für die Finanzierung von Haus, Auto oder Wohnungseinrichtung oder andere Schulden belasten das Haushaltsbudget der Zurückgebliebenen. Der Haushalt einer vermissten Person muss von Angehörigen nach einiger Zeit aufgelöst werden. Manchmal mieten Angehörigen einen Banksafe für die Wertsachen und lagern die Möbel bei einem Speditionsunternehmen ein. Fragen der Beschäftigung bei einem Arbeitnehmer, Krankenkassen-Mitgliedschaft, Zahlungen von Sozial- und Arbeitslosenversicherungen sind zu klären. Die Angehörigen haben also von einem Tag zum anderen einen „Nachlass" zu regeln – dabei ist der Mensch, den es betrifft, weder in Gedanken noch offiziell tot. Zehn Jahre dauert es – erst dann kann man einen Vermissten für tot erklären lassen.

Aber niemand will das. Die Angehörigen von Vermissten warten nicht nur stunden- und tagelang, wochen- oder monate-, sondern im Einzelfall jahre- und jahrzehntelang auf ein Lebenszeichen des geliebten Menschen. Manchmal wartet am Ende aller Hoffnungen allerdings nur eine schreckliche Nachricht, dass die vermisste Person tot ist. Die Angehörigen einer jungen Frau aus Lünen erfuhren erst nach über einem Jahr, dass ihre Tochter ermordet worden war. Waldarbeiter fanden die Leiche der 36-Jährigen in der Nähe einer Autobahn. 14 Jahre sollte es dauern, bis die Polizei das Verbrechen Mitte des Jahres 2006 aufklären konnte – eine DNA-Untersuchung überführte den Täter.

Zu diesem Vermissten-Schicksal passen die Horror-Visionen, die immer wieder einmal an Stammtischen oder beim Kaffeeklatsch oder am Swimmingpool im Urlaub weitererzählt werden. Da will der Freund eines Freundes während einer Urlaubsreise in der Türkei erlebt haben, dass ein Mitreisender auf dem Basar plötzlich verschwunden war. Nach drei Tagen sei der Vermisste am Strand wiedergefunden worden, leicht benebelt nach einer Operation, bei der ihm eine Niere entfernt wurde. Das ist der Stoff, aus dem die modernen Sagen unserer Zeit geschrieben sind. Immer wieder erzählte man sich auch von der jungen, hübschen Ehefrau eines Bekannten des Bekannten eines Bekannten, die während der Hochzeitreise auf einem Basar in Marrakesch spurlos verschwand und nie wieder auftauchte. Die Polizei kennt weder ein solches Vermissten-Schicksal, noch kann sie die Geschichte von den beiden kleinen Kindern bestätigen, die in einem Vergnügungspark bei Paris bei einer Karussellfahrt angeblich spurlos verschwanden und nie wieder auftauchten.

Die Vermissten-Geschichten, die das Leben schreibt, sind viel einfacher, weniger spektakulär, doch meistens so tragisch, dass man selbst seinem Todfeind solche Erfahrungen nicht gönnt: Da wurde ein 53-jähriger Familienvater als vermisst gemeldet. Kurze Zeit später fand man ihn: Er war von der Feuerleiter in der 12. Etage eines Hotels in den Tod gesprungen. In seinem Abschiedsbrief schrieb er, er habe sich das Leben genommen, weil seine berufliche Existenz ruiniert sei.

Karlheinz K. und die Flucht vor sich selbst – das erste Mal

Was bei einem „ganz normalen" Vermisstenfall passiert, zeigt das Beispiel des *Karlheinz K.* Diesen Fall habe ich – wie die meisten anderen in diesem Buch beschriebenen Schicksale – anonymisiert, um den Betroffenen Schwierigkeiten im Privat- oder Berufsleben zu ersparen. Die geschilderten Ereignisse sind jedoch wahr.

Maria A., die Lebensgefährtin eines Vermissten aus Nordrhein-Westfalen, beschreibt ihren Exfreund als einen sehr netten, talentierten, sympathischen Menschen, „der von heute auf morgen schwer krank und in eine schwere Depression gefallen ist, was dazu führte, dass er im Mai 2000 zum ersten Mal weggelaufen ist".

Maria A. hatte so etwas noch nie erlebt. Dass Menschen verschwinden und warum sie das machen, war bis zu diesem Zeitpunkt kein Thema. Weder für sie, ihren Freund noch für Freunde, Bekannte oder Verwandte.

Dann verschwand *Karlheinz K.* Das Paar wollte für ein langes Wochenende nach Belgien reisen, zum Kurzurlaub, zum Entspannen. Doch am Morgen der Abfahrt war das Bett von *Karlheinz K.* leer. „Er war weg, und ich hatte sofort eine Ahnung", erinnert sich *Maria A.*, „mein Freund war wegen seiner Depressionen zwar in ärztlicher Behandlung, aber nie war die Rede davon, dass er eines Tages einmal verschwinden würde."

Karlheinz K. verschwand an diesem Maimorgen. Vor sich selbst, den Problemen mit seiner Krankheit und vor allem ohne sich selbst kontrollieren und sein Geschick bestimmen zu können. Eine Flucht ohne Ziel, nur ein Weg, der ins Nirgendwo führt oder – mit viel Glück – wieder zurück in die Familie.

„Ich hatte sofort dieses Bauchgefühl. Ich habe sofort nachgesehen, ob irgendwelche persönlichen Dinge von ihm weg sind, Pass oder Geld oder Kreditkarten. Alles lag noch da", erinnert sich die Freundin, „dann habe ich Verwandte und enge Freunde angerufen und gefragt, ob er sich bei ihnen gemeldet oder Hinweise auf sein Verschwinden gegeben hat. Nichts. Ich wusste, da stimmt irgendwas nicht, weil er immer ein sehr zuverlässiger Mensch war, und er hätte mir auf jeden Fall, wenn er mir keine persönliche Nachricht hinterlassen hätte, wenigstens einen Zettel hinterlegt: ‚Ich bin da und da, ich komme um zehn Uhr zurück, wir fahren dann nach Belgien.' Und das war nicht der Fall. Und das fand ich einfach beängstigend."

Die 40-Jährige irritierte auch, dass *Karlheinz K.* seine schwere Lederjacke und dicke Winterschuhe angezogen hatte – dabei war es ein besonders heißer Morgen. „Das hat mich stutzig gemacht, und ich wusste: Du musst zur Polizei gehen."

Es war 11 Uhr vormittags, als *Maria A.* auf einer Polizeiwache eine Vermisstenanzeige aufgeben will. Zwei junge Beamte schlagen jedoch vor, zunächst noch einmal zu Hause und im Büro des Vermissten zu suchen und nachzusehen, ob es vielleicht Hinweise auf sein Verschwinden, zumindest eine Erklärung dafür geben könnte.

„Doch auch die Polizisten fanden nichts", erinnert sich *Maria A.*, „und ich dachte, wenn ich jetzt eine Vermisstenanzeige aufgebe, dann geht der ganze Apparat in Bewegung, dann geht eine Polizeistreife los oder auch zwei, suchen ihn, geben Infos weiter an Krankenhäuser und andere Polizeistellen".

Doch zunächst muss sie einem weiteren Polizeibeamten Rede und Antwort stehen. *Maria A.* fand, dass er desinteressiert und ziemlich kühl war: „Nach anderthalb Stunden Befragung habe ich ihn dann gefragt, was nun mit meiner Vermisstenanzeige passiert."

Der Polizeibeamte antwortete: „Nichts."

Maria A. verstand die Welt nicht mehr. Sie hatte alle notwendigen Angaben gemacht, die Krankheit des Vermissten erklärt, der Arzt war auch angerufen worden – „da war ich fassungslos und bin wütend geworden und habe dem Beamten vorgeworfen, dass er meine Zeit gestohlen hat, die ich besser mit der eigenen Suche nach dem Vermissten verbracht hätte".

Maria A. vermutete, dass sich der Vermisste vielleicht irgendwo in den Rheinauen aufhalten könnte. Sie wusste, dass der Freund die Niederrhein-Landschaft liebte und gerne dort spazieren ging. Also suchte sie allein, ohne Unterstützung der Polizei.

Das ist kein Einzelfall. Immer wieder haben Angehörige und Polizei unterschiedliche Ansichten über Maßnahmen, die zu treffen sind. Nicht immer wird sofort die Schwere eines Falles erkannt. Auf der einen Seite des Schreibtischs sitzen Polizeibeamte, die abwägen müssen, welche Maßnahmen zu ergreifen sind. Dabei sind sowohl die Schwere und die Besonderheiten des Falles, wie auch die personelle und finanzielle Situation der Polizei zu berücksichtigen. Nicht jeder Vermisste kann sofort aktiv gesucht werden; es würde die Kräfte und finanziellen und personellen Ressourcen der Polizei überfordern.

Auf der anderen Seite des Schreibtisches in der Polizeiwache sitzen die Angehörigen. Sie stehen nicht selten unter Schock und sind verzweifelt. „Es war eine unglaubliche Sorge. Eine unwahrscheinlich große Lähmung und Angst – lebt er noch?", fragte sich *Maria A.*, „und dieses Gefühl, lebt er überhaupt noch oder ist er tot, hat mich innerlich fast zerrissen."

Manche Angehörige sind kaum in der Lage, einigermaßen logisch zu denken, noch den chronologisch Ablauf der Ereignisse zu schildern. Sie leiden unter einer akuten, extremen psychischen Belastung, für die sie keine sinnvolle Strategie zur Bewältigung haben. Solche so genannten Belastungsreaktionen treten häufig beim Tod eines Angehörigen, nach Unfällen oder Gewalterfahrungen auf. Abhängig von der individuellen Konstitution des Betroffenen können aber auch objektiv weniger einschneidende Erlebnisse zu einer akuten Belastungsreaktion führen. Es ist eine normale Reaktion der menschlichen Psyche auf eine außergewöhnliche Erfahrung.

Später kann sich daraus sogar eine große psychische Krise entwickeln, die der Mensch dann nicht mehr mit „Bordmitteln" bewältigen kann. In einer solchen Phase, das ist wichtig, sollte man Rat und Unterstützung suchen etwa bei einem Psychologen oder auch bei der Telefonseelsorge, deren Mitarbeiter für die akute Nothilfe ausgebildet sind. Hilfreich ist zunächst aber auch schon das Gespräch mit Freunden oder Verwandten, mit dem Hausarzt oder einer anderen Person, zu dem man Vertrauen hat. Am Besten wäre es, man könnte sich auch mit einem professionellen Vermissten-Helfer beraten – den aber gibt es bis jetzt noch nicht.

Maria A. „war innerlich sehr ruhig und sagte sich auch, dass sie ruhig bleiben musste, um mit den Problemen fertig zu werden". Als sie bei der Polizei in dieser Phase keine Unterstützung fand, verließ sie die Polizeiwache und unterschrieb nicht einmal mehr das Formular für die Vermisstenmeldung: „Ich bin dann mit meinem Fahrrad zum Rhein und über den Rheindeich gefahren, bin oben, bin unten hergefahren, habe geschaut, geschaut, von Bucht zu Bucht – es war furchtbar. Freunde riefen mich an: ‚Hast Du schon was in Erfahrung bringen können? Wir kommen heute Abend, sobald wir unsere Arbeit fertig haben.' Das war ein Trost, dass ich eben Freunde und Familienmitglieder hatte, die um meine Situation wussten. Ansonsten war ich wie neben mir, ich war aufgelöst durch diese Angst und durch das unerfreuliche Erlebnis bei der Polizei."

Maria A. wusste auch nicht, an wen sie sich wenden sollte – außer an die Polizei. Es gibt ja niemanden, der sich für Vermisstenfälle zuständig fühlt – und das vor allen Dingen auch der Öffentlichkeit mitteilt: „Ich bin nicht auf die Idee gekommen, zum Beispiel das Sozialamt anzurufen. Ich habe nie gehört, dass die sich um so was kümmern oder einem Hilfe in solchen Fällen anbieten. Dazu kam, dass der Arzt meines Freundes, den ich anrief und um Unterstützung und Rat bat, vollkommen desinteressiert war. Der war nicht geschockt wie ich, der war nicht aufgewühlt wie ich. Mein Freund war für ihn eben Patient Nr. 10, der dieses Jahr weggelaufen ist. Das einzige, was er sagte, war „Das kann passieren. Wenn ihr Freund gefunden wird, dann soll er sich mal bei mir melden".

Maria A. suchte weiter. Den ganzen Tag. Von Bucht zu Bucht, Waldstück zu Waldstück: „Es war furchtbar. Besonders als ich die Buchten abgesucht habe oder unter den Brückenpfeilern nachsah, war ich immer darauf vorbereitet, gleich den angeschwemmten Körper meines Freundes im Wasser zu entdecken."

Die Sonne ging langsam unter, als *Maria A.* in der Ferne auf dem Rheindeich eine schwarz gekleidete Gestalt sah. Es war der Freund, wie erwartet viel zu dick angezogen für diese heiße Jahreszeit, mit dicken Winterschuhen an den Füßen, mit einer dicken Lederjacke bekleidet. „Er hatte einen unendlich traurigen und leeren Gesichtsausdruck", erinnert sich *Maria A.*, „und ich war so erleichtert, ihn lebend zu sehen, dass ich in Tränen ausgebrochen bin. Und ich habe ihn gefragt: ‚Was hast Du gemacht, was tust Du mir an?' Aber er war so fertig, so daneben, er hat nicht begriffen, was er da getan hat. Er sagte nur sehr leise: ‚Ich kann so nicht weiterleben, ich wollte mich umbringen.'"

Karlheinz K. war an diesem Morgen um 4 Uhr aufgestanden. Lange hatte er in der Nacht wach im Bett gelegen und gegrübelt. Dann hatte er sich angezogen und war zu Fuß zwanzig Kilometer bis zu einem Wald gelaufen. Hier legte er sich ins Unterholz in der Hoffnung, dass ihn keiner findet. Er wollte dort verhungern und verdursten. „Dann merkte er aber, das das nicht funktionierte und weil er einer jener friedliebenden Menschen ist, die dieser berühmten Fliege nichts antun und erst recht nicht die Pistole gegen sich selbst richten oder sich die Pulsadern aufschneiden können", erinnert sich *Maria A.*, „ist *Karlheinz* dann irgendwann am Morgen wieder raus aus dem Wald und auf eine Rheinbrücke gegangen und wollte da runterspringen und hat sich nicht getraut. Dann ist er wieder in den Wald und hat da den ganzen Tag gelegen. Was ihn letztendlich aus dem Wald abends getrieben hat, weiß ich nicht".

Maria A. war nur glücklich, dass der Freund noch lebte. Doch wurde ihr jetzt auch bewusst, wie schwer krank der Freund war. Doch sie gab den Mut nicht auf, dachte daran, „dass das, was mit ihm geschehen war, vielen Menschen passierte und dass die darüber hinweg kommen und dass er das auch schaffen würde". Zu Hause angekommen, informierte die Frau zunächst telefonisch die Polizei: „Diese beiden netten Polizisten hatten immer noch Dienst und kamen bei uns zu Hause vorbei, haben sich gefreut, dass mein Freund wieder aufgetaucht war und haben mich dann gefragt, ob ich es mir zutrauen würde, mit ihm die Nacht alleine zu verbringen oder ob sie ihn in ein Krankenhaus bringen sollten."

Maria A. hat das abgelehnt. Einige Tage später fand sie eine psychiatrische Klinik für ihren Freund, in der er behandelt wurde. So wuchs die Hoffnung, dass er wieder gesund und sie bald wieder ein normales Leben würden führen können. Doch die Hoffnung trog. Zweimal noch verschwand der Freund. Beim letzten Mal tauchte er in New York unter, acht Wochen nach dem „11. September", dem Tag, als Terroristen in Amerika zwei Passagierflugzeuge entführten und sich mit ihnen in die Wolkenkratzer von Manhattan stürzten. Wie die New Yorker Polizisten den Deutschen halfen, darüber berichte ich später.

Freund und Helfer – die Vermisstenanzeige bei der Polizei

Die Polizei, dein Freund und Helfer. Diese Redewendung galt Jahrzehnte für den Umgang des Bürgers mit der Polizei. Wer in Not geriet, wandte sich an die Polizei. Die Welt ist komplizierter, die Aufgaben der Polizei sind mit den Jahrzehnten umfangreicher geworden. Doch nach wie vor ist die Polizei die erste und zunächst beste und letztlich noch die einzige verlässliche Adresse, an die sich ein Bürger wenden kann, wenn er jemanden vermisst.

Es gibt viele Maßnahmen, die nach dem Verschwinden eines Menschen ergriffen werden können oder müssen. Polizeiintern gibt es seitenlange Anweisungen und Empfehlungen, wie ein Vermisstenfall zu behandeln ist. Diese Polizeivorschriften sind – selbstverständlich – nicht nach Gutdünken der Kriminalisten entstanden, sie orientieren sich vielmehr an unserem Grundgesetz. Danach hat jeder Bundesbürger das Recht auf freie Entfaltung seiner Persönlichkeit, soweit er nicht die Rechte anderer verletzt. Nach Artikel 2, Absatz 2 ist die Freiheit der Person unverletzlich. Darunter ist die körperliche Bewegungsfreiheit zu verstehen, das heißt der Schutz vor willkürlichen Festnahmen, Verhaftungen und ähnlichen Eingriffen.

Jeder Bundesbürger hat somit ein Grundrecht, sich dort aufzuhalten, wo er möchte und dorthin zu gehen, wohin er möchte. Wenn jemand morgen seinen bisherigen Wohn- und Lebensraum verlassen will, darf er das tun, ohne dass ihn irgendjemand – auch nicht der Staat – daran hindern kann. Dabei spielt es auch keine Rolle, in welcher Situation er mögliche Angehörige zurücklässt. Wenn nicht zu erkennen ist, dass eine vermisste Person einem Verbrechen oder Unglück zum Opfer gefallen, dass sie hilflos oder vielleicht auch geistig verwirrt sein könnte, dann hat die Polizei keine rechtliche Handhabe zum Handeln, und seine Angehörigen haben nicht einmal das Recht, ihn als vermisst bei der Polizei registrieren zu lassen.

Das Grundgesetz der Bundesrepublik Deutschland garantiert, dass jeder Bürger seinen Aufenthaltsort frei bestimmen kann. Auch wenn man bei der Polizei die Erfahrung gemacht hat, dass die meisten – Schätzungen zufolge 90 Prozent aller Betroffenen – vom Staat erwarten, dass er handelt: die Polizei darf das nicht.

Info: Wann eine Person für die Polizei als vermisst gilt

Wenn eine Person aus unerklärlichen Gründen von ihrem gewohnten Aufenthaltsort fern bleibt, wird sie in der Regel von Angehörigen oder Bekannten bei der Polizei als vermisst gemeldet. Die Polizei leitet eine Vermissten-Fahndung ein, wenn – so eine Information des Bundeskriminalamtes – eine Person ihren gewohnten Lebenskreis verlassen hat, ihr derzeitiger Aufenthalt unbekannt ist und eine Gefahr für Leib oder Leben (z.B. Opfer einer Straftat, Unfall, Hilflosigkeit, Selbsttötungsabsicht) angenommen werden kann. Erwachsene, die im Vollbesitz ihrer geistigen und körperlichen Kräfte sind, haben das Recht, ihren Aufenthaltsort frei zu wählen, auch ohne diesen den Angehörigen oder Freunden mitzuteilen. Es ist daher nicht Aufgabe der Polizei, Aufenthaltsermittlungen durchzuführen, wenn die oben beschriebene Gefahr für Leib oder Leben nicht vorliegt.

Das BKA: „Sofern eine derartige Gefahrenlage gegeben ist, erfolgt die Fahndung nach vermissten Erwachsenen zunächst in der Regel mit dem Ziel der „Aufenthaltsermittlung". Wird der Aufenthaltsort des Vermissten festgestellt, wird die Person befragt, ob sie mit der Nennung ihres Aufenthaltsorts den Angehörigen gegenüber einverstanden ist. Die Angehörigen/Bekannten werden entsprechend dem Wunsch des Vermissten (mit oder ohne Bekanntgabe des Aufenthaltsorts) informiert. Sofern die Person wohlauf ist, sie nicht Opfer einer strafbaren Handlung wurde und sie keine strafbaren Handlungen begangen hat, hat sich der Fall für die Polizei mit der Ermittlung des Aufenthaltsortes erledigt. Personen im Alter bis zu 18 Jahren (Minderjährige) dürfen ihren Aufenthaltsort nicht selbst bestimmen. Bei ihnen wird grundsätzlich von einer Gefahr für Leib oder Leben ausgegangen. Sie gelten für die Polizei bereits als vermisst, wenn sie ihren gewohnten Lebenskreis verlassen haben und ihr Aufenthalt nicht bekannt ist. Vermisste Minderjährige werden, wenn die Polizei sie antrifft, so lange in staatliche Obhut (z. B. in eine Jugend-Einrichtung) genommen, bis eine Rückführung des Vermissten gewährleistet ist. Diese polizeiliche Maßnahme ist nicht mit einer Festnahme zu verwechseln, sie erfolgt zum Schutz des Minderjährigen."

Gerade das aber führt immer wieder zu Missverständnissen und Problemen zwischen Polizei und Bürger. Nach Meinung von Vermisst-Experten der Polizei hilft eine Vermissten-Registrierung allein ohnehin nicht, einen Fall aufzuklären. Es hilft ja auch nicht weiter, wenn der Vermisste im Computer erfasst ist. Kaum jemand wird heute etwa auf der Straße kontrolliert. In Vermissten-Fällen spielt eben oft der Zufall eine Rolle, dass jemand gefunden wird.

Wenn Kinder und Jugendliche, geistig verwirrte Menschen, Hilflose oder Selbstmordgefährdete vermisst werden, kann der Bundesbürger aber in der Regel auf die Unterstützung der Polizei zählen. Bei anderen volljährigen, nicht in irgendeiner Form behinderten Vermissten sollten die Angehörigen selbst aktiv werden – im Freundes- und Bekanntenkreis nachfragen, wo der Vermisste sein könnte, jeder Spur, jedem Fingerzeig nachgehen.

Immer wieder werden Bundesbürger, die jemanden als vermisst melden möchten, mit Hinweis auf die Rechtslage von der Polizei abgewiesen und ohne eine Registrierung des Vermissten nach Hause geschickt. Diese Entscheidung ist von den persönlichen Eindrücken und der Erfahrung des Polizeibeamten abhängig. Es ist sicherlich gut und demokratisch, dass ein Bundesbürger nicht ohne weiteres von der Polizei registriert und gesucht werden kann. Aber im Einzelfall kann das ein Hemmnis sein, wenn etwa die Ehefrau ihren Mann als gesucht melden will und das zunächst abgelehnt wird. Die Polizei beurteilt, ob ein freiwilliges Verschwinden oder etwa eine Gewalttat oder eine Hilflosigkeit beispielsweise im Zusammenhang mit einer psychischen Erkrankung vorliegen könnte, die eine Suche nach dem Verschwundenen rechtfertigt. Diese Unsicherheit in der Rechtslage führt immer wieder auch zu Problemen zwischen Bürger und Polizei.

Nicht selten fragen sich die Angehörigen, ob die Polizei genug unternimmt, warum sie nicht intensiver sucht. Die Frage ist berechtigt, denn selbst professionelle Helfer gewinnen manchmal den Eindruck, dass die Polizei zu wenig macht oder zu spät handelt. So schrieben Mitglieder der Ret-

---

Info: Die meisten Vermissten kehren nach kurzer Zeit heim

Das Bayerische Landeskriminalamt hat vor Jahren eine Statistik über die „Dauer des Vermisstseins" erstellt. Das Ergebnis: Von den damals 5 376 Vermisstenfällen erledigten sich über 64 Prozent innerhalb von drei Tagen, bei 13 Prozent dauerte es bis zu einer Woche, bei neun Prozent bis zu zwei Wochen, bei knapp sieben Prozent bis zu einem Monat, bei vier Prozent bis zu drei Monaten, bei einem Prozent bis zu sechs Monaten, bei 0,44 Prozent bis zu einem Jahr, bei 0,33 Prozent ein Jahr und länger. Die 5 376 abgeschlossenen Vermisstenfälle, so die LKA-Statistik, „haben sich der Art nach folgendermaßen erledigt: Rückkehr 2 654 Fälle, Aufgriff 1 526 Fälle, ermittelter Aufenthalt 544 Fälle, Ende der Vermissteneigenschaft 434 Fälle, Totauffindung 204 Fälle und Aussonderung 14 Fälle". Darüber hinaus wies die LKA-Statistik auf, dass 1 040 Vermisstenfälle seit 1945 in Bayern noch ungeklärt waren: 47 Kinder, 92 Jugendliche und 474 Volljährige. 427 Fälle sind von den Bayern seit 1945 ausgesondert worden: „Zur Aussonderung kommt ein Fall, wenn er 30 Jahre nach Vermisstenmeldung noch immer ungeklärt ist."

tungshundestaffel Hessen Mitte der Johanniter-Unfall-Hilfe in Gießen nach einem Besuch der örtlichen Einsatzzentrale auf ihrer Internetseite: „Immer wieder stellt sich uns die Frage: Warum werden wir so spät oder gar nicht gerufen?"

Der diensthabende Polizeibeamte erklärte den Helfern der Hundestaffel, dass sich das „polizeiliche Vorgehen aus der Polizeidienstvorschrift (PDV) 389 ergibt. Erwachsene gelten danach als vermisst, wenn sie ihren gewohnten Lebenskreis verlassen haben, ihr Aufenthalt unbekannt ist und eine Gefahr für Leib und Leben oder körperliche Unversehrtheit angenommen werden kann, z. B. Opfer einer rechtswidrigen Tat, Unglücksfall, Hilflosigkeit, Selbsttötungsabsicht. Wird eine erwachsene Person als vermisst gemeldet und es liegt keine Gefahr für Leib und Leben oder körperlicher Unversehrtheit vor, so wird die Person erst nach 24 bis 48 Stunden als vermisste Person nach PDV 389 eingestuft."

Bei Minderjährigen ist das allerdings anders. Sie gelten in jedem Fall als vermisst, wenn sie ihren gewohnten Lebenskreis verlassen haben und ihr Aufenthalt unbekannt ist. Die Polizei muss so handeln, als bestände eine Gefahr für das Leben oder die körperliche Unversehrtheit, solange die Ermittlungen nichts anderes ergeben. Jede Polizeidienststelle ist zur Entgegennahme einer Anzeige verpflichtet; bearbeitet wird der Fall aber letztlich von der Polizeidienststelle, in deren Bereich die vermisste Person ihren Wohnsitz oder letzten Aufenthaltsort hatte. So kommt es immer wieder zu aufwändigen Aktionen der Polizei, während das vermisste Kind beispielsweise seine Zeit bei einem nicht angekündigten Shoppingbummel im Spielzeugparadies vertrödelt.

Die Gießener Rettungshundestaffel klärte ihre Mitglieder auch über Details auf: „Grundsätzlich ist der örtliche Bereich Ausgangspunkt jeder Fahndung. Die Möglichkeiten der örtlichen Fahndung sind auszuschöpfen: Ersuchen um Mitfahndung an Polizeidienststellen, z. B. Hubschrauberstaffel in Egelsbach, Hubschrauber der Bundespolizei mit Wärmebildkameras, Kräfte der Bereitschaftspolizei, Wasserschutzpolizei, Reiter- und Hundestaffel. Verständigung von bzw. Nachforschungen bei Behörden und Institutionen, z. B. Einwohnermeldeamt, Ausländeramt, Jugendamt, Schule und Kindergärten, Sozialamt, Geldinstitute, karitative Einrichtungen (Frauenhaus/Männerwohnheim), Funkleitstelle von öffentlichen Verkehrsbetrieben, Rettungsleitstellen, Taxizentralen, Bewachungsdiensten, Provider (Handy-Ortung)."

Wie und wann die eigene Hundestaffel alarmiert wird, erfuhren die Helfer auch bei ihrem Polizeibesuch: „Die Alarmierung der Rettungshundestaffel erfolgt nach Abwägung der jeweiligen Situation, von der Einsatzzentrale des zuständigen Polizeipräsidiums oder der Einsatzleitstelle der Feuerwehr."

Solcherart umfangreiche Informationen sind rar – auch im Internet. Umfassende Information der Angehörigen wie auch der möglichen Helfer ist notwendig, um Missverständnisse zu vermeiden und den Bürgern gute Hilfe bieten zu können. Wer etwa im Internet bei der Suchmaschine „Google" die Begriffe „Polizei Gießen" eingibt, landet nicht etwa bei der Polizei sondern bei „meinestadt.de". Es dauert, bis man schließlich einige wenige Informationen zum Thema „Vermisste" findet.

Rund 100 000 Fälle – und manchmal Mord und Entführung

Was macht nun die Polizei, wenn sie aktiv wird? Die Polizei bestimmt den Umfang der Aktivitäten nach genauer Prüfung der Vermisst-Situation. Da wird die Persönlichkeit des Vermissten eingeschätzt, und es werden die Umstände des Verschwindens beurteilt. Auch spielt es eine Rolle, wie lange die Person schon vermisst wird, welche besonderen Umstände dabei eine Rolle gespielt haben, und es wird überlegt, wo sich die vermisste Person unter Umständen aufhalten könnte.

Kaum jemand kann sich vorstellen, welche Arbeit da bei der Polizei zu bewältigen ist. So müssen ja rund 100 000 mehrseitige Vermisst-Formulare ausgefüllt werden; versehen mit persönlichen Daten, unveränderlichen Körpermerkmalen wie Narben oder Tätowierungen, mit Anlagen wie Röntgenbildern oder Gebissschemata. Diese Hinweise sind wichtig, weil die Vermissten-Dateien bei der Polizei auch geführt werden, um sie mit der Liste der unbekannten Toten, die irgendwo ohne Papiere und Hinweise auf die Identität aufgefunden wurden, zu vergleichen.

In Großstädten sind es in einem Jahr leicht mehr als 1 000 Vermisstenfälle, die von der Polizei in einer zentralen Vermisstenstelle bearbeitet werden. In kleinen Gemeinden werden die Vermisstenfälle von Beamten miterledigt, die gleichzeitig noch für Jugendschutz, Sittendelikte oder Diebstahl zuständig sind.

Dabei muss man wissen, dass die meisten Menschen nicht einem Verbrechen zum Opfer fallen. Viele tauchen aus persönlichen oder beruflichen Gründen unter, über die noch zu sprechen sein wird. Häufig handelt es sich um hilflose Personen, die es aufzufinden gilt. Kranke wie *Karlheinz K.* oder ältere Menschen, die unter psychischen Erkrankungen wie Gedächtnisschwäche leiden. Oder es werden kleine Kinder gesucht, die sich verirrt haben. Da es immer wieder auch vorgekommen ist, dass Angehörige das Verschwinden eines Verwandten vorgetäuscht haben, um ein Verbrechen zu verdecken, achtet die Polizei allerdings auch darauf, ob eventuell widersprüchliche oder falsche Angaben gemacht werden.

Manchmal führen Angehörige von Vermissten die Polizei bewusst oder fahrlässig in die Irre. Deswegen sind die Beamten darauf geschult, die Informationen, die ihnen die Angehörigen geben, besonders zu beleuchten. Gelegentlich entsprechen die Angaben der Anzeigeerstatter zur Vermisstensache nicht der Wahrheit, weil die Angehörigen zu aufgeregt waren oder ihre Eindrücke zu oberflächlich schilderten. Meistens bemühen sich die Angehörigen zwar um eine aktive Aufklärung und Unterstützung der Polizei, aber generell sind die Polizisten angewiesen, die Angaben des Anzeigeerstatters kritisch zu werten und gegebenenfalls auf ihren Wahrheitsgehalt zu prüfen. „Die polizeiliche Notwendigkeit dazu besteht", so *Horst Clages* und *Klaus-Dieter Schlieper* in ihrem Leitfaden, „weil teilweise vom Anzeigeerstatter bewusst oder unbewusst unrichtige oder unvollständige Aussagen gemacht oder bestimmte Informationen zurückgehalten werden. Ursachen dafür können sein: Sorge und Angst des Anzeigeerstatters um die vermisste Person und eine sich daraus ergebende Erregung und Hektik bei der Anzeigeerstattung, Unkenntnis über die von der Polizei benötigten Informationen, Bestrebungen, die Persönlichkeit des Vermissten sowie die Familien-, Erziehungs- und Lebensverhältnisse durchweg als positiv darzustellen, um jeden Makel fernzuhalten, Verschweigen von Umständen, Konflikten, Hinweisen zur Motivation usw., um das Vorliegen einer Straftat, z. B. ein Tötungsdelikt oder ein objektives Verschulden, z. B. der Eltern gegenüber ihren minderjährigen Kindern, ggf. auch subjektiv empfundene ‚Mitschuld' am Vermisstsein, zu verschleiern".

Nach Klärung der Umstände des Verschwindens und der oben genannten Fragen werden dann erste Maßnahmen eingeleitet, die nach Vorstellungen der Polizei größtmöglichen Erfolg haben. Wie umfangreich diese Maßnahmen sind, hängt davon ab, wie die mögliche Gefährdung der vermissten Person eingeschätzt wird. Ein junges Mädchen etwa, das beim Trampen zuletzt abends an einer Bushaltestelle von Zeugen beobachtet worden ist und dessen Lebensumstände nicht darauf hinweisen, dass es von zu Hause ausgerissen ist, wird mit größerem Aufwand gesucht, als etwa ein notorischer Ausreißer, der schon mehrmals sein vermeintliches Glück in der Fremde gesucht hat.

Eine besondere Gefahrenlage ergibt sich auch, wenn etwa jemand in einem Wald oder einer einsamen Gegend verschwunden ist oder gar Hinweise auf eine mögliche Straftat vorliegen, etwa Drohungen von Fremden oder Hinweise auf eine Entführung. Manchmal ist auch entscheidend, wie die Wetterlage ist. Gelegentlich zwingt schlechtes Wetter die Polizei zu raschem Handeln. In einem Fall hatte eine ältere Frau eine Fahrradtour unternommen und war schon mehrere Stunden überfällig. Da die Temperaturen unter Null Grad Celsius sanken, suchte die Polizei mit allen ihr

---

Info: Das macht die Polizei nach einer Vermisstenanzeige

„Die Schilderungen des Anzeigenerstatters dienen der Polizei als Grundlage für die Einschätzung der Gesamtsituation", schreibt das Bundeskriminalamt in seiner Dokumentation „Die polizeiliche Bearbeitung von Vermisstenfällen", „so kann es insbesondere bei unmittelbarer Gefahr für Leib oder Leben des Vermissten (z. B. Selbstmord-Drohung) oder bei vermissten Kindern geboten sein, unmittelbar nach Eingang der Vermisstenmeldung – teilweise groß angelegte – Suchmaßnahmen einzuleiten. Um eine großflächige Suche durchführen zu können, reicht sehr oft das Personal der örtlichen Polizei nicht aus. Deshalb werden in der Regel alle verfügbaren Kräfte aus den Hundertschaften der Bereitschaftspolizei und bei weiterem Bedarf auch die Hundertschaften anderer Bundesländer oder der Bundespolizei alarmiert. Die lokalen Rettungsdienste (Rotes Kreuz, Feuerwehr, THW) verfügen über die erforderliche Ortskenntnis und sind daher ebenfalls unverzichtbar".

Der Einsatz von Suchhunden, Hubschraubern mit Wärmebildkamera oder weiterem technischem Gerät ist bei schlecht zugänglichem Terrain oder während der Nacht ebenfalls denkbar. Zuständig für die Sachbearbeitung einer Vermisstenahngelegenheit, auch für die Erhebung von Identifizierungsmaterial, ist grundsätzlich die Polizeidienststelle, in deren Bereich die vermisste Person ihren Wohnsitz oder letzten Aufenthaltsort hatte. Die Personalien vermisster Personen werden im Computer „Informationssystem der Polizei" (INPOL) erfasst und damit zur „Fahndung" ausgeschrieben. Auf dieses System haben alle deutschen Polizeidienststellen Zugriff. Wird die Person im Rahmen einer polizeilichen Kontrolle überprüft, kann festgestellt werden, dass sie vermisst wird und welche Polizeidienststelle den Vorgang bearbeitet.

---

zur Verfügung stehenden Mitteln und fand sie schließlich in einem Straßengraben. Die Vermisste war mit dem Fahrrad so unglücklich gestürzt, dass sie sich nicht mehr selbst befreien konnte.

Selbsthilfe organisiert – mit einen Suchtrupp in die Wälder

In einem zweiten Fall überlebte die Frau dank der Aufmerksamkeit von Spaziergängern. Sie war Opfer eines Überfalls geworden, als sie mit ihrem Fahrrad durch ein Waldgebiet fuhr. Tagelang lag die Frau schwer verletzt und bewegungsunfähig im Gebüsch. Die Angehörigen der Frau meldeten sich damals bei meinem Vermisstentelefon und baten um Unterstützung. Ich riet den Angehörigen, eine Suchaktion in dem Gebiet zu starten, das die Frau voraussichtlich passiert hatte. Ich empfahl das, weil ich der Meinung bin, dass in Vermisst-Situationen die Angehörigen, die dazu in der Lage sind, unbedingt jede Chance zur Eigeninitiative ergreifen sollten. Dazu gehört auch eine großräumige Suche. Ich vermittelte der Familie auch den Kontakt zur örtlichen Presse, die über die Suchaktion berichtete und das Foto der Vermissten veröffentlichte.

Die Polizei kann sich verständlicherweise nicht mit jeden Fall an die Medien wenden, aber Angehörige sollten das unbedingt versuchen, wenn sie das persönlich verkraften können und sich davon Erfolg versprechen. Es gelingt nicht immer, das Interesse eines Redakteurs zu wecken, aber wenn eine „gute Geschichte" erzählt wird, stehen die Chancen nicht schlecht.

Die Angehörige der vermissten Frau organisierten jedenfalls eine Suchtrupp von etwa 50 Personen; sogar der Hausarzt beteiligte sich. An einem Sonntag zogen die Leute in Gruppen von zwei bis drei Personen los und durchstreiften jeweils ein Gebiet, das vorher für jedes Team festgelegt worden war. Hier suchten die Helfer nach der Vermissten oder nach Hinweisen auf ihr Verschwinden. Darüber hinaus hefteten sie an gut sichtbaren Stellen – etwa Laternenpfählen oder Bäumen am Wegesrand – speziell angefertigte Vermisstplakate mit dem Foto der Frau an.

Die Aktion zeigte an diesem Sonntag nicht den gewünschten Erfolg. Die Helfer brachten nicht einen Hinweis mit. Doch wenige Tage später entdeckten Spaziergänger die Vermisste. Sie waren durch die Berichterstattung in den Medien und durch die Vermisstplakate auf den Fall aufmerksam gemacht worden. Als sie im Gebüsch ziemlich versteckt ein Fahrrad bemerkten, suchten die Leute eigenständig die Umgebung ab und fanden die Schwerverletzte.

Bevor die Polizei zu solchen großen Suchaktionen schreitet, erledigt sie einige Standardmaßnahmen. Dazu gehören zunächst einmal die Ermittlungen bei so genannten Beziehungspersonen. Telefonisch werden Verwandte und Freunde und Bekannte befragt; einbezogen wird auch der Arbeits- und Freizeitbereich. Dann erkundigt man sich bei den Notarztrettungsdiensten, Leitstellen der Feuerwehr und in Krankenhäusern, denn immer wieder passiert es, dass eine vermisste Person einen schweren Unfall hatte und die Ärzte oder das Pflegepersonal noch keine Zeit hatten, die Angehörigen zu benachrichtigen.

Bei der Sofortfahndung zum Beispiel nach kleinen Kindern werden im Regelfall alle im so genannten Einsatzraum befindlichen Polizeikräfte über den Vermisstenfall informiert und in die Fahndungsmaßnahmen mit einbezogen. Im Einzelfall werden dann auch die öffentlichen Verkehrsbetriebe

35

und Taxizentralen um Unterstützung gebeten. Wie wichtig solche Maßnahmen sind, wird an folgendem Beispiel klar: Ich erinnere mich daran, dass ein älterer, an Demenz erkrankter Mann in einer größeren Stadt vermisst wurde. Die Polizei leitete sofort Suchmaßnahmen ein, doch wusste man nicht exakt, wo man überall suchen sollte. Nach einigen Tagen wurde der Kranke gefunden. Er hatte sich in den Räumen der U-Bahn verirrt und war in einem Nebenraum gelandet, aus dem er nicht mehr herausfand. Als ihn die Retter im Rahmen einer groß angelegten Suchaktion fanden, war er tot.

Vor diesem Hintergrund ist es verständlich, warum die Polizei zunächst alle wichtigen Details eines Vermisstenfalls sammelt. Dazu gehören der genaue Zeitpunkt des Verschwindens, die genaue Örtlichkeit, wo die Person zum letzten Mal gesehen wurde. Hinweise auf die Richtung, in die sich die Person bewegt hat, bevorzugte oder mögliche Aufenthaltsorte. In der Regel kontrolliert die Polizei bei einer Suche alle Örtlichkeiten, die infrage kommen. Unterschlupf- und Versteckmöglichkeiten bei Jugendlichen, bevorzugte Aufenthaltsorte beim Demenzkranken. Suchmaßnahmen werden im Rahmen von Sofortmaßnahmen der Polizei immer dann eingeleitet, wenn eine berechtigte Erfolgschance besteht, dass die vermisste Person gefunden werden kann. Blindlings ohne Anhaltspunkte mit Polizeiwagen durch die Gegend zu fahren oder Suchhundetrupps loszuschicken, führen nicht zum Erfolg.

So werden die Wohnung der vermissten Person, wie auch Nebengebäude und Umgebung, aber auch Gefahrenpunkte wie Kiesgruben, Gewässer, Schächte u. a. untersucht. Die Sofortsuche umfasst die so genannte augenscheinliche Überprüfung durch Absuche der betreffenden Örtlichkeiten, die Suche und Sicherung von Spuren und Umständen, die Rückschlüsse auf den Aufenthaltsort, das Motiv des Vermisstseins oder das Vorliegen einer Straftat ermöglichen. Dazu kommen die Befragungen von Personen, aber auch die Aufforderung an Bürger zur Mitwirkung und Unterstützung beim Auffinden der vermissten Person unter anderem durch Lautsprecherdurchsagen.

Wenn klare Erkenntnisse über einen möglichen Aufenthaltsort einer vermissten Person vorliegen, werden auch Hilfskräfte – Tauchergruppen, Hundesuchtrupps, Hubschrauber oder eine Reiterstaffel – eingesetzt. In Einzelfällen wird auch eine Hundertschaft junger Beamter angefordert, um ein ganzes Waldstück zu durchsuchen.

Wenn ein Kind längere Zeit vermisst wird, intensiviert die Polizei meist ihre Suche, sobald Hinweise kommen, dass es Opfer eines Verbrechens geworden sein könnte. Aus einer öffentlichen Fahndung wird dann sehr schnell vor allem auch eine polizeiinterne umfangreiche Arbeit, mit der

Tipp: Am 25. Mai des vermissten Kindes gedenken

Der 25. Mai ist jetzt auch in Deutschland der „Tag der vermissten Kinder". Das ist vor allem für Initiativen und Eltern vermisster Kinder eine gute Gelegenheit, die Öffentlichkeit auf sich und das Schicksal der vermissten Kinder aufmerksam zu machen und sich verstärkt an die Medien zu wenden. Vor allem sollte man nicht nur Suchmeldungen veröffentlichen, sondern von den Kommunen nachdrücklich Hilfe für die Angehörigen von Vermissten einfordern.

In den USA wird der „Tag des vermissten Kindes" schon seit 1983 begangen. US-Präsident *Ronald Reagan* erinnerte damit an den sechsjährigen *Etan Patz*, der am 25. Mai 1979 auf dem Weg zur Schule für immer verschwunden ist. 2002 wurde der Gedenktag in Europa eingeführt. Seit 2003 wird er in Deutschland von der Elterninitiative vermisster Kinder gemeinsam mit dem Weißen Ring ausgerichtet.

Etan Kalil Patz lebte mit seinen Eltern, seinem vier Jahre jüngeren Bruder *Ari* und seiner zwei Jahre älteren Schwester *Shira* im Künstler- und Galerienviertel SoHo im südlichen Teil Manhattans. Am 25. Mai 1979 verschwand er im Alter von sechs Jahren auf dem Weg von seinem Elternhaus zum Schulbus spurlos.

Als Etan am Nachmittag dieses Tages nicht von der Schule zurückkehrte und seine Mutter erfuhr, dass er an diesem Tag nicht in der Schule gewesen war, benachrichtigte sie unverzüglich die Polizei. Eine groß angelegte Suchaktion, die bereits am selben Tag eingeleitet wurde, brachte keinen Erfolg. Bereits am folgenden Tag sorgte *Etans* Vater *Stan Patz*, ein Berufsfotograf, dafür, das das Bild seines vermissten Sohnes verbreitet wurde. Überall in New York sah man es auf Suchplakaten, und die überregionalen Zeitungen und das Fernsehen berichteten ausführlich.

Die Polizei erhielt zahlreiche Hinweise aus der Bevölkerung. Als aber nach zwei Wochen immer noch keine heiße Spur zum Aufenthaltsort *Etans* führte, wurde die Suchaktion schließlich eingestellt. *Etans* Eltern zogen nicht um und behielten ihre alte Telefonnummer, die *Etan* auswendig gelernt hatte, immer in der Hoffnung, er würde sich eines Tages telefonisch melden oder wieder auftauchen, doch die folgenden Jahre vergingen ohne jeden Hinweis auf sein Schicksal.

Mit bundesweiten Aktionen zum internationalen Tag des vermissten Kindes am 25. Mai wollen jetzt auch in Deutschland Familien der Verschwundenen auf ihren Leidensweg aufmerksam machen. „An ihrer jahrelangen Ungewissheit drohen viele Eltern zu zerbrechen", sagt die Vorsitzende der Kinderkommission des Bundestags, *Michaela Noll* (CDU). „Die Vorstellungen und Bilder über das, was passiert sein könnte, werden zur Qual." Es sei wichtig, die Eltern zu unterstützen und ihnen „den notwendigen seelischen Halt zu geben".

dann eine spezielle Kommission befasst ist. Meist werden dann alle Register der kriminalistischen wie der öffentlichen Suche gezogen. In Berlin fahndete die Polizei zum Beispiel mit lebensgroßen Plakaten nach einem 14-jährigen Mädchen. Von *Georgine K.* fehlte drei Wochen lang jede Spur. Beamte der 6. Mordkommission hatten in der ersten Phase im Stadtteil Moabit gezielt Passanten angesprochen, um den Weg der Jugendlichen nachzuvollziehen. Es stellte sich heraus, dass sie nach der Schule mit einem Bus gefahren und an einer bestimmten Haltestelle ausgestiegen war. Die Polizei setzte bei ihrer Suche auf Plakate der 14-Jährigen und lobte gleichzeitig eine Belohnung in Höhe von 5 000 Euro für Hinweise aus. Bei der ermittelnden Mordkommission gingen daraufhin mehr als 100 Hinweise ein, die intensiv geprüft wurden. Trotzdem blieb das Kind verschwunden.

So zurückhaltend die Polizei gelegentlich bei der Suche nach vermissten Erwachsenen ist, so engagiert zeigt sie sich, wenn Kinder verschwunden sind. Die Polizeibeamten wissen: Da kommt es auf jede Minute an. Es sind weniger die Sorgen, dass wieder ein Sexualstraftäter zugeschlagen haben könnte. Solche Entführungen gibt es immer wieder, und sie lassen sich nicht verhindern. Doch sie sind letztlich Einzelfälle. Noch mehr sorgen sich die Polizisten, dass einem Kind etwas anderes zugestoßen sein könnte: Kinder ertrinken in Teichen oder Flüssen. Kinder werden in Höhlen verschüttet. Kinder verirren sich in der Stadt. Und es kommt sogar vor, dass ein Kind in der Küche der elterlichen Wohnung in den Kühlschrank klettert und nicht wieder herauskommt.

Vor einigen Jahren fuhr ich mit einer Bekannten an einem Wochenende über Land. Plötzlich bemerkten wir am Straßenrand in einer sehr einsamen Gegend ein etwa sechs Jahre altes Mädchen, das sein Fahrrad schob und sich immer wieder suchend umblickte. Ich hielt den Wagen an und fragte, ob wir helfen könnten. Das Kind wusste nicht mehr, wo es sich befand. Wir riefen über das Handy den Notruf 110 an, und die alarmierten Polizisten brachten das Kind nach Hause.

Dafür gibt es die Polizei. Es ist eine der klassischen Aufgaben, die sich aus dem Leitsatz – Dein Freund und Helfer – ergibt.

Erste Maßnahmen – wie Angehörige und Helfer aktiv werden

Die Rettungshundestaffel hat ihren Mitgliedern eindrucksvoll berichtet, was die Polizei bei einer Vermisstensuche unternehmen kann. In den meisten Fällen kommt es eher darauf an, was ein Angehöriger selbst unternimmt. Angesichts der vielen Fälle ist die Polizei personell und finanziell überfordert, in jedem Fall das ganze Register der möglichen Hilfsmaßnahmen zu ziehen.

Was soll ein Angehöriger tun, wenn ihm allmählich bewusst wird, dass das Kind, der Ehemann oder die Ehefrau oder eine andere, ihm nahe stehende Person verschwunden ist? Normal ist es, zunächst Freunde, Schulkameraden, Arbeitskollegen, Geschwister und andere Personen anzurufen, die vielleicht wissen, wo sich die vermisste Person aufhalten könnte. Schon in dieser Phase sollten Familienangehörige, Freunde oder Bekannte um Unterstützung gebeten werden; sie können mit Ihnen gemeinsam eine Telefonliste zusammenstellen, Nummern aus Adressverzeichnissen heraussuchen oder auch Anrufe übernehmen. Notieren Sie sich, welche Personen ihnen welche Informationen gegeben haben. Nach einer Reihe von Anrufen ist es meist unmöglich, die Daten und Fakten bestimmten Personen zuzuordnen. Folgende Fragen sollten Sie sich beantworten lassen:

– Wann hatte jemand zum letzten Mal Kontakt mit der vermissten Person?

– An welchem Ort ist das gewesen?

– Hat sich die Person auffällig verhalten?

– Hat sie gesagt, was sie unternehmen möchte?

Wenn Sie glauben, dass es Sinn macht, bitten Sie Freunde und Bekannte, zunächst die Umgebung des Wohnortes gründlich abzusuchen, während Sie sich auf den Weg machen, bei der Polizei eine Vermisstenanzeige zu erstatten. Das sollte bei Kindern und Jugendlichen möglichst schnell, bei Erwachsenen nach reiflicher Überlegung erfolgen. Fragen Sie sich auch selbst nach den möglichen Gründen für das Verschwinden: Wie war die Beziehung zum Rest der Familie, gab es Schwierigkeiten am Arbeitsplatz, in der Schule oder der Universität? Gab es Konflikte, die zu einer Kurzschlusshandlung geführt haben könnten? Gab es Hinweise, dass die Person weggehen wollte?

Tipp: Auf versteckte Signale der Angehörigen achten

Die Erfahrung zeigt, dass Menschen, die unter schweren Belastungen stehen oder unter Problemen leiden, das ihren Angehörigen manchmal versteckt mitteilen. „Ich halte das nicht mehr aus", „Ich will nicht mehr", „Ich glaub', ich hau' ab", sind als Hilferufe zu werten. Angehörige, Freunde oder auch Bekannte sollten genau hinhören und nicht zur Tagesordnung übergehen, wenn sie solche Bemerkungen hören. Mancher Vermisstenfall hätte vermieden werden können, wenn auf Signale reagiert worden wäre.

Wenn Sie sich auf die Suche nach der vermissten Person machen wollen, beginnen Sie am besten zu Hause: Durchsuchen Sie die Wohnung, das Haus und das Grundstück einschließlich Speicher und Keller. Gehen Sie die Wegstrecke, die eine vermisste Person möglicherweise gegangen ist, bevor sie verschwand. Der Weg von der Schule, der Arbeitsstelle, dem Kino, Theater usw. nach Hause.

Wenn ein Kind verschwunden ist, suchen Sie nach Hinweisen in seinem Zimmer. Verändern Sie aber nichts, ehe die Polizei den Raum untersucht hat. Es könnten unter Umständen Hinweise, Beweismittel oder Spuren vernichtet werden. Achten Sie also darauf, dass Sie Gegenstände im Zimmer – Notizen, Papierkorb, Brieftasche, Handtasche, Wäsche, Make-up und Schminktäschchen – nicht durcheinander bringen. Suchen Sie nach Anzeichen für eine Verbindung etwa zu Sekten oder anderen Gruppierungen, zu denen sich ihr Kind hingezogen gefühlt haben könnte. Hinweise finden Sie unter anderem in Büchern, Zeitschriften, Sammlungen, Kassetten, CDs und persönlichen Sachen und Schriftstücken. Im Zeitalter des Internets finden sich Hinweise auf das Verschwinden von Kindern und Jugendlichen auch auf den Festplatten der Computer. Befragen Sie Freunde des Kindes, die Nachbarn, Verwandte und Bekannte. Suchen Sie auch Jugendtreffs, die Schule, Sportanlagen, Parks, Spielplätze, Einkaufszentren, Geschäfte, Bahnhöfe – und vor allem immer Orte auf, die der Verschwundene besonders gerne mag. Fragen Sie auch nach Auffälligkeiten, etwa nach Erwachsenen, die sich besonders intensiv um Jugendliche oder Kinder gekümmert und möglicherweise zu ihrem Kind ein besonderes Vertrauensverhältnis aufgebaut haben könnten. Möglicherweise sind es die Erwachsenen gewesen, die die Jugendlichen dazu ermuntert haben, von zu Hause abzuhauen.

Ich erinnere mich noch an den Fall eines vermissten Jungen, der in einem kleinen Ort auf dem Land wohnte. Der Jugendtreff, in der sich der Junge häufiger aufhielt, wurde über längere Zeit von einem Mann aus Frankfurt besucht, der sich nach und nach mit den Jugendlichen anfreundete. Er schwärmte ihnen oft von dem schönen Leben in Frankfurt vor, von den Großzügigkeiten des Lebens in der Großstadt – und ermunterte sie, ihn zu besuchen. Eines Tages verschwand tatsächlich ein Junge und tauchte im Frankfurter Bahnhofsmilieu unter. Es dauerte Monate, bis die Recherchen der Polizei auf einen Kreis von Männern stieß, die gezielt Jugendliche vom Land angesprochen und nach Frankfurt gelockt hatten. Hier wurden sie in Wohnungen untergebracht und mit Kleidung und Essen gut versorgt und am Bahnhof auf den Homosexuellenstrich geschickt.

Nach der ersten Phase der Suche, die ja oft noch von persönlicher Verzweiflung und Hektik sowie starker Unsicherheit geprägt ist, sollten Angehörige möglichst professionell und gezielt vorgehen. Den Zeitpunkt dafür

40

zu bestimmen ist schwer. Bei Kindern und Jugendlichen sollte es sich nur um wenige Stunden handeln, bei Erwachsenen kann es auch einen Tag dauern, bis gehandelt werden muss.

Beginnen Sie aber sofort, sich Notizen zu allen Schritten zu machen, die sie unternehmen. Stellen Sie eine Akte zusammen. Besorgen Sie sich ein aktuelles Foto und vervielfältigen Sie es. Halten Sie für die Polizei Informationen bereit: Persönliche Daten, Beschreibung des Menschen mit körperlichen Merkmalen wie Narben oder Gebrechen, Hinweise auf Brille, Zahnklammer oder Ohrringe, Adressen von Bezugspersonen, Geburtsurkunden, Krankengeschichte, Ausweis, die Adresse des Arztes, wo man sich Zahnabdrücke und Röntgenbilder beschaffen kann. Schreiben Sie auch auf, welche Kleidung die vermisste Person vor dem Verschwinden getragen hat.

Wenn es die technische Ausstattung erlaubt, sollte immer eine Telefonleitung frei bleiben und bei Abwesenheit mit einem Anrufbeantworter verbunden sein. Ist ein Kind oder Jugendlicher verschwunden, ist es ratsam, dass immer jemand, zu dem der Vermisste Vertrauen hat, in Rufbereitschaft ist. Scheuen Sie auch nicht davor zurück, sich immer wieder bei der Polizei nach dem neuesten Stand der Suche zu erkundigen oder neue Erkenntnisse an diese weiterzugeben; dafür sind die Beamten da.

Gelegentlich unternimmt die Polizei bei dem Verschwinden von Kindern oder Jugendlichen ebenso wie bei manchen Erwachsenen, etwa geistig Behinderten, schon in den ersten Stunden aufwändige Suchaktionen. Streifenwagen werden durch die Straßen geschickt, Polizisten befragen Passanten und Anwohner. Manchmal werden auch sofort die Medien eingeschaltet und um Suchmeldungen gebeten. Das ist allerdings nicht die Norm. Auch die Polizei kann nicht zu oft die Medien um Mitarbeit bitten. In einer zweiten Phase sollten also Angehörige überlegen, ob sie sich selbst an die Medien wenden, wenn das die Polizei nicht macht. Suchen Sie ruhig die Unterstützung bei Zeitungen, Radio und Fernsehen.

Sie können auch ein Flugblatt herstellen. Die meisten dieser Handzettel haben DIN-A-4-Größe, und auf ihnen steht in großen Buchstaben: „Vermisst!" Darunter befindet sich das Foto der vermissten Person. Wenn Sie ein eigenes Vermisst-Flugblatt herstellen, sollten Sie eine Telefonnummer angeben, unter der Sie entweder immer zu erreichen sind oder unter der ein Anrufbeantworter für den Fall Ihrer Abwesenheit eingerichtet ist. Wichtig ist es auch, die Telefonnummer der örtlichen Polizei mit anzugeben.

Wer ein Plakat, einen Handzettel oder Internetseiten zur Suche eines Vermissten anfertigen möchte, kann sich an die Vorgaben der Profis, etwa der Vermisstenmitarbeiter des Bundeskriminalamtes, orientieren. Für die erste

41

Tipps: So verhalten sich Angehörige immer richtig

- Wer feststellt, dass sich ein Angehöriger nicht mehr meldet, gerät schnell in Panik. Wer überlegt handelt, kann sich selbst und auch der Polizei bei der Suche nach der vermissten Person die Arbeit erleichtern.

- Überlegen Sie in aller Ruhe, wo sich die vermisste Person aufhalten könnte. Überdenken Sie das letzte Gespräch mit dem Vermissten; vielleicht ergibt sich daraus ein Hinweis auf den Aufenthaltsort.

- Das persönliche Engagement bei der Suche nach Vermissten ist wichtig. Die Polizei kann u. a. aus personellen Gründen nicht bei jeder Vermisstenmeldung eine große Suchaktion starten.

- Rufen Sie Verwandte, Bekannte, Arbeitskollegen oder Freunde des Vermissten an. Vielleicht können diese Hinweise über den Verbleib geben und – falls es notwendig ist – bei der Suche helfen. Erkundigen Sie sich, ob ihnen etwas Ungewöhnliches an dem Verhalten des Gesuchten aufgefallen ist. Persönliche Aufzeichnungen oder Adressbücher können Hinweise enthalten, denen Sie nachgehen können.

- Sicherheitshalber kann auch in den Krankenhäusern der Stadt nachgefragt werden, ob der Angehörige vielleicht nach einem Unfall eingeliefert wurde.

- Sind Sie sich sicher, dass Ihr Angehöriger nach den eigenen Nachforschungen nicht mehr auffindbar ist, dann gehen Sie auf jeden Fall zur Polizei. Geben Sie eine Vermisstenanzeige auf, wobei Sie hier den Beamten soviel Informationen wie möglich geben sollten. Schreiben Sie schon zuhause alle wichtigen persönlichen Daten (u. a. Alter, besondere Kennzeichen) des Vermissten und wichtige Hinweise für die Polizei auf einen Zettel.

- Spuren, wie Fingerabdrücke auf einem benutzten Glas, Haare des Vermissten in der Haarbürste, für die Polizei aufheben.

- Bei der Suche nach Vermissten sind Fotos der gesuchten Person besonders wichtig. Lassen Sie im Fotogeschäft von einem Foto, auf dem das Gesicht gut zu erkennen ist, Abzüge anfertigen. Geben Sie das Originalfoto nicht aus den Händen.

- Machen Sie die Öffentlichkeit zu Ihrem Helfer: Hängen Sie kleine Handzettel oder Plakate mit dem Foto des Vermissten an den Stellen aus, wo er sich zuletzt aufgehalten haben könnte, sowie an Plätzen mit viel Publikumsverkehr, wie Bahnhöfe, Haltestellen, Einkaufszentren etc... Bei privaten Gebäuden, wie zum Beispiel Kaufhäusern, benötigen Sie die Genehmigung der Geschäftsleitung. Bitten Sie gegebenenfalls auch Taxi- und Busfahrer, ein Suchplakat in ihren Fahrzeugen anzubringen. Neben dem Foto sollte das Suchplakat eine kurze Personenbeschreibung enthalten, die Umstände des Verschwindens sowie Ihre Telefonnummer, bzw. die der zuständigen Polizeibehörde. Als Kopfzeile des Suchplakates sollte das Wort „Vermisst!" stehen.

- Wenden Sie sich unter Umständen auch an die lokalen und regionalen Zeitungen, Anzeigenblätter, Radio- und Fernsehsender sowie die Internet-Redaktionen.

- Sollte der Vermisste geistig verwirrt sein und Orientierungsschwierigkeiten haben, fragen Sie bei Obdachlosenheimen und bei Bahnhofsmissionen nach. Bei vermissten Jugendlichen sind Ihre Anlaufstellen neben Polizei, Jugendamt, Jugendzentren und -treffpunkten sicherlich auch Diskotheken.

- Klären Sie wichtige organisatorische Fragen mit Arbeitgeber, Behörden und Institutionen. Informieren Sie den Arbeitgeber, damit die vermisste Person nicht die Arbeitsstelle verliert; oft besteht die Möglichkeit, zunächst eine Urlaubsregelung zu vereinbaren. Die Absprache mit der Krankenkasse ist besonders wichtig, denn der Vermisste sollte weiterhin krankenversichert bleiben. Für Angehörige, die über den Vermissten mitversichert sind (z. B. Ehefrauen und Kinder), ist auch die Frage des eigenen Versicherungsstatus zu klären. Der Vermisste sollte ebenfalls rentenversichert bleiben. Häufig muss die wirtschaftliche Situation der Familie geklärt werden. Um bei Banken die Behandlung eventueller Kredite oder Hypotheken regeln zu können, besteht zu einem späteren Zeitpunkt die Möglichkeit, eine so genannte „Abwesenheitspflegschaft" beim Amtsgericht zu beantragen. Rechtsanwälte und Beratungsdienste der Gerichte und Stadt- bzw. Gemeindeverwaltung geben darüber Auskunft. Informieren Sie Vermieter und Versicherungen rechtzeitig. Wenden Sie sich schriftlich an die jeweiligen Einrichtungen, denn dann müssen etwa die Behörden Ihre Anfrage in einem angemessenen Zeitraum beantworten. Notieren Sie sich die geführten Telefonate mit Zeitangabe, Inhalt und dem Namen des Gesprächspartners.

- Wenden Sie sich je nach Bedarf und Sachlage an das Sozialamt Ihrer Gemeinde und an Hilfsorganisationen. In der Bundesrepublik gibt es viele Organisationen, die für Angehörigen von Vermissten in speziellen Fragen hilfreich sein können. Kostenlose allgemeine Beratungsstellen sind meist in jeder Stadt bzw. Gemeinde vorhanden. Die Adressen erhalten Sie bei der jeweiligen Verwaltung und auch in der örtlichen Polizeibehörde.

Suche ist sicherlich nicht ein solcher Aufwand notwendig, aber in einer späteren Phase machen auch Detailangaben Sinn.

Die Angaben des BKA sind sehr detailliert und darum eine gute Vorgabe – hier ein konkretes Beispiel zum Verschwinden eines Ehepaares aus Norddeutschland auf der Internetseite von bka.de:

„Vermisste Personen – Familienname: Burmeister, Vorname: Hajo, Geburtsdatum: 09.02.1930, Geburtsort: Stade, Staatsangehörigkeit: deutsch; Personenbeschreibung: Größe: ca. 180 cm, Alter: 74; äußere Erscheinung: untersetzte Figur, Glatze mit Haarkranz; Besondere Kennzeichen: Brillenträger, gehbehindert und auf Gehhilfen angewiesen; Bekleidung zur Tatzeit: nicht bekannt; Familienname: Burmeister; Vorname: Vera; Geburtsdatum: 23.10.1929; Geburtsort: Solingen; Staatsangehörigkeit: deutsch; Personenbeschreibung: Größe: ca. 165 cm, Alter: 74; äußere Erscheinung: schlanke Figur, weiße lockige Haare; Besondere Kennzeichen: Brillenträger, Bekleidung zur Tatzeit: nicht bekannt.

Sachverhalt: Seit dem 22.08.2004, nach 21:00 Uhr, sind die beiden 74-jährigen Eheleute Hajo Burmeister und Vera Burmeister aus ihrem Wohnhaus in 27211 Bassum Nordwohlde, Bucheneck 14, verschwunden. Bis zum heutigen Tage gibt es keine konkreten Hinweise auf deren Aufenthaltsort. Der Pkw der Vermissten, ein schwarzer VW Golf III, amtl. Kennzeichen DH-DV 204, ist ebenfalls verschwunden.

Die Polizei schließt nicht aus, dass Vera und Hajo Burmeister Opfer einer Straftat wurden und stellt daher folgende Fragen: Wer hatte nach ihrem Verschwinden am 22.08.2004 Kontakt zu den Vermissten? Wo sind die gesuchten Personen in Erscheinung getreten? Können Angaben zu möglichen Begleitpersonen des verschwunden Ehepaars gemacht werden? Wer kann Angaben zum Verbleib des Pkw machen? Wer kann sonstige sachdienliche Hinweise zum derzeitigen Aufenthaltsort der Vermissten geben?

Sachbearbeitende Dienststelle: Polizeikommissariat SYKE, Tel.: 04242/ 9690, Fax.: 04242/ 969250. Hinweise bitte an: Polizeikommissariat SYKE oder das Bundeskriminalamt Wiesbaden, Kriminaldauerdienst, Tel. 0611/ 55 – 13101, Fax. 0611/55 – 12141, info@bka.de, oder jede andere Polizeidienststelle."

Der Fall Agnes M. – mit dem Kind spurlos verschwunden

Ein Beispiel für eine intensive persönliche Suche boten mir die Angehörigen einer jungen Frau, die mit ihrem Kind verschwunden war. Die gutaussehende Frau galt in ihrem Beruf als zuverlässig und sozial engagiert und war mit ihrem einjährigen Kind richtig glücklich. Eines Tages kehrte sie von einem Spaziergang nicht mehr heim. „Abends gegen 20 Uhr bin ich nach Hause gekommen", erinnert sich die Freundin *Mechthild R.*, „da waren die beiden nicht da. Das war schon ungewöhnlich. Aber es war ein so schöner Tag, und ich dachte mir zunächst, dass sie vielleicht mit einem Freund unterwegs ist".

Als *Mechthild R.* unruhig wird, ruft sie zunächst bei Freunden an, fragt, ob *Agnes M.* bei ihnen ist oder ob man sie gesehen hat. Gegen 21 Uhr erkundigt sie sich bei der Polizei, was sie machen soll. Der Beamte am Telefon beruhigt sie, noch wäre es zu früh, um sich Sorgen zu machen. „Unruhig war ich schon", erzählt die Freundin später, „denn eigentlich war die *Agnes* ein zuverlässiger Mensch. Auch die anderen Freunde, mit denen ich telefonierte, verstanden nicht, dass sie sich nicht meldete. Aber die Polizei beruhigte mich und meinte, man könnte nicht allen erwachsenen Leuten gleich hinterherrennen."

Doch am nächsten Tag sind die junge Frau und das Kind immer noch verschwunden. Der von der Frau getrennt lebende Vater des Kindes berichtet allerdings, dass er die beiden wohlbehalten bei einem Spaziergang in einem Wald getroffen habe. Als es nach 24 Stunden immer noch kein Lebenszeichen von den Vermissten gibt, beginnen die Freunde mit ihrer Suche: „Wir sind mit mehreren Leuten durch die Wälder gelaufen, von der Straßenbahn-Haltestelle aus alle Wege in der Nähe abgelaufen. Wir haben nichts, nichts gefunden. Keine Spur, kein Hinweis."

Danach läuft die private Suchaktion der Freunde und die offizielle Vermisstenfahndung der Polizei richtig an. Das Telefon wird ab sofort rund um die Uhr besetzt, Freunde und Bekannte begeben sich auf die Suche im Stadtteil. Kriminalbeamte führen erste Vernehmungen durch, lassen sich Adressen von Bekannten und Verwandten geben und recherchieren dort. Der Bruder der Vermissten erinnert sich an Details: „Die Polizei ist zu uns nach Hause gekommen. Die Beamten haben uns gefragt, ob wir Einzelheiten wissen, ob meine Schwester vielleicht freiwillig weggegangen sein könnte, ob sie Kummer gehabt hat? Aber das ist einfach unvorstellbar. Sie hatte keine finanziellen Sorgen. Im Gegenteil, sie hat, wie wir im Nachhinein erfahren haben, mehr Geld, als wir dachten."

Am nächsten Morgen geht die Freundin mit Kleidungsstücken der Vermissten zur Polizei. Sie hat die Hoffnung, dass die Polizei jetzt in den Wäldern in der Nähe der Haltestelle Suchhunde einsetzt. Es wird jedoch nur ein ausführliches Protokoll aufgenommen. Die Kleidung kann sie wieder mitnehmen, weil die Polizeibeamten einen Suchhundeeinsatz nicht für sinnvoll halten, da es geregnet hat und eventuelle Spuren dadurch verwischt wurden.

In der Wohnung der Vermissten ist das Telefon ständig besetzt. Für den Fall, dass jemand einen Hinweis geben möchte, jemand Fragen hat – oder

45

falls sich die Vermisste möglicherweise persönlich melden sollte. Als in der Lokalzeitung ein kleiner Bericht über das Verschwinden veröffentlicht wird, fotokopieren die Freunde ihn und verteilen dieses Flugblatt auf den Straßen des Stadtteils an die Passanten. „Hunderte Mal haben wir den Artikel kopiert. Haben ihn allen Menschen gegeben, denen wir begegnet sind, haben ihn an die Bäume gehängt. In einer Kirche, die sich in der Nähe befindet, sind wir in die Messe gegangen, wo gerade ein Kind getauft wurde und haben unsere Suchzettel verteilt", erzählt ein Freund.

Zunächst recht ziellos, später immer systematischer werden die Straßen und Wege, Wälder und Wiesen der Gegend von den Helfern durchsucht. Die Polizei setzt schließlich Suchhunde, Hubschrauber und Motorradfah-

---

Info: So arbeitet die Polizei vor Ort

Kriminalhauptkommissar Rainer L. berichtet über seine Arbeit in der Vermisstenstelle der Polizei: „Meine langjährige Erfahrung hat mir gezeigt, dass es für die Ermittlungen in Vermisstenfällen kein starres Schema gibt. Deshalb prüfe ich vor allem anderen die Gefahrensituation, in der sich der Vermisste befinden könnte. Das Ergebnis bestimmt, wie schnell, wie umfangreich und wie intensiv ich reagieren muss.

Liegen konkrete Anhaltspunkte dafür vor, dass der Vermisste Freitod-Absichten hat oder Opfer einer Straftat geworden sein könnte, müssen alle möglichen und Erfolg versprechenden Maßnahmen unverzüglich in die Wege geleitet werden. Sind als Motiv aber zum Beispiel Unmut, ein Streit oder Abenteuerlust erkennbar, weiß ich, dass neben den Suchmaßnahmen in den meisten Fällen auch die Zeit dazu beiträgt, den Vermissten zurückzubringen.

Die wenigsten Vermissten verlassen ihren gewohnten Lebenskreis tatsächlich auf Dauer. Oft sollen nur das Verhalten anderer Menschen geändert oder die Lebensbedingungen verändert werden. Einfühlungsvermögen, Verständnis und Geduld sind gefordert, wenn es darum geht, bei der Aufnahme einer Vermisstenanzeige alle polizeilich wichtigen Details zu erfragen. Die Angehörigen sind oft unsicher und haben Angst. Das kann ich nachvollziehen.

Doch mitunter wird sehr viel mehr von mir erwartet, als ich erfüllen kann, insbesondere dann, wenn es sich bei dem Vermissten um einen Erwachsenen handelt. Ich darf hier nur an das berühmte „Zigarettenholen" erinnern. Die für die Angehörigen wohl schrecklichste Situation ist nach meiner Erfahrung die, dass ein von ihnen vermisster Mensch über lange Zeit oder auf Dauer verschwunden bleibt und über sein Schicksal nichts in Erfahrung gebracht werden kann. Ich bin froh, dass diese Fälle äußerst selten sind."

rer ein, in der Hoffnung, eine Spur von *Agnes* und ihrem Sohn zu finden. Schließlich melden sich sogar einige Zeugen, die vage Hinweise geben. Ein Friedhofswärter meint, die Vermisste möglicherweise am Tag des Verschwindens gesehen zu haben. Ein Rentner hat ein verdächtiges Fahrzeug auf einer Brücke beobachtet. Doch keine dieser Hinweise führen zu der Vermissten, ebenso wenig wie die Aktivitäten der Freunde und Bekannten. Und auch die Bemühungen der Polizei bleiben ohne Ergebnis.

Die Freunde und Arbeitskollegen machen schließlich genau das, was man in einer solchen Situation tun sollte: Sie suchen selbst weiter – doch sie finden keine Spur. Kollegen, Freunde und Verwandte organisieren sich in den folgenden Tagen immer besser. Sie können nicht verstehen, dass eine junge Frau samt Kleinkind und Kinderwagen einfach spurlos verschwinden kann. Der Bruder: „Es ist ja auch nicht zu verstehen. Kein Hinweis auf ein Verbrechen. Kein Hinweis auf einen Selbstmord. Nichts. Wenn man mal das Ganze Revue passieren lässt, ist es einfach unverständlich: 'Ne Frau geht mit einem Kind, knapp ein Jahr alt, mit dem Kinderwagen aus dem Haus und wird nie mehr gesehen. Meine Schwester war sehr verantwortungsbewusst. Sie hatte Erfolg im Beruf, machte erst eine kaufmännische Ausbildung und hat dann Sozialpädagogik studiert. Später hat sie dann im Sozialbereich mitgearbeitet. Sie ist in ihrem Beruf richtig aufgegangen. Dass die von sich aus einfach abhaut und verschwindet, ist unvorstellbar. Sie hatte nichts bei sich außer ein paar Münzen und einem Fläschchen mit Babynahrung. Ihre Wertsachen waren zu Hause. Es sind keine Sachen gefunden worden, es gab keinerlei konkrete Hinweise, und deswegen besteht meiner Meinung nach echt die Möglichkeit, dass ein Verbrechen stattgefunden hat. So traurig, wie das ist. Aber ich frage mich, wer verschleppt denn schon eine Mutter mit Säugling?"

Die Statistik – fast jeder zweite Vermisste ist ein Kind oder Jugendlicher

Spektakuläre Fälle machen nur einen Bruchteil der Vermisstenfälle aus. Die meisten sind ganz „normale", für Außenstehende geradezu langweilige Fälle. Die Vermissten-Statistik der Polizei spielt deswegen in der Regel keine besondere Rolle, außer um darzustellen, dass es hier nur wenige Gewaltdelikte gibt. Seit vielen Jahren zeigt sie kaum Schwankungen auf. Meine Faustformel ist: Jedes Jahr werden rund 100 000 Menschen bei der Polizei als vermisst registriert; knapp 40-50 Prozent davon sind Kinder und Jugendliche. In Ballungsgebieten wie dem Ruhrgebiet oder in unseren Großstädten wie Berlin, Hamburg oder München werden natürlich die meisten Vermissten registriert.

Für die Statistiken interessiert sich die Öffentlichkeit immer nur dann, wenn spektakuläre Fälle bekannt werden. Die Entführung der *Natascha Kampusch* in Wien war solch ein außergewöhnlicher Vermisstenfall. Die Entführung der 14-jährigen *Stephanie* in Dresden war auch ein solcher. Verständlich, denn bei einer Befreiung der Opfer wie *Stephanie* oder *Natascha* fragt sich die Öffentlichkeit zu Recht, ob nicht noch viel mehr Vermisstenfälle eigentlich Entführungen oder andere nicht entdeckte Verbrechen sind.

Meist werden in solchen Zeiten in den Bundesländern die zuständigen Innenminister aufgefordert, dem Parlament zu berichten, wie viele Kinder etwa vermisst werden. So bat zum Beispiel im August 2006 in Brandenburg, nach der Befreiung von Natascha Kampusch in Wien, eine Landtagsabgeordnete um Aufklärung. Zu diesem Zeitpunkt galten in Deutschland 1 620 Kinder und Jugendliche als aktuell vermisst. In der Datei vermisster und unbekannter Toten führte das Bundeskriminalamt 447 Kinder unter 14 Jahren sowie 1 173 Jugendliche unter 18 Jahren. In der Vermissten-Datei des BKA waren neben diesen Kindern und Jugendlichen auch 3 558 aktuell vermisste Erwachsene gespeichert. Insgesamt wurden also etwa am Tag der Berichterstattung durch den brandenbur-gischen Innenminister 5 178 Menschen als vermisst registriert.

Das Innenministerium Brandenburg informierte das Landesparlament im Zusammenhang mit dieser Anfrage auch darüber, dass in der seit 1992 geführten Computerdatei „Vermisste/Unbekannte Tote" beim BKA täglich rund 250 bis 300 Fahndungen erfasst und gelöscht werden. Das heißt: Es werden jeden Tag neue Vermisstenfälle registriert, weil Angehörige auf den Polizeiwachen erschienen sind und einen Vermissten gemeldet haben. Genau so klären sich jeden Tag Fälle, die dann bei der Polizei wieder aus der aktuellen Statistik entfernt werden. Alle Neuerfassungen eines Jahres zusammen ergeben also die Zahl der geschätzt rund 100 000 Vermisstenfälle in Deutschland, wobei noch jene Zahl von Nichtregistrierten zu berücksichtigen ist, die nicht von der Polizei erfasst werden, weil sie wegen der bereits dargestellten Gesetzeslage nicht als vermisst erfasst oder gar gesucht werden dürfen.

In der BKA-Datei sind sowohl Fälle enthalten, die sich innerhalb weniger Tage aufklären, als auch Vermisste, die über einen längeren Zeitraum verschwunden sind. Nach Einschätzung des BKA erledigen sich rund 50 Prozent der Vermissten-Fälle innerhalb von einer Woche und 80 Prozent innerhalb der Monatsfrist. Der Anteil der Personen, die länger als ein Jahr vermisst werden, beläuft sich auf rund drei Prozent.

Es sind so zwischen 5 000 und 6 000 Menschen, die in jeder Sekunde in den Polizei-Computern als vermisst registriert sind, neue Fälle kommen dazu,

Tipp: Von der Polizei lernen

Wenn die Polizei nach Kindern und Jugendlichen sucht, wird nicht selten das ganze Repertoire kriminalistischer Fahndungsmethoden angewandt. Besonders intensiv ist die Suche in den ersten Tagen nach dem Verschwinden des Vermissten. So investierte allein eine Sonderkommission rund 13 000 Arbeitsstunden in die Suche nach einem vermissten 15-jährigen. Die Stunden kommen schnell zusammen, wenn eine Hundertschaft Wälder und Wiesen durchstreift, wenn Polizeireiter, Hundestaffeln, Tauchergruppen und Hubschrauber zum Einsatz kommen. Das Bundeskriminalamt veranlasst in dem speziellen Fall auch eine Auslandsfahndung, u.a. in den Niederlanden, Belgien, der Schweiz und Österreich. Es wurden über 60 Spuren verfolgt. Das bedeutet: Es werden Zeugen befragt, Verdächtige vernommen, Spuren und Hinweise interpretiert und schließlich werden alle Maßnahmen noch genau protokolliert.

Es gibt einen ganzen Katalog von Maßnahmen, die bei Vermisstenfällen zu treffen sind; manches kann auch ein Angehöriger selbst tun. Neben der Fahndung und Ausschreibung zur Personenfahndung wird zunächst eine Suche im häuslichen Umfeld durchgeführt, um Hinweise darauf zu erlangen, die auf ein Motiv für das Verschwinden oder auf den aktuellen Aufenthaltsort des Vermissten schließen lassen. Außerdem will man damit ausschließen, dass sich besonders Kinder und Jugendliche vielleicht im häuslichen Bereich verborgen halten oder einen Unfall hatten und nur noch nicht von den Angehörigen entdeckt wurden.

Die Polizei hat ihre Erfahrungen gemacht. Immer wieder kommt es vor, dass die gesamte Fahndungs-Maschinerie der Polizei auf Hochtouren läuft – und das vermisste Kind schläft derweil unentdeckt in einer Ecke des elterlichen Hauses. Wie beispielsweise im Ruhrgebiet. Da wurden an einem Weihnachtstag abends gegen neun Uhr zwei sechs und vier Jahre alte Mädchen vermisst. 20 Minuten nach dem mysteriösen Verschwinden der Kinder löste die Polizei Grossalarm aus. Polizeibeamte suchten in den Seitenstrassen und auf Kinderspielplätzen. Die Mitarbeiter der Verkehrsbetriebe, Straßenbahn-, Bus- und Taxifahrer wurden um Unterstützung gebeten. Nach einer Stunde entdeckte man die Mädchen in der elterlichen Wohnung - schlafend, in einem Bettkasten.

alte erledigen sich – und hinter jeder Zahl verbirgt sich ein Vermisstenschicksal, stehen Vater und Mutter, Schwester und Bruder, Sohn oder Tochter und andere Angehörige, die auf die Rückkehr des Nahestehenden hoffen. Das Bundeskriminalamt in Wiesbaden registriert alle Vermissten, die von den örtlichen Polizeidienststellen und vor allem über die Landeskriminalämter in den einzelnen Bundesländern gemeldet werden, in einer speziellen Inpol-Computer-Datei. Von allen Grenzstationen und Polizeidienststellen aus kann der Großrechner des BKA abgefragt werden, ob eine Person vermisst wird.

Job für die Medien – den Betroffenen mehr Service bieten

Wenn die Suche im Freundes- und Bekanntenkreis erfolglos geblieben und die Vermisstenanzeige bei der Polizei aufgegeben worden sind, denken die Angehörigen an eine öffentliche Suche durch die Medien. Allerdings ist das ein ganz besonders schwieriges Kapitel für Angehörige: Wer gibt schon gerne in aller Öffentlichkeit zu, dass das Familienleben nicht ganz in Ordnung ist?

Die erste Hürde, die auf dem Weg zu einer Veröffentlichung vor ihnen liegt, ist also die Frage: Will ich das überhaupt? Verkrafte ich es, plötzlich im Mittelpunkt einer Medienberichterstattung zu stehen? Werden meine nahen Angehörigen diese Initiative von mir akzeptieren?

Die meisten Menschen erhalten nie in ihrem Leben die Möglichkeit, einmal in einer Zeitung oder einer Fernsehsendung auch nur erwähnt zu werden. Mit einer positiven Berichterstattung könnte man sich auch noch abfinden. Aber als Angehöriger einer vermissten Person möchte kaum jemand sein Schicksal vor Nachbarn und dem Rest der Bürger in einer Stadt ausgebreitet sehen.

Will ich die öffentliche Suche? Die Antwort kann einem niemand abnehmen. Es gibt nicht einmal einen guten Rat. Ich weiß nur: Die Polizei bedient sich etwa der öffentlichen Suche, weil sie immer wieder einmal damit Erfolg hat und wichtige Hinweise erhält. In der Sendung „WDR Vermisst" hatten wir durch die Veröffentlichung von Suchmeldungen eine etwa 15-prozentige Aufklärungsrate.

Wer nun die Presse zu einer Veröffentlichung auffordert, erhofft sich so eine Breitenwirkung bei der Suche. Die Redaktionen in den Tageszeitungen sind zwar seit Anfang der 90er Jahre, als sich vor allem Fernsehjournalisten verstärkt mit Sendereihen wie „Bitte melde Dich" oder der von mir entwickelten und inhaltlich betreuten Reihe „WDR-Vermisst" mit dem Thema befassten, sensibler für die Problematik geworden. Manche Journalisten berichten ausführlicher und oft auch qualifizierter über das Thema, aber so richtig engagiert ist kaum eine Redaktion.

Als positives Beispiel dafür, wie gerade in lokalen und regionalen Medien mit dem Thema umgegangen werden kann, steht eine Reportage, die in der Düsseldorfer Lokalausgabe der „Rheinischen Post" erschienen und 2004 mit dem *Theodor-Wolff-Preis* ausgezeichnet worden ist. Dieser Journalistenpreis des „Bundesverbandes der Deutschen Zeitungen" zeichnet Artikel aus den Kategorien „Lokales" und „Allgemeines" aus. Die Jury richtet sich bei ihrer Auswahl nach Maßstäben, die einst von einem berühmten, lange verstorbenen Journalisten, *Theodor Wolff*, für die Arbeit der Journalisten gesetzt wurden: demokratische und gesellschaftspolitische Verantwortung, politischer Sensus, gründliche Recherche, eingehende Analyse und breite Information, Vorbildlichkeit in Sprache, Stil und Form. Es werden Beiträge ausgezeichnet, die – so der Zeitungsverband – „ein bedeutsames Thema behandeln oder wegen ihres Neuigkeitsgehalts und der Art der Präsentation für einen wachen Journalismus beispielhaft erscheinen".

Die Autorin der prämierten Vermisst-Geschichte, *Stefani Geilhausen*, erhielt den Preis in der Kategorie „Lokales" für den Beitrag „Die Witwe sagt: ‚Es ist Schicksal'". Die Jury meinte in der Begründung für die Auszeichnung: „Die Zeit hat gar nichts geheilt. Vor allem nicht die seelischen Wunden der *Anita U.*, deren Geschichte *Stefani Geilhausen* aufschreibt. Es ist die Geschichte einer Witwe, die zwei Jahre lang hoffte, ihr an Alzheimer erkrankter Mann sei doch nur verschwunden, aber nicht tot – bis sie die Wahrheit erfährt. Die Autorin kommt der Hauptperson ihres Textes nahe, ohne ihr zu nahe zu treten. Das Ergebnis ist ein ungewöhnlich einfühlsamer Beitrag, der hochsensibel mit einem menschlichen Schicksal umgeht."

Immer ein Thema – Reportage über Schicksal von Angehörigen

Die Polizeireporterin der „RP" hat in der Tat eine sensible Reportage geschrieben, etwa so: „Dienstag hat sie ihren Mann beerdigt. Und sie hat Gott dafür gedankt. Es war ein schwerer Gang für *Anita U.* Doch kaum so schwer wie der kurze Fußweg hinüber zum Wald hinter dem Sportplatz. Dorthin ist sie vergangene Woche gegangen. Ganz allein. Dort hat ihr toter Mann gelegen. Zwei Jahre lang. Rückblende: Am 20. Januar 2001 verließ der an Alzheimer erkrankte *Rudolf U.*, der damals 83 Jahre alt war, sein Haus. Gerade hatte das Ehepaar noch gemeinsam Kaffee getrunken, *Anita U.* hatte einen Kuchen gebacken, und dann hatte er ihre Hand gestreichelt und gesagt: ‚Tschüss. Mach's gut.' Dann war er auf die Terrasse getreten und hatte die Schiebetür hinter sich geschlossen, ohne zurückzuschauen. Minuten hatte es gedauert, bis *Anita U.* dieses Bild ins Bewusstsein drang, bis sie spürte, dass es anders war als sonst, wenn der kranke Mann spazieren ging. Dann war sie losgerannt und hatte ihn gesucht. Sie hat ihn nie gefunden ..."

Auch hat *Geilhausen* dargestellt, wie allein auf sich gestellt die Angehörige bei ihrer Suche nach dem vermissten Ehemann war: „In Düsseldorf sollte *Rudolf U.* am Hauptbahnhof gesehen worden sein. Mit seinem Bild in der Hand ist Anita durch die Halle gelaufen und hat jeden nach ihm gefragt. Einer sagte: „Ja, der sitzt im McDonalds'. Da war *Rudolf U.* im Wald längst erfroren. Wahrsagerinnen hat sie aufgesucht. Die sagten alle, er sei an einem Wasser. Eine erzählte was von Norddeutschland und von Arbeit auf einem Bauernhof. Da war *Rudolf U.* schon ein Jahr tot."

Die Autorin hat auch sehr gut das Empfinden, diese Hoffnungslosigkeit und Bewegungslosigkeit beschrieben, die die 76-jährige Ehefrau gefangen nahm: „Sie ist kaum noch weggegangen. Sie hat die Fragen nicht mehr ertragen."

Die Preisträgerin weist auch auf die Arbeit der Polizei hin, berichtet über deren Suche vor Ort und mit einem Hubschrauber und letztlich als Überbringer der traurigen Nachricht vom Tod des Ehemannes: „Der Kommissar, mit dem sie zwei Jahre lang immer wieder telefoniert hatte, hat es ihr gesagt. Und er hat ihr mit der stehen gebliebenen Uhr auch die Geldscheine gegeben, die zerfallen und aufgeweicht bei den Überresten gefunden wurden."

Doch etwas Wichtiges fehlt in der Geschichte. Leider hat die Autorin nicht über die Versäumnisse unserer Gesellschaft geschrieben, wie die Angehörigen allein gelassen werden, wie die kommunalen Behörden ihre Probleme ignorieren, dass es keine Hilfsangebote gibt – in einer Lokalzeitung macht es doch Sinn, einmal den Sozialdezernenten oder den Oberbürgermeister zu fragen, warum sich in der Stadtverwaltung niemand um die Angehörigen von Vermissten kümmert und sich niemand zuständig fühlt, warum die so Verlassenen auch noch von der Gemeinschaft der Bürger allein gelassen werden.

Genau das aber ist wichtig. Die Redakteure und freien Journalisten, die jeden Tag die lokalen Medien mit ihren Berichten füllen, sind die wichtigsten Wächter unserer Gesellschaft. Sie sind wichtiger als die großen Kommentatoren auf den überregionalen Seiten der Tageszeitungen, wichtiger als die Kommentatoren von „Tagesschau" oder „Heute". Vor Ort, im Rathaus wird entschieden wie sozial unsere Gesellschaft wirklich ist, wie viel Hilfe jene bekommen, die Hilfe brauchen. Wenn die Journalisten in den Städten und Gemeinden schlafen, verkümmert das soziale Gewissen einer Kommune.

Warum auch sollte sich ein Bürgermeister um die Angehörigen von Vermissten sorgen, wenn es die Medien schon nicht tun? Vor allem in den Lokal- und Regionalausgaben der Medien ist noch viel nachzuholen, sind noch viele Fragen zu stellen. Auch die im April 2003 veröffentlichte „RP"-Geschichte ignoriert so wichtige Bereiche wie die fehlende Hilfe für Angehörige durch Initiativen oder Behörden. Sie beweist aber eindrucksvoll, dass die Medien aus den Themen rund um das Schicksal von Vermissten

Tipp: Hilfe bei den Problemen des Alltags

Welche Probleme die Angehörigen von Vermissten in ihrem Alltag haben, wurde vielen erst nach der Tsunami-Flutkatastrophe in Südostasien klar. Das Bundesministerium der Justiz gab im Januar 2005 Hinweise zur rechtlichen Situation. Auch Angehörige von Vermissten, die nicht durch eine Katastrophe in diese Situation geraten sind, sollten sich in Zukunft auf diese Hinweise berufen, und die Bundesregierung sollte überlegen, ob sie nicht endlich den jährlich rund 500 000 neu betroffenen Angehörigen von Vermissten ein unfassendes Informationsangebot machen will.

Konten: Ist ein Dauerauftrag erteilt, laufen die Zahlungen weiter, so lange das Konto gedeckt ist. Grundsätzlich darf eine Bank kein Geld auszahlen oder Aufträge ausführen, wenn der Auftraggeber keine Kontovollmacht hat. Ist also eine Kontovollmacht da, gibt es keine Probleme. Fehlt eine Kontovollmacht und soll über das Konto einer verschollenen Person verfügt werden, werden die Banken und Sparkassen angemessen zügig und unbürokratisch vorgehen. Die im Todesfall notwendige Sterbeurkunde kann durch eine Bescheinigung ersetzt werden, die auf gesicherten Angaben des Bundeskriminalamtes, der Landeskriminalämter bzw. der örtlichen Polizeidienststellen beruht. Die im Zentralen Kreditausschuss zusammengeschlossenen Banken- und Sparkassenverbände haben zugesagt, dieses Verfahren bei ihren Mitgliedsinstituten zu unterstützen.

Lebensversicherungen: Die Lebensversicherer wollen Angehörige von Flutopfern in Südasien entgegenkommend behandeln. Nach Angaben des Gesamtverbandes der Deutschen Versicherungswirtschaft (GDV) ist sich die Versicherungswirtschaft der besonderen Problematik bewusst und wird eine dem Einzelfall angemessen zügige und unbürokratische Regulierung sicherstellen. Dabei sollten gesicherte Angaben von BKA, LKA oder den örtlichen deutschen Polizeistellen als ausreichend angesehen werden. Die Versicherungswirtschaft bittet Betroffene, sich unmittelbar mit der jeweiligen Versicherungsgesellschaft in Verbindung zu setzen.

Abwesenheitspflegschaft: Falls der Vermisste keine Vorkehrungen für seine Vermögensangelegenheiten getroffen hat, gibt es auch die Möglichkeit, dass das Amtsgericht am Wohnsitz des Verschollenen als Vormundschaftsgericht von Amts wegen einen Abwesenheitspfleger bestellt. Dies kann auch ein Verwandter sein, der dann als gesetzlicher Vertreter Vermögensverfügungen treffen, also auch über das Bankkonto verfügen kann. Diese Pflegschaft endet, wenn der Abwesende für tot erklärt wird oder seine Todeszeit nach dem Verschollenheitsgesetz festgestellt wird.

Rechtliche Beratung: Bei konkreten Einzelfragen empfiehlt das Bundesministerium der Justiz auf jeden Fall, den Rat einer Rechtsanwältin oder eines Rechtsanwaltes einzuholen. Die Bundesrechtsanwaltkammer hält online Listen von Rechtsanwältinnen und Rechtsanwälten bereit, die in diesen Spezialfällen beraten können. Der Deutsche Anwaltverein bietet ebenfalls online Hilfe und Informationen für Opfer und deren Angehörige.

viel Nachrichtenmaterial saugen könnten, wenn sie nur genauer hinsehen würden.

Wie spannend die Themen sind, beweist, dass es in den 1990er Jahren drei Fernsehreihen gab, die sich mit Vermisstenschicksalen befassten. Ich selbst hatte zunächst eine 45-minütige Fernsehreportage für das WDR-Fernsehen gemacht. Dazu wollte ich ursprünglich vermisste Menschen interviewen und richtete ein Vermisstentelefon ein. Nach den ersten öffentlichen Hinweisen auf diese Telefonnummer meldeten sich bei mir 50 Angehörige von Vermissten, die mir ihr Schicksal schilderten. Aus dem Recherchetelefon wurde ein Beratungstelefon für Angehörige von Vermissten, das ich noch heute unter der Telefonnummer 0211-4920569 betreue. Ich mache keine Werbung für diese Einrichtung, weil jede Beratung zwischen einer und drei Stunden dauert und es meine finanziellen und vor allem zeitlichen Ressourcen übersteigen würde, wenn sich Hundertschaften von Hilfe suchenden Angehörigen an mich wenden würden.

Das Ergebnis meiner damaligen Recherchen verarbeitete ich in einer TV-Reportage „Vermisst – über Menschen, die verschwinden, und jene, die sie suchen", in einem gleichnamigen Sachbuch und in einem Artikel für die Wochenzeitung „Die Zeit". Die Folge davon war ein außergewöhnlich lautes Rauschen im Blätterwald der Medien, die nun eine Zeit lang die Probleme der Vermissten ernst nahmen – im Gegensatz zu Politikern wie dem damaligen Bundeskanzler *Dr. Helmut Kohl*. Der ließ mir 1994 bei der Suche nach Unterstützung für die Angehörigen von Vermissten über eine Referentin ausrichten, dass diese in Deutschland keine Probleme hätten und keine speziellen Hilfen über die der Polizei hinaus benötigten. Das hätte eine Umfrage bei den Familien- und Wohlfahrtsverbänden und den Innenministerien der Länder ergeben. Das Bundesfamilienministerium habe aber angeregt, dass die mit Vermisstenfällen direkt befassten Stellen Informatiosmaterial erstellen sollten, aus dem Angehörige von Vermissten die Anschriften möglicher Ansprechpartner und Beratungsstellen ebenso entnehmen könnten wie erste prakische Vorschläge zum Umgang mit ihrer Situation. Passiert ist bis heute nichts.

Guter Rat vom MDR – Extraseiten im Internet

In der Regel kümmern sich die Medien immer noch zu wenig um die Vermisst-Themen. Journalisten sollten zum einen hinterfragen, warum in den Städten und Gemeinden keine speziellen Hilfen für Angehörige für Vermisste angeboten werden, ja, warum sie nicht einmal in den Leistungsangeboten der Sozialbehörden auftauchen, obwohl doch in den großen Städten mehrere tausend Menschen, in kleinen Kommunen oft eine Hundertschaft an Einwohnern jährlich bei der Polizei als vermisst registriert werden. In den Jahresstatistiken der Polizei, heute oft auch im Internet veröffentlicht, finden sich die genauen Zahlen.

Journalisten könnten auch mehr dazu beitragen, die Angehörigen bei der Suche zu unterstützen. Aus vielen Gesprächen mit Betroffenen weiß ich, wie oft und vergeblich Angehörige von Vermissten vor allem in den Lokalredaktionen der Tageszeitungen vorsprechen und ihre Bitte, eine Suchmeldung zu veröffentlichen, abgelehnt wird. Bitten von Angehörigen, etwa Suchaufrufe nach Vermissten zu starten, werden vielfach mit dem Hinweis abgewiesen, man dürfe oder wolle nur Suchmeldungen veröffentlichen, die von der Polizei herausgegeben wurden. Das stimmt nicht, sondern ist vielmehr eine Ausrede, die Journalisten erlaubt, die Bitten von Angehörigen abzulehnen.

Es gibt keine plausible Erklärung dafür, warum man den Abdruck einer Suchmeldung in der Zeitung verwehrt – außer, dass es recht eintönig wäre, wenn in einer Stadt wie Düsseldorf jeden Tag etwa fünf Vermisst-Meldungen veröffentlicht würden. Den Vorwurf der Langeweile kann man allerdings auch Redakteuren machen, die aus letztklassigen Schüleraufführungen Seitenaufmacher zimmern oder die Protokolle von Rats- und Ausschusssitzungen nachdrucken, statt selbst eine spannende Geschichte zu recherchieren. Machte sich ein Redakteur die Mühe, die schlichten Informationen von Vermisst-Meldungen zu hinterfragen, würde er auf menschliche Schicksale stoßen, wie es sich eigentlich jeder engagierte Journalist für eine „spannende" Berichterstattung wünscht. Die Düsseldorfer Polizeireporterin *Stefanie Geilhausen* hat dafür ein gutes Beispiel gegeben. Leider interessieren sich die meisten Polizeireporter noch immer mehr für die Situation von Tätern und weniger für das Schicksal der Opfer, und soziale Randbereiche sind den meisten so fremd wie einem Theaterkritiker der Gerichtssaal.

Eine Tageszeitung kann zwar nicht in jeder Ausgabe auf Hintergründe der Vermisst-Problematik eingehen, aber ihre Internetseiten bieten genug Raum, um hier nachhaltig Hilfe anzubieten. Manche Medien arbeiten in dem ihnen gegebenen Rahmen inzwischen geradezu vorbildlich und veröffentlichen Tipps zum Thema. Der MDR etwa bietet unter der Rubrik „Tipps gegen Tricks" eine Info-Story und weiterführende Internet-Links zum „Deutschen Roten Kreuz", Bundeskriminalamt und der „Elterninitiative vermisste Kinder". Unter der Überschrift „Vermisst - wenn Menschen verschwinden" informieren die MDR-Redakteure unter anderem über die Hintergründe der Polizeiarbeit: „Die Fahndung ist eine polizeiliche Maßnahme zur Unterstützung der polizeilichen Ermittlungsarbeit. Sie dient dem Zweck, den Aufenthaltsort gesuchter Personen festzustellen, Hinweise zur Aufklärung von Straftaten mit unbekannten Tätern zu erlangen und Sachen sicherzustellen, die zu Straftaten benutzt oder durch solche erlangt wurden. Die Polizei fahndet im Rahmen der Verfolgung und Aufklärung von Straftaten nach Straftätern, aber auch nach Diebesgut und anderen Sachen. Die Polizei ist aber auch bei der Suche nach vermissten Personen, bei der Identifizierung von Toten oder bei der Aufklärung von Delikten der Verkehrsunfallflucht auf Ihre Mithilfe angewiesen. Hinweise nimmt jede Polizeidienststelle entgegen."

Das ist von Medien vermittelte Staatsbürgerkunde, die Details herausstellt: „Die Suche nach vermissten Personen macht einen nicht unerheblichen Bestandteil der Polizeiarbeit aus. Dabei ist zu bedenken, dass bei der Fahndung nach vermissten Personen unter Umständen umfangreichere Maßnahmen, wie zum Beispiel Durchsuchungen von weiträumigen Gelängen oder Gebäuden, als zum Beispiel bei einem Diebstahl oder einer Körperverletzung durchgeführt werden müssen. Sie ist meistens mit einem wesentlich höherem Zeit- und Personalaufwand verbunden. Immer mehr greift die Polizei bei der Öffentlichkeitsfahndung auch auf das Internet und dessen Möglichkeiten zurück."

Die MDR-Internetseiten informieren auch über Zahlen und Fakten, die es den Lesern bzw. Zuschauern erleichtern, die Lage zu beurteilen: „Mehr als 7 000 Menschen zählt das Bundeskriminalamt derzeit als ständig vermisst. Jährlich werden in der Bundesrepublik fast 100 000 Menschen als vermisst registriert. Bei der überwiegenden Zahl der schnell aufgeklärten Fälle handelt es sich um Kinder und Jugendliche, die wegen familiärer Probleme oder aus Abenteuerlust von zu Hause abgehauen sind. Die meisten davon kehren selbständig wieder nach Hause zurück oder werden durch die Polizei aufgegriffen. Die meisten Vermisstenfälle sind nach wenigen Stunden geklärt, einige erst nach zwei bis drei Wochen. Mehr als 7 000 Menschen zählt das Bundeskriminalamt derzeit als ständig vermisst. Hier weiß niemand, ob sie noch am Leben sind, vielleicht im Ausland untergetaucht sind oder Opfer eines Verbrechens oder Unfalls wurden. Fast zwei Drittel dieser Vermissten sind männlich."

Vor allem für Betroffene sind Informationen über das Vorgehen der Polizei von Bedeutung. Angehörige wollen wissen, warum ein Vermisster etwa nicht sofort von der Polizei registriert, warum nicht sofort nach ihm gesucht wird. Hintergrundinformationen wie die des MDR wünsche ich mir auf einer nationalen Vermisst-Informationshomepage: „Nicht jeder, der über 18 Jahre alt ist und plötzlich nicht mehr nach Hause kommt, wird gleich als vermisst registriert. Bestimmte Kriterien spielen eine Rolle. Zum Beispiel müssen konkrete Anhaltspunkte vorliegen, dass ein Unglück oder eine Straftat passiert sein könnten. Oder es muss sich um Menschen handeln, die geistig verwirrt sind oder ihren Freitod angekündigt haben bzw. schon einen Versuch des Freitodes unternommen haben. Zunächst einmal werden alle Aufenthaltsorte des Vermissten aufgesucht und auch nach dem Grund des Verschwindens geforscht. Hier werden dann Kalender und Notizbücher genauer unter die Lupe genommen, um Hinweise auf den derzeitigen Aufenthaltsort zu finden. Auch alle Freunde, Bekannte und Arbeitskollegen werden aufgesucht und befragt, um herauszubekommen, wie die Verhältnisse in der Familie liegen, da nahe Angehörige oft nicht objektiv genug sind. Wird eine vermisste Person wohlbehalten aufgefunden und es steht fest, dass er oder sie das gewohnte Umfeld freiwillig verlassen hat, so darf die Polizei den Aufenthaltsort nicht gegen ihren/seinen Willen den Angehörigen preisgeben."

Service der Tageszeitung – Lebenshilfe für den Alltag bieten

Soviel Detailinformation kann man von jeder Internetausgabe einer Tageszeitung erwarten. Zumindest wäre ein Link auf solche Seiten angebracht. Die Informationen helfen den Leserinnen und Lesern, Probleme zu meistern und zeigen auch, wie fürsorglich eine Redaktion gegenüber ihren Kunden ist – guter Service für die Leser. Es gibt viele Möglichkeiten Themen zur Vermisst-Problematik umzusetzen. Auf einem Seminar für „Einsteiger in den Journalismus" im Kulturzentrum „Alte Post" in Neuss bat ich die Teilnehmer um einen Kommentar zum Vermisst-Thema.

„Missing von *Steven Spielberg*" schrieb daraufhin die Teilnehmerin *Gabriele Schulze*: „Wie viele Menschen aus Ihrer Umgebung sind vermisst? Man sagt seinen Liebsten gerne mal, dass man sie vermisst, aber was ist mit den 100 000 Menschen, die jedes Jahr in Deutschland tatsächlich verschwinden? In der öffentlichen Berichterstattung taucht der Großteil dieser Vermissten nie auf, nur die wirklich spektakulären Fälle wie *Natascha Kampusch* oder andere verschollene Kinder. Wie die Angehörigen mit dem Verschwinden des Kindes umgehen, welche psychischen Qualen sie durchstehen, darüber erfährt der Zuschauer oder Leser nichts. Kaum ist *Natascha Kampusch* wieder aufgetaucht, stürzen sich die Medien mit großem Enthusiasmus auf das Thema und heucheln Anteilnahme und Interesse... Es widert mich an, in den Zeitungen diesen Betroffenheitsjournalismus zu lesen. Jeder will jetzt darüber berichten, wie es dem Opfer heute geht und was in der Gefangenschaft passiert ist. Ich sehe es schon vor mir, das Plakat zum Hollywoodfilm „Missing" von *Steven Spielberg* über die Entführung. *Meryl Streep* wird die Mutter des Opfers spielen (sie spielt die Betroffene und Leidende so perfekt), *Tom Cruise* als Retter und vielleicht seine frisch angetraute Ehefrau *Katie Holms* als Opfer? *Woody Hareldson* und *Juliette Lewis* als Entführer? Na, das riecht nach Megakassenerfolg! Aber wurde jetzt nicht erst der Film über den Kannibalen von Rothenburg

Tipps: Das können Lokalredakteure machen

• Kümmern Sie sich bitte um Themen rund um die Vermissten-Problematik. Vor allem lokale und regionale Modien haben verstärkt auch die Aufgabe, ihren Lesern Hilfe und Service anzubieten. Immer mehr rücken die Leser und ihre Bedürfnisse in den Fokus der Berichterstattung, dazu gehören auch ihre sozialen und gesellschaftlichen Probleme und Anliegen.

• Nehmen Sie Anrufe von Angehörigen zu Vermisstenfällen ernst. Sie bieten Themen von großer journalistischer Qualität. Hinter jeder Vermissten-Meldung liegen spannende, menschliche Schicksale, von denen Leser mehr erfahren möchten.

• Jedes Jahr veröffentlicht die Polizei ihre Jahresstatistik. Kümmern Sie sich nicht nur um die Kapitalverbrechen. Sie finden journalistische Themen auch in den Erläuterungen zu der Vermisstenstatistik.

• Versetzen Sie sich in die Lage der Angehörigen von Vermissten. Worauf würden Sie hoffen? Doch sicherlich darauf, dass zumindest eine zehn Zeilen lange Meldung mit einem Foto der vermissten Person veröffentlicht wird.

• Lassen Sie sich die Geschichte erzählen. Wenn Sie schon keine Veröffentlichung planen, geben Sie den Angehörigen wenigstens ein paar Tipps. Viele kennen sich mit Behörden, Organisationen und anderen gesellschaftlichen Strukturen nicht aus.

• Berücksichtigen Sie die Bitten um gewisse Anonymität oder das Verschweigen intimer Details u.a.

• Richten Sie auf den Internetseiten der Zeitungen einen Vermisst-Bereich ein. Veröffentlichen Sie hier Hintergrundinformationen und Vermisstensuchen.

verboten? Wenn *Natascha* Glück hat, sieht der Film über ihre Entführung nie das Kino."

Eine andere Seminarteilnehmerin, *Hanna Rest*, befasste sich mit den Möglichkeiten der Berichterstattung über Vermisste: „In Deutschland verschwinden jährlich rund 100 000 Menschen, rund drei Prozent von ihnen tauchen nie wieder auf. Natürlich ist es schwer, die Vermissten zu befragen, solange sie nicht heimgekehrt sind, aber die Zurückgebliebenen, rund 500 000 Angehörige in jedem Jahr, sind theoretisch für die Presse ‚greifbar'. In Zeiten von voyeuristischen, so genannten Nachrichtensendungen müssten das Leiden, die Probleme und die Hilflosigkeit Angehöriger von Vermissten doch ein dankbares Thema sein. Doch vielleicht ist die Hilflosigkeit zu groß. Oder die Situation, die Gründe für das Leiden zu komplex, um sie in einem Sensationsmagazin unterzubringen. Und seriöse Sendungen? Warum setzen sie sich so selten mit dem Thema ‚Vermisste Menschen' auseinander? Liegt es an der fehlenden Empathiefähigkeit der Zuschauer? Oder daran, dass die Leute genug eigene Probleme haben? Würden sie es nicht verkraften, die Hilflosigkeit der Angehörigen mitzufühlen? Ist es diese Unfähigkeit, überhaupt etwas tun zu können, die den Zuschauer dazu bringen würde, einfach um- oder abzuschalten?

Denn wer will schon gerne Berichte über etwas Trauriges sehen, ohne auch nur dem Impuls des Tätigwerdens, zumindest in Gedanken, nachkommen zu können? Dem kann man abhelfen, indem dem Zuschauer Möglichkeiten gezeigt werden, tätig zu werden. Oder es müssten gesellschaftliche Lösungen und Institutionen vorgestellt werden, die in Einzelfällen helfen. So könnte man auch der möglichen Rat-, Hilflosigkeit und Verzweiflung der Angehörigen einen Schritt entgegenwirken. Denn eines steht fest: durch Ignoranz oder Übergehen der Problematik ist den Angehörigen nicht geholfen."

Der Fall Natascha Kampusch – wie Medien richtig bedient werden

Selbst die spektakuläre Rückkehr der in Österreich entführten *Natascha Kampusch* führte nicht dazu, dass das Schicksal etwa von Vermissten und ihren Angehörigen in den Mittelpunkt des Interesses rückte und die Betreuung dieser Menschen zum Thema wurde. Das Schicksal des heimgekehrten Mädchens war jeden Tag in den Medien nachzulesen, aber kaum ein Journalist schrieb im Strom der Berichterstattung über die vielen anderen Vermisstenfälle oder die Situation von Angehörigen von Vermissten – und welche Hilfe sie meist nicht erhalten.

Das ist grundsätzlich nachvollziehbar: Die Heimkehr der *Natascha Kampusch* im Jahre 2006 war ja auch ein großes und zunächst wunderbares Ereignis. Die Rückkehr der verlorengeglaubten Tochter. Nach 3096 Tagen hatte sich die inzwischen 18-jährige junge Frau selbst aus ihrer Gefangenschaft befreit. Als Zehnjährige war sie von einem Mann entführt und in einem schallisolierten Kellerverlies in dessen Einfamilienhaus eingesperrt worden. Um eine Flucht zu verhindern, verschloss er die Gefangenenräume sogar mit einer alten Panzerschranktür. In den Jahren der Gefangenschaft arrangierte sich das Kind mit dem Täter und durfte ihn sogar ab und zu in die Außenwelt begleiten. Am Tag ihrer Flucht reinigte *Natascha Kampusch*, bewacht vom Entführer, dessen Wagen. Als er auf seinem Handy angerufen wurde und sich wegen des Staubsaugerlärms entfernte, flüchtete die junge Frau zu Nachbarn – und war frei.

Die Heimkehr der *Natascha Kampusch* begann allerdings dann mit einer Demütigung. Da trug das Mädchen wie ein gefährlicher Straftäter eine

Tipp: Medienberater von Natascha Kampusch empfiehlt Zurückhaltung

Stefan Bachleitner, Medienberater des Entführungsopfers Natascha Kampusch und Managing-Partner der Wiener Kommunikationsagentur „The Skills Group", empfiehlt den Medien vor allem im Zusammenhang mit polizeilichen Ermittlungen im Umfeld der Familie einer vermissten oder entführten Person einen wohlüberlegten und zurückhaltenden Umgang mit Informationen: „Sofern es keine anderweitigen Anhaltspunkte gibt, gehört es zur üblichen polizeilichen Vorgehensweise, bei der Suche nach Vermissten im unmittelbaren familiären Umfeld des Opfers mit den Ermittlungen zu beginnen. Das ist eigentlich vollkommen logisch – wo denn sonst? Oft wird aber aus routinemäßigen Untersuchungen der Polizei, hinter denen nicht einmal ein Verdachtsmoment steckt, in den Medien eine ‚heiße Spur'. Wird jemand vermisst, bleiben immer viele Fragen offen. Die Nachbarn tuscheln, wenn die Polizei vor dem Haus steht. Der Journalist vor Ort schnappt diese Gerüchte auf und verstärkt diese mit seiner eigenen Berichterstattung. Und schon wird ein Familienmitglied, das zu einer polizeilichen Einvernahme geht, in der Zeitung als Tatverdächtige/r präsentiert. So etwas ist nicht nur einmal passiert. Es wäre wünschenswert, wenn die Medien diese Rahmenbedingungen in ihrer Berichterstattung stärker berücksichtigen würden. Dazu könnten meines Erachtens folgende Aspekte zählen:

1. Die allgemeine Berichterstattung könnte darauf hinweisen, dass es sich bei vielen Einvernahmen um polizeiliche Routinemaßnahmen handelt, die nichts mit konkreten Verdachtsmomenten zu tun haben. Es wäre für viele Familienangehörige eine Hilfe, wenn Sie den Nachbarn nicht erklären müssten, warum die Polizei schon wieder vor der Tür steht.

2. Über Verdachtsmomente gegenüber Angehörigen sollte schlichtweg nicht berichtet werden, solange die polizeilichen Ermittlungen nicht abgeschlossen sind. Die öffentliche Abhandlung von Verdächtigungen, die bei solchen Fällen zwangsläufig auftreten, hat für die Betroffenen oft schreckliche Folgen. Bei ungeklärten Vermisstenfällen sind einmal in die Welt gesetzte Vermutungen erstaunlich hartnäckig und langlebig – der Zusatz ‚Es gilt die Unschuldsvermutung' wird hingegen schnell vergessen.

3. Ich habe in diesem Zusammenhang auch schon Beispiele eines sehr halbherzigen Umgangs mit dem Persönlichkeitsschutz gesehen. Zwar wurde der Name eines Verdächtigen nicht (bzw. nur abgekürzt genannt) und kein Bild von ihm abgedruckt, doch durch den Hinweis auf sein verwandtschaftliches Verhältnis zur vermissten Person jede Form der Anonymität in der Berichterstattung wieder aufgehoben. Mit Hin-

weisen auf ein verwandtschaftliches Verhältnis zwischen Opfer und Verdächtigen sollte insgesamt zurückhaltend umgegangen werden, da davon letztlich alle Angehörigen betroffen sind.

4. Die Polizei könnte Ihrerseits dazu beitragen, in solchen Fällen jeder Form von Vorverurteilung durch Medien, Nachbarn etc. vorzubeugen, indem entsprechende Aktivitäten
   a) regelmäßig als notwendige Routinemaßnahmen erklärt und gleichzeitig
   b) möglichst diskret (z.B. von Polizisten in Zivil) abgewickelt werden.

Auch muss der Umgang der Polizei mit den Medien mancherorts professioneller werden. Natürlich ist es für die ermittelnden Kräfte unangenehm, wenn die Medien sie dafür kritisieren, bei einem Fall ‚im Dunkeln zu tappen'. Eine Behörde kann und muss diesen Druck aber aushalten und darf nicht den Fehler machen, den Boden für voreilige Verdächtigungen zu bereiten, indem routinemäßige Ermittlungsschritte als Verfolgung einer konkreten Spur dargestellt werden. Meines Erachtens sollten ermittelnde Polizeibeamte - die einerseits unter einem persönlichen Rechtfertigungsdruck stehen und andererseits in Ihrer Arbeit nicht gestört/beeinflusst werden sollten - keine Medienkontakte wahrnehmen. Die umfassende Information der Medien unter größtmöglicher Wahrung der persönlichen Rechte aller von polizeilichen Ermittlungen betroffenen Menschen sollte durch entsprechend geschulte Polizeisprecher/innen erfolgen."

Decke über dem Kopf, als sie – von zwei Polizisten aus einer Polizeiwache hinaus und die Treppe hinunter geführt – zu einem Wagen gebracht wurde. Das hätte die Polizei wirklich besser organisieren müssen. Opfern darf niemand eine solche Prozedur zumuten. Dass das doch geschah, lag wohl daran, dass man keinen Weg fand, der jungen Frau unbehelligtes und menschenwürdiges Geleit zu verschaffen. Das zeigt letztlich, wie wenig Behörden gelegentlich auf den Umgang mit Opfern eingerichtet sind.

Solche Bilder kennt das Publikum nur von Szenen an Tatorten oder in Gerichtssälen, wo Mörder wie Wirtschaftskriminelle hinter Aktentaschen und Zeitungen oder unter Decken und Anoraks in die Anonymität flüchten. Und solche Bilder unterfütterten dann später unterschwellig die üblen Spekulationen, die Entführte hätte möglicherweise mit dem Täter paktiert, hätte schon früher Möglichkeiten zur Flucht gehabt – diese Gelegenheiten aber nicht wahrgenommen.

Die Rückkehr der *Natascha Kampusch* begann zwar mit einer Panne, die Behörden entwickelten dann aber ein erstaunlich gutes Krisenmanagement. Die persönliche Betreuung des Opfers, aber vor allem auch die

Medienarbeit wurde in Wien mit Bravour gemeistert. Immerhin galt es, die 18-jährige *Natascha Kampusch* vor dem „Zugriff" der Presse zu schützen. Das ist Schwerstarbeit, denn die Tausendschaft von Journalisten agiert nicht nur höchst professionell, gewitzt und gelegentlich rücksichtslos bei der Suche nach dem Objekt ihrer Begierde, sie verfügt auch über die Mittel, um öffentlichen Druck auf Behörden zu erzeugen. So wie *Natascha Kampusch* betreut wurde, wünscht man es sich wohl dosiert auch für andere, vor allem spektakuläre Vermisstenfälle – in der ersten Phase nach dem Verschwinden eines Kindes, bei der Betreuung von Angehörigen und auch bei der Rückkehr von Vermissten.

In Österreich stand der Heimgekehrten ein Team von Beratern und Betreuern zur Seite. Psychologen kümmerten sich um die Seele der jungen Frau, Sozialarbeiter um die Wiedereingliederung, PR-Experten um die Zusammenarbeit mit den Medien, Polizisten um die kriminalistische Aufarbeitung der Erlebnisse in der Gefangenschaft. Was *Natascha Kampusch* erlebt haben muss, war offensichtlich so grausam, dass der erste Medienberater Dietmar Eckert zum Abschluss seiner Arbeit feststellte, dass es ihm immer wieder die Tränen in die Augen getrieben habe. Als Vater von zwei Töchtern war *Eckert* allerdings besonders betroffen, setzt man doch oft unbewusst die Erfahrungen eines anderen in Bezug zu seiner eigenen Realität. Der Medienberater gehörten zu dem Team, das für *Natascha Kampusch* einen weltweit beachteten Fernsehauftritt im österreichischen Fernsehen arrangierte.

Es wurde viel darüber spekuliert, ob das die richtige Maßnahme gewesen sei. Aber was hätten die Helfer tun sollen? Allein *Eckert* hatte über 300 Anfragen, Polizei, Psychologen und Rechtsanwälte viele weitere. Zeitweise warteten Hunderte von Journalisten vor Ort auf die Story von *Natascha Kampusch*. Sie wollten Inforamtionen und möglichst Enthüllungen in jeder Beziehung, und wer Journalisten und den Druck kennt, unter dem sie stehen, wenn es um Sensationsgeschichten dieser Größenordnung geht, der weiß, dass die Helfer keine andere Chance hatten.

In diesem Zusammenhang sollte sich jeder Leser auch bewusst machen, dass letztlich er selbst auch die Informationen von seiner Zeitung, seiner Nachrichtensendung oder seinem Magazin verlangt. Hat nicht jeder von uns, die neuesten Nachrichten aus Wien geradezu verschlungen? Nichts interessiert die Menschen mehr, als das Schicksal von Menschen – das von Nahestehenden wie von Fremden. Die Methoden dieser Nachrichtenbeschaffung müssen jedoch möglichst schonend für die betroffenen Opfer sein.

Was kann man nun aus dem Fall *Natascha Kampusch* lernen? Auch wenn ein Vermissten-Fall nicht ganz so spektakulär ist wie dieser:

– Die Opfer – seien es nun die heimgekehrte Vermisste oder die Angehörigen von aktuell Vermissten – sind von erfahrenen Helfern (Psychologen, PR-Experten, Opferhelfern, Vermisst-Beratern) zu betreuen.

– Den Opfern ist jede nur mögliche Hilfe für die Bewältigung alltäglicher Lebenssituationen zu gewähren. Das bedeutet: Opferhelfer müssen Absprachen wegen Sonderurlaub mit Arbeitgebern treffen, Geschwister müssen unter Umständen vorübergehend von Schuldienst befreit werden, Fragen mit Krankenkassen, Versicherungen u.a. müssen geklärt werden.

– Der Staat muss über einen Finanzfond verfügen, aus dem er solche Vermisst-Opfer in besonderen Situationen unterstützt.

– Opferhelfer müssen die Möglichkeit haben, die Betroffenen im Einzelfall auch außerhalb des gewohnten Lebensumfeldes unterzubringen und zu betreuen. Für solche Fälle sind vorsorglich geeignete Aufenthaltseinrichtungen anzusprechen und Organisationsstrukturen zu schaffen.

– Organisationen wie „Weisser Ring" oder der „Kinderschutzbund" sind einzuschalten und in die Hilfsmaßnahmen einzubinden.

– Die Anfragen von Journalisten sind durch Medienbetreuer zu kanalisieren; die Betroffenen müssen vor Aufdringlichkeiten geschützt werden. Im Fall von *Natascha Kampusch* richtete das österreichische Bundeskriminalamt u.a. für die Medienbetreuung eine spezielle Hotline mit festen Sprechzeiten ein.

Viele Details aus der Entführungsgeschichte *Natascha Kampuschs* wurden unter der vorsichtigen Regie der Medienberater öffentlich bekannt. Das ganze Ausmaß ihres Leids erfuhr außerhalb der Besprechungsräume von Polizei und Psychologen glücklicherweise kaum jemand. Es lässt sich aber ahnen, was mit *Natascha Kampusch* tatsächlich geschehen ist. Als PR-Berater *Ecker*, in der robusten Welt der Wirtschaft zu Hause, von seinem Job zurücktrat und die schwierige Aufgabe an den Medienberater *Stefan Bachleitner* weitergab, sagte er: „Ich habe in die Hölle geguckt."

II. Die Phase der Erkenntnis: Die hilflosen Helfer

Es gibt eine Zeit, da fühlen sich die Zurückgebliebenen nicht nur von jenen, die verschwunden sind, sondern auch von der Gesellschaft allein gelassen.

Zunächst kreisen die Gedanken der Angehörigen um viele Fragen. Wo ist der Vermisste? Warum ist er gegangen? Warum meldet er sich nicht? Wie geht es dem Vermissten? Was kann ich noch tun, um den geliebten Menschen wieder zu finden? Nach dem Gang zur Polizei folgt die Suche daheim und im Umfeld des Verschwundenen: Angehörige forschen bei Bekannten, Freunden und Verwandten nach. Sie stellen die Wohnung oder das Zimmer des Vermissten auf den Kopf. Sie suchen in seinen persönlichen Papieren nach Anhaltspunkten. Und manchmal durchstreifen sie gar die Wälder und Felder der Umgebung – immer voller Angst, den Ehemann oder die Ehefrau, Bruder oder Schwester, Vater oder Mutter, Tochter oder Sohn, Freund oder Freundin irgendwo tot aufzufinden. Wie die Eltern einer 22-jährigen Studentin, die nach einem Lokalbesuch spurlos verschwand. Die Mutter: „Wir litten Höllenqualen. Ich war so unruhig. Ich musste einfach etwas tun."

Aber irgendwann gibt es für die „Hinterbliebenen" nichts mehr zu tun - und niemand zeigt ihnen einen Weg: Es gibt weder Literatur noch Checklisten, die bei der Bewältigung der Probleme helfen könnten. Psychologen und Soziologen haben zwar den jugendlichen Ausreißern Zeit und Untersuchungen gewidmet, die Situation der erwachsenen Vermissten und ihrer Angehörigen ist für sie aber weitgehend Niemandsland. Es gibt auch keine Institutionen oder Organisationen, die sich berufen fühlen, mit System zu helfen.

„Es wäre doch gut, wenn es eine Selbsthilfegruppe gäbe, die Angehörigen bei der Bewältigung ihrer Probleme unterstützen könnte. Dann wären wir nicht so allein", wünschte sich die Mutter eines vermissten Kindes. Es gibt zwar einige kleine, örtliche Initiativen – aber eine richtige Lobby haben die Angehörigen nicht. Nirgendwo. Selbst die Kirche ist hilflos. Ein Pastor aus Norddeutschland, der einem Kirchenmitglied bei der Suche nach seinem Sohn helfen wollte, musste erkennen: „Man weiß nicht, an wen man sich wenden soll."

Nun könnte man einwenden: Warum gründen nicht die Betroffenen aus eigener Initiative eine Selbsthilfegruppe oder einen Landes- oder Bundesverband? Warum schließen sie sich nicht zusammen, stärken sich in der

64

Gemeinschaft? Das ist nicht so einfach. Wer gerade verlassen worden ist, hat so viele Probleme, dass er keinen Gedanken für eine Vereinsgründung übrig hat. Auch schafft es in dieser Situation kaum ein Betroffener, sich mit dem Schicksal anderer zu befassen – zu groß ist das eigene Leid. Und nach der Rückkehr eines Vermissten? Dann gilt es die Probleme aufzuarbeiten, die zum Verschwinden geführt haben, und jene zu klären, die durch das Verschwinden wiederum ausgelöst wurden. Zu viel Last ruht – nicht nur in der aktuellen Situation, sondern oft für viele Monate und Jahre – auf den Schultern der Betroffenen. Und danach, wenn man sich befreit fühlt, haben die meisten nicht mehr die Kraft, die Zeit oder auch die Bereitschaft, sich auf die Organisation eines Vereins oder eines Verbandes einzulassen. Zumal berücksichtigt werden muss, dass jedes Vermisstenschicksal, dass an einen herangetragen wird, die Schleuse öffnet, hinter der die eigenen Erfahrungen verborgen sind. Hilfe muss also auch von anderen als den direkt Betroffenen kommen.

> **Tipp: Einen Vermisst-Bundesverband gründen**
>
> Die Angehörigen von Vermissten benötigen eine Lobby. Eine Interessenvertretung, die sich für sie einsetzt. Wichtige Ziele sind die Einrichtung von Vermisst-Beratern oder Managern in den Sozialbehörden der Kommunen, nationale Internetseiten mit Informationen, Hilfsangeboten und Möglichkeiten zum Erfahrungsaustausch, Weiterbildung freiwilliger Helfer und die Förderung von wissenschaftlichen Arbeiten und Ausbildungen an den Universitäten und Fachhochschulen. Ein solcher Verband sollte von Betroffenen und ihren Helfern gemeinsam gegründet werden. Der Autor dieses Buches bietet allen an der Gründung eines Vermisst-Bundesverbandes Interessierten eine erste Informations- und Kontakt-Plattform unter **www.vermisst-verband.de**, Anfragen: vermisst@jamin.de.

„Ich weiß nicht, was ich noch machen soll", sagte auch die Mutter eines 15-Jährigen, der mehrere Jahre vermisst und später tot aufgefunden wurde – ermordet. Als sie noch Hoffnung hatte, sagte sie zu mir: „Ich weiß nicht, was ich noch tun kann. Ich weiß nur, dass wir unseren Jungen zurückhaben wollen. Seit er weg ist, kann ich nicht mehr lachen."

Aber auch nicht richtig trauern. Sie sind von einer Leere erfüllt, weil ihnen alle Rituale des Abschiednehmens und die damit verbundenen Gefühle und ihre Verarbeitung verweigert werden: etwa jemanden ein Grab bereiten, abschließen mit dem Leben eines Menschen. In der Vermisst-Situation ist das unmöglich. Ein Angehöriger kann den Vermissten nicht „beerdigen" – morgen kann er ja wieder vor der Tür stehen.

„Für Angehörige von vermissten Personen zieht sich das Sterben des Vermissten in einer Endlosschleife zwischen trostloser Selbstvergewisserung
und keimender Hoffnung hin. Der Tod hat immer wieder ein offenes Ende.
Je mehr die Ungewissheit steigt, umso mehr sträuben sich die vermis-
senden Angehörigen und umso unmöglicher ist es für sie, die Abwesenheit eines Vermissten als sein Gestorbensein zu begreifen. Denn: Der Tod
hat ja schließlich (noch) kein Gesicht und (noch) keine Gestalt. Für Angehörige und enge Freunde ist in der ersten Zeit die vermisste Person nicht
wirklich tot. Sie klammern sich an ein Wunder fest, von welchem sehr
vereinzelt tatsächlich in der Presse zu lesen ist. Von daher finden sie
auch entsprechende vorzeitige Trauergottesdienste oder Abschiedsrituale
pietätlos und empörend. Sie wollen noch nicht trauern. Wenn sich der
Vermisste doch noch melden würde, wollen sie ihm nicht erzählen müssen, sie hätten ihn schon aufgegeben gehabt", schreibt der Münchner Prä-
lat *Josef Obermaier* in seiner „Handreichung für die Seelsorge – Zur Unterstützung der Angehörigen von Vermissten". Dieses Papier wurde 2006
nach der Tsunami-Flutkatastrophe geschrieben, und die Empfehlungen
treffen auf solche Vermisstenfälle zu, bei denen davon ausgegangen werden kann, dass die Person tatsächlich bei einer Katastrophe gestorben
ist. In Fällen, wo der Vermisste aus dem Haus gegangen und nicht mehr
heimgekehrt ist, helfen diese Hinweise nur begrenzt: „Angehörige neigen
dazu, die Wohnung, in der sie mit dem Vermissten gelebt haben, über
einen langen Zeitraum hinweg im bisherigen Zustand zu belassen. Sie
mögen sich nicht von seinen persönlichen Gegenständen und Kleidungsstücken trennen, da sie ihn dadurch symbolisch in Vergessenheit geraten, d. h. sterben lassen, obwohl er vielleicht noch lebt: ,Wer soll denn
sonst noch an den Vermissten glauben, wenn nicht ich?' – Eine Erlösung
und ein Loslassen von diesem verzweifelten Festhalten bahnt sich erst
dann an, wenn sich die Angehörigen selbst die Erlaubnis geben oder wenn
sie von einer glaubwürdigen Instanz die Erlaubnis erhalten haben, den
Vermissten sterben zu lassen."

Die Angehörigen sind völlig verzweifelt – und doch erwartet man von
ihnen, dass sie einen klaren Kopf behalten und unter Umständen sogar
umfassende Such- und andere Maßnahmen ergreifen. Dabei ist der Zustand der „Verzweiflung" – der mit der Vorstellung von völliger Hoffnungslosigkeit oder vom eigenen Unvermögen einhergeht – der höchste Affekt
von Angst oder Schmerz. Ein Mensch in einer solchen Verfassung ist nicht
mehr in der Lage, wohlüberlegt zu entscheiden, welche Maßnahme wirklich richtig und sinnvoll ist. Er ergreift jedes Mittel, von dem er glaubt,
dass es hilft. Dazu kommt, dass die Menschen im Umfeld der Betroffenen
oft abweisend reagieren, weil sie diesen schrecklichen Zustand der Hilflosigkeit selbst nicht ertragen können; schließlich heißt es ja auch: Verzweiflung steckt an.

Von den Angehörigen wird in dieser Phase der Erkenntnis viel erwartet. Sie müssen ihre Verzweiflung überwinden und sich mit ihren aktuellen Konflikten auseinandersetzen sowie Wege suchen, den vermissten Menschen entweder wieder zu finden oder zu akzeptieren, dass er zumindest für längere Zeit abwesend sein wird.

Ein Mensch, der verzweifelt ist, muss auch erst einmal lernen, mit dem Gefühl der eigenen Hilflosigkeit fertig zu werden und diesen Zustand auch seiner Umgebung mitzuteilen. Das führt zu weiteren Problemen. Angehörige werden mit Vorwürfen konfrontiert: „Wärst Du besser auf ihn eingegangen." Oder mit Belehrungen: „Behalt jetzt mal einen kühlen Kopf. Der war es doch sowieso nicht wert." Oder mit Überredung: „Denk jetzt nur an Dich und Deine Kinder." Zur Verzweiflung kommt die Ungewissheit. Und die Hoffnung: Das ist zwar zunächst eine positive Haltung, die aber nicht selten von der Angst und der Sorge, dass das Erwünschte nicht eintritt, begleitet wird. Die Folge ist, dass die Angehörigen zwischen Hoffung und Resignation hin- und hergerissen werden.

Der Fall Debby – wenn die Familie fast zerbricht

Hoffnung hatten auch die Angehörigen der vermissten 8-jährigen *Debby S.* aus Düsseldorf, die noch immer nicht heimgekehrt ist und von der mir die Mutter bei einem letzten Zusammentreffen sagte: „Ich glaube, dass meine Tochter lebt."

Es ist der 13. Februar 1996, als sich das Mädchen nach dem Schwimmunterricht von ihren Klassenkameradinnen verabschiedet und nach Hause läuft. Ihr Stiefvater *Jürgen* wartet mit dem Mittagessen – vergeblich. Die Wohnung der Eltern befindet sich nur wenige hundert Meter von der Schule entfernt, und auf dieser Strecke muss *Debby* jemandem begegnet sein, der sie entführt hat. Als das Kind zwei Stunden nach Schulschluss noch nicht zu Hause ist, beginnt die Suche. Die Eltern rufen die Schule, Freunde, Verwandte, die Polizei und die Krankenhäuser an. Noch am gleichen Nachmittag startet die Polizei eine Suchaktion mit Hundestaffeln, Hubschrauber und Polizeihundertschaft. Eine 40-köpfige Sonderkom-mission wird gegründet, doch es findet sich keine Spur.

Dem Schock, dass *Debby* verschwunden ist, folgen schon bald persönliche Probleme. Der Familie fällt es schwer, ihr Leben zu ordnen. Die Mutter nimmt öfter zur Beruhigung Alkohol, bekommt Schwierigkeiten mit den Freunden der Familie. „Alles drehte sich bei mir immer um den Alkohol, den ich immer mehr gebraucht habe. Ich musste das Verschwinden von *Debby* ja verarbeiten. Und ich habe das als einzige Möglichkeit für mich gesehen. Also stellt man natürlich ganz schnell dieses Problem in den Vordergrund. Die Ärzte sind eigentlich froh, dass sie etwas gefunden haben. Meinen Alkoholismus." Und in der Ehe kriselt es. *Jürgen*: „Wir haben an Scheidung gedacht."

Auf den Auslöser des Problems, das Verschwinden *Debbys*, geht man weniger ein. „Man hat mir zu verstehen gegeben, dass ich mich damit abfinden sollte. Damals hätte ich mir gewünscht, dass auch mal jemand rät, wie man mit seinen Gefühlen umzugehen hat. Und dass diese Selbstmordgedanken auch wieder aufhören. Diese Gefährdung, die ja die ganzen Familien auseinander bringt. Ich habe Selbstmordgedanken gehabt. Am schlimmsten war es in der ersten Nacht wie der *Jürgen*, mein Mann, nach Hause kam und *Debby* dann nicht in ihrem Bett war. Da war es ganz, ganz schlimm. Da rauschen Dir tausend Gedanken durch den Kopf und man fragt sich immer wieder: Was passiert jetzt gerade mit dem Kind?"

Info: Fotosoftware für die Kindersuche

Forscher der Universitäten in Düsseldorf, Kiel, Mailand und Vilnius/ Litauen arbeiten zusammen mit der Bochumer Firma Vilsage Technology AG an einem Verfahren mit Hilfe einer Computersoftware das Alter von Kindern und deren Identität zu ermitteln. Die Polizei erhielte mit diesem Verfahren unter Umständen die Möglichkeit, vermisste Kinder auch nach Jahren noch zu identifizieren, die von ihren Entführern für pornographische Fotos und Videoaufnahmen missbraucht und etwa im Internet angeboten werden.

Der „Weiße Ring" hilft mit Geld und Adressen von Therapeuten – sonst niemand. „Auch meine Eltern haben mir ziemlich schnell zu verstehen gegeben, dass sie damit nicht fertig werden, und dass ich sie damit zu sehr belaste und sie befürchten, dass sie selbst krank werden", erzählt *Debbys* Mutter. Als sie aufruft, einen Verein für Angehörige von vermissten Kindern zu gründen, macht keiner mit. „Die Kinder in der Schule müssen doch über die Gefahren aufgeklärt werden. Den Eltern der Vermissten muss doch mehr geholfen werden. Aber alle machen die Schotten dicht. Und die allerherbste Erfahrung, ich meine, es ist schon herb genug, was passiert ist, das war: Erst verlor ich den Freundeskreis und jetzt lerne ich keine Leute mehr kennen. Ich gehe hier kaputt. Ich schaffe es nicht, jemanden kennenzulernen."

Manche Leute spekulieren sogar, dass die Eltern ihre Tochter möglicherweise selbst umgebracht haben könnten. Das ist kein Einzelfall. Immer wieder sind Angehörige Verdächtigungen und Vorurteilen ausgesetzt. In dieser Situation erfahren sie, dass das soziale Geflecht, in dem sie sich oft Jahrzehnte bewegt haben, sehr dünn und instabil ist. Freunde wenden sich ab, Verwandte melden sich nicht mehr, Nachbarn beäugen einen misstrauisch.

„Meine früheren Freunde haben uns am Anfang unterstützt. Aber ich habe ziemlich dick aufgetragen, dadurch, dass ich unkontrolliert getrunken habe. Es war dieser wahnsinnige Schmerz in mir. Jeden Tag dran denken, was denn mit dem Kind passiert ist. Meine Freunde wurden damit nicht fertig. Ich habe ihnen in der Zeit irgendwelche Sachen vorgeworfen. Aber ich denke, dazu sind Freunde auch da. Und es kann sich jeder denken, dass man in so einer Situation eine Handlung vollzieht, die man selber nicht nachvollziehen kann. Heute sind die Freunde alle weg. Wenn ich morgens in die Stadt gehe, weiß ich nie, wo ich hingehen soll. Ich muss irgendwas an mir verändern, damit ich von meinem Frust mal runterkomme", berichtet die Mutter.

„Ich habe nach dem Verschwinden von *Debby* etwa zwei Wochen lang wahnsinnige körperliche Schmerzen gehabt und gedacht, ich leide mit der *Debby* eigentlich mit. Und als dann die Schmerzen weg waren, so krass wie sich das anhört, musste ich einfach davon ausgehen, dass sie tot ist, dass sie dann gestorben ist. Obwohl ich heute immer noch hoffe, dass sie zurückkommt und immer noch daran glaube. Das ist so eine ganz komische Gefühlslage", beschreibt die Mutter die Situation, „ich glaube, dass *Debby* lebt. Es ist mein Gefühl, dass sie irgendwann wiederkommen wird. Das ist so ein Instinkt, ich kann es nicht beschreiben. Sie ist im Ausland, unter Garantie. Es kann ja auch möglich sein, dass mit sexuellem Missbrauch... Dass sie das mitmacht, weil sie keinen anderen Ausweg sieht. Kann sein, dass sie viel reifer ist, als ich dachte. Kann alles möglich sein. Vielleicht wird sie sich eines Tages aus eigener Kraft daraus lösen. Das ist auch der Grund, warum ich hier wohnen bleibe. Damit sie weiß, wo sie hin kann. Ich habe meinem Mann auch damals gesagt: ‚*Debby* ist verschleppt worden, sexueller Missbrauch, irgendwo wird die festgehalten'. Und der *Jürgen* sagt: ‚So was gibt's nicht, das tun die Menschen nicht'. Dann kam das mit *Dutroux* in Belgien – das gibt's ja doch, mussten wir feststellen."

Die Polizei hält das offensichtlich auch für möglich. „Die surfen da im Internet rum, sind auch mal hier gewesen mit Gewaltmaterial, mit Bildern, die sie aus dem Internet haben. Die muss man sich dann angucken. Das ist schon schrecklich genug. Bilder mit kleinen blonden Mädchen."

Entführt, vermisst – keine Statistik über gescheiterte Entführungen

Mehr noch als den Tod des geliebten Menschen fürchten viele Angehörigen, dass eine vermisste Person entführt und eingekerkert worden sein könnte. Es ist ja auch eine ungeheure Vorstellung, dass etwa die kleine Tochter von einem perversen Ehepaar, einer geldgierigen Mädchenhandlermafia oder einem kranken Sexualtäter in einen Keller eingesperrt und dort misshandelt wird. Heute, morgen, immer und immer wieder...

„Dann wünsche ich meinem Kind lieber ein schnelles Ende", habe ich gelegentlich von Eltern gehört. Der Fall der entführten *Natascha Kampusch* in Wien verstärkt diese Gedanken natürlich. Durch *Natascha* wurde die Entführung von Kindern 2006 wieder ein Thema in den Medien. Man hatte das Gefühl, dass es für alle Beteiligten völlig neu war, dass ein Kind verschleppt und von einem Täter eingesperrt wird. Dabei gibt es eine Reihe von Vermisstenfällen, die gleichzeitig Entführungsfälle und uns allen bekannt sind: die Entführungen der Kinder durch *Marc Dutroux* und seinen Komplizen in Belgien, die Entführung der kleinen *Stephanie* in Dresden, die Entführung eines jungen Mädchens durch ein Unternehmer-Ehepaar in Duisburg...

Bundesweit Schlagzeilen macht beispielsweise das Schicksal der 13-jährigen *Jennifer*, die im November 1994 von einem 48-jährigen Mann entführt und mehrfach missbraucht wird. Der Täter ist erst zwei Monate auf freiem Fuß, hat gerade zwei Drittel seiner achtjährigen Haftstrafe wegen sexuellen Missbrauchs und Vergewaltigung verbüßt, als er die Schülerin überfällt. Er spricht das Kind auf der Straße an, als es für seine Familie Getränke in einer nahe gelegenen Gaststätte kaufen will. Er bedroht *Jennifer* mit einem Messer, zwingt sie, in seinen Wagen zu steigen und fährt mit ihr zu einem Waldstück, wo er sie zum ersten Mal vergewaltigt. Dann muss das Kind ihren Peiniger in dessen Wohnung begleiten. Am nächsten Tag fährt der Täter mit seinem Opfer erst ziellos in seinem Auto umher, dann gen Frankfurt. Dort missbraucht der Mann das Mädchen in einem Hotel. Einen Tag später setzen Kidnapper und Opfer die Reise im Zug fort. Hier wird der 48-Jährige schließlich bei einer Polizeikontrolle überwältigt und das Kind befreit.

Bitte an die Täter: Erlöst die Angehörigen von ihren Qualen

Die Polizei geht davon aus, dass ein Prozent der Vermissten in der Bundesrepublik einem Gewaltverbrechen zum Opfer fällt. Der Appell an die Mörder: Befreit die Angehörigen Eurer Opfer von den Qualen und der Ungewissheit - gebt zumindest anonym einen Hinweis, wo die sterblichen Überreste der Vermissten, die ihr getötet habt, liegen. Habt Erbarmen mit den Angehörigen, die erst dann Ruhe finden werden, wenn sie wissen, was mit der vermissten Ehefrau, dem vermissten Ehemann oder dem vermissten Kind geschehen ist.

Das alles sind Fälle, die den Angehörigen von vermissten Kindern und Jugendlichen wie auch von jungen Frauen in aller Brutalität vor Augen führen, was mit ihrem vermissten Kind auch geschehen sein könnte. Das sind Horrorvorstellungen, mit denen die Eltern, Brüder, Schwestern, Tanten und Onkel dieser Vermissten leben müssen. Und mit jedem neu aufgeklärten Fall von Entführung kommt die Angst in seiner Urgewalt wieder in den Betroffenen hoch. Und die Angst ist leider berechtigt.

Über das mysteriöse Verschwinden von Kindern wird in den Medien immer wieder berichtet. Die Vermisstenzahlen werden regelmäßig von der Polizei bekannt gegeben. Wie oft es Einzeltätern, aber auch Mitgliedern der Pornomafia oder Kinderhändlern in Deutschland misslingt, Kinder zu entführen und dieser dabei scheitern, wird bundesweit aber nicht erfasst. Doch wäre das eine wichtige Aufgabe für die Polizei-Statistiker, weil daraus hochgerechnet werden könnte, in wie vielen Fällen also Vermisstenfälle echte Entführungen sind. Vermutlich ahnen so manche Polizeibeamte, welches Schreckenszenario sich da öffnet.

Ein Gesamtüberblick ist nur schwer zu bekommen, da die Nachrichten über fehlgeschlagene Entführungsversuche meist nur auf den Lokal- oder Regionalseiten der Tageszeitungen oder in den Lokalradios und regionalen TV-Sendungen veröffentlicht werden. Doch es scheint viele solcher Kidnapping-Versuche zu geben. Ich notierte jedenfalls für mein Sachbuch „Sexopfer Kind" innerhalb weniger Tage bei grober Auswertung einiger Zeitungen gleich mehrere Anschläge:

Am 17. Januar 1997 versucht in Neuss der Fahrer eines hellroten Kleinwagens morgens um 7.50 Uhr eine 11-Jährige in seinen Wagen zu zerren. Er winkt das Mädchen zu sich an den Wagen, reißt dann die Tür auf und will sie ins Auto ziehen. Eine Mitschülerin rettet das Opfer, indem sie es festhält.

In Traunstein überfällt ein Unbekannter ebenfalls am 17. Januar 1997 eine 9-jährige Schülerin auf offener Straße. Er nimmt sexuelle Handlungen an dem Mädchen vor. Als sie sich wehrt, schlägt er sie. Dann ergreift der Täter die Flucht.

Am 9. Februar 1997 rettet in Quedlinburg in Sachsen-Anhalt ein Hund namens „Struppi" ein 10-jähriges Mädchen. Mit den Worten „Komm, steig ein, Du bekommst auch 100 Mark" versucht der Fahrer eines roten Toyota das Mädchen anzulocken. Als es nicht freiwillig kommt, steigt der Mann aus und versucht, das Kind auf die Rückbank zu stoßen. „Struppi", eine Mischung aus Spitz, Dackel und Schäferhund, beißt den Täter. Er flüchtet und lässt das Mädchen zurück.

In Minden wird am 11. Februar 1997 ein 2-jähriges Baby aus dem Kinderwagen gestohlen, als die Mutter an der Kasse einer Boutique ihre Ware bezahlt. Zeugen beobachten, wie ein humpelnder Mann mit dem Kind flüchtet. Eine Stunde später findet man das Kind in einem Kaufhaus.

Am 20. Februar 1997 versuchen Gangster in Düsseldorf, einen drei Monate alten Jungen zu rauben. Zwei Männer steigen am helllichten Tag auf einer viel befahrenen und belebten Straße aus einem Opel Kadett und versuchen, das Baby mit den Worten „Du brauchst das Kind nicht mehr" aus dem Kinderwagen zu reißen. Die Mutter wirft sich über Kind und Wagen. Erst als ein anderer Autofahrer der Frau zu Hilfe kommt, flüchten die Täter.

Einzelfälle von fehlgeschlagenen Kidnapping-Versuchen? Einzelne Fälle von vielen, die jeden Tag in Deutschland geschehen. Manche dieser Fälle sind so spektakulär, dass man sich fragt, warum erst *Marc Dutroux* auffliegen musste, damit man auch in Deutschland auf die Kindersex- und Kinderpornomafia aufmerksam wurde und erkannte, wie professionell organisiert und gefährlich deren Netzwerke sind.

Auch der 16-jährigen *Dieter F.* aus dem Ruhrgebiet zählt zu den Kindern, die die Hölle erlebten – und überlebten. Zusammen mit seinen Eltern reist er zu einem Familientreffen in einen kleinen Ort in Westfalen. Es wird Abend, und *Dieter* besucht ein Bistro. Man gibt ihm ein Bier aus. Als er davon trinkt, wird ihm schwindelig. Ein ihm unbekannter Mann hilft ihm. *Dieter F.* erinnert sich: „Er sagte: ‚Komm, leg Dich in mein Auto. Da kannste ein bisschen schlafen, und später bring ich Dich dann nach Hause.' Ich hab mich in den Wagen gesetzt und auf einmal, das hört sich ja doof an, steht jemand vor dem Auto. Ich habe geschaut und einen blauen Kittel erkannt und dachte: Wer trägt denn hier einen kurzärmeligen Kittel in der Nacht und darunter ein weißes Hemd? Ich schau genau hin und denke: Das ist ja die Oma. Da hab ich gedacht: Das gibt es nicht. Und dann war sie es auf einmal doch. Sie hat mich angesehen und gefragt: ‚Na, wie geht es Dir?' Und: ‚Ich hab Dich doch lieb, komm doch mit.' Dann bin ich aus dem Auto wieder ausgestiegen und hinter ihr hergegangen. Ich wollte sie noch etwas fragen. Doch dann war sie plötzlich weg. Ich habe Angst bekommen, mich wieder ins Auto gesetzt, die Decke über den Kopf gezogen und bin eingeschlafen."

Der Junge ist unter Drogen gesetzt worden. Am nächsten Morgen wird *Dieter F.* in der Wohnung eines ihm fremden Mannes wach. „Er hat mich gefragt, ob ich einen Kaffee trinken möchte. Ich wusste überhaupt nicht, wo ich bin. Nach dem Frühstück sind wir weggefahren. Ich hab ihn gefragt: ‚Wo fahren wir hin.' Der Mann sagte: ‚Wir müssen weg, in meine Wohnung kommt gleich die Polizei.'"

Dieter kann nicht mehr alles, was er in den folgenden Tagen erlebt, beschreiben: „Es war, als wenn einem der Kopf heißläuft", erinnert er sich.

Er erlebt die Tage wie in einem Rausch. Seine Eltern haben inzwischen die Polizei alarmiert. Sie fragen auch in dem Bistro, in dem sich ihr Kind zuletzt aufgehalten hat, nach dem Jungen. Sie erfahren, dass ihr Sohn von einem Mann mitgenommen wurde. *Ilse F.*: „Mein Junge ist ein Typ für Schwule - hübsch, schlank, sehr weich. Aber er ist nicht homosexuell veranlagt. Er hat eine Freundin, an der er sehr hängt und mit der er sehr glücklich ist."

Dieter wird unterdessen in eine andere Wohnung gebracht. Dort wartet ein weiterer Mann auf ihn. „Der hat mich die ganze Zeit nur angeschaut. Irgendwann, das war mir sehr peinlich, hat er gesagt, dass ich ein hübsches Gesicht hätte. Ich dachte: Wie ist der denn drauf. Ich wollte weg und wollte doch nicht weg. Er hat mich vollgelabert. Er erzählte, dass er schon mal so einen Jungen wie mich gehabt habe. Der wäre 17 Jahre alt gewesen und hieß *Heiko* und den hätte er vernascht."

Dieter schläft schließlich wieder in einem Bett ein, „obwohl ich gar nicht schlafen wollte". Rund 70 Stunden wird er schon von den Männern festgehalten. Er fühlt sich „schlapp". Was mit ihm geschieht, ist ihm irgendwie „gleichgültig". Er hat schließlich nicht einmal mehr das Bedürfnis, nach Hause zu kommen. Er findet es komisch, dass er sich hinterher „nicht einmal mehr daran erinnern kann, wie die Wohnung aussah. Ich weiß nur noch, dass sie groß war, ziemlich groß, da standen ein Sofa und ein Sessel und Video und Fernsehen und die Toilette war ein halbes Schlafzimmer."

Immer wieder schläft *Dieter F.* ein. Zwischendurch isst er etwas, trinkt auch Wein. Die Männer machen Anspielungen. „Es war ekelhaft. Da sagt der eine zum anderen: „Ist der nicht süß.""

Am vierten Tag ist die Psycho-Tortur schließlich für den Jungen zu Ende. Am Morgen wird er an einem Bahnhof im Ruhrgebiet abgesetzt. Er ruft erst seine Freundin, dann seine Eltern an - die bringen ihn nach Hause. Der Polizeibeamte, dem die Familie die Geschichte erzählt, hält sie zwar „für einen dicken Hund". Aber für ihn ist es ein „latentes Problem, denn Jugendliche landen sehr oft in der Pädophilen-Szene".

Der Fall Silvia – gefangen, eingesperrt und gefoltert

Vermisst – und tatsächlich entführt. Erst der Fall *Dutroux*, der zusammen mit seinen Helfershelfern gezielt und organisiert junge Mädchen in Belgien entführte, hat uns in aller Deutlichkeit vor Augen geführt, wozu die Täter fähig sind. Solche brutalen Entführungen hat es freilich schon immer gegeben. Viele dieser Fälle haben wir nur schon wieder vergessen – genau so wie wir die Schicksale von *Natascha Kampusch* und *Stephanie* wieder vergessen werden. Denn der Horror ist ein schlechter Begleiter.

Die Opfer werden es nie vergessen. Auch *Silvia K.* aus Duisburg nicht. Sie machte vor Jahren als „Sexsklavin *Silvia*" Schlagzeilen. Ihr Fall schockierte Deutschland. Er gehört zu den wohl schrecklichsten Beispielen, die die Kriminalistik unter den Sexualstrafdelikten zu verzeichnen hat. *Silvia K.* ist 16 Jahre alt, auf der Grenze zwischen Mädchen und Frau, als das Verhängnis beginnt. 1982 lernt sie über Bekannte den Unternehmer und mehrfachen Millionär *Werner S.* aus Kamp-Lintfort kennen. Sie wird von ihm als Kindermädchen angestellt. Eines Tages fällt der 46-Jährige in seinem Haus in Kamp-Lintfort über sie her, schleppt sie in den Keller, wirft sie hier in ein Verlies unter dem Schwimmbad und kettet sie mit Eisenringen und Fußschellen an die Wand.

Eine unvorstellbare Tortur beginnt: Immer wieder wird das Mädchen von *Werner S.* und seiner Frau vergewaltigt, zu übelsten Sexperversionen gezwungen, getreten, an der Leine geführt – kurz: zu einem willenlosen, wehrlosen, hilflosen Geschöpf gemacht. „In den ersten Monaten meiner Gefangenschaft holten sie mich fast jeden Abend aus dem Verlies. Entweder führten sie mich ins Schwimmbad zum Folterstuhl oder hinauf ins Wohnzimmer. Dort wartete in der Regel schon die Peitsche auf mich. Dabei hielt die Reitgerte den kräftigen Hieben nur kurze Zeit stand. Sie ging kaputt. Aber *Rita S.* hatte schnell eine neue. Angekettet an einen Deckenbalken, war ich der ‚Herrin' wehrlos ausgeliefert. Später griff sie auch gern zu einer so genannten ‚siebenschwänzigen Katze', um meinen Rücken zu traktieren. Rita war die Grausamere von den beiden. Sie war es meistens, die mich auspeitschte und die umso kräftiger zuschlug, je mehr ich vor Schmerzen aufschrie", erinnert sich *Silvia K.*.

Die Großeltern, bei der die Jugendliche damals wohnt, geben eine Vermisstenanzeige bei der Polizei auf. Aber da *Silvia K.* seit ihrer Kindheit als schwierig gilt, wird nicht intensiv nach ihr gesucht. 15 Monate lang wird das Mädchen von den *S.* gefangen gehalten und gepeinigt. Ruhe hat sie nur, wenn die Kerkermeister oben im Haus eine Party feiern oder in den Urlaub fahren; dann wirft man ihr Lebensmittel für die Tage der Abwesenheit vor die Füße. Nach einigen Monaten bekommt sie ein Fernsehgerät – und sieht wie die TV-Kriminalisten jeden Fall lösen – „nur mich suchte keiner".

Das Leben der *Silvia K.* ist eine Folter ohne Ende. Jeden Tag muss sie damit rechnen, ermordet zu werden: „Die müssen mich ja umbringen, dachte ich. Bei dem, was die mir antun, können die mich doch nicht laufen lassen. Ich hatte damals schon mit dem Leben abgeschlossen." Doch die beiden Täter lassen ihr Opfer gehen. Die Sadisten rechnen offensichtlich nicht damit, dass das Mädchen zur Polizei gehen und sie anzeigen wird oder glauben, dass man der inzwischen 18-Jährigen eine solche Geschichte ohnehin nicht glauben würde. Die Täter setzen das Mädchen

Tipps: Guter Rat für Polizisten

Auf der Polizeiwache kann den Angehörigen oft geholfen werden. Einige Empfehlungen:

- Hören Sie den Schilderungen der Angehörigen geduldig zu und versuchen Sie die Betroffenen zu beruhigen. Menschliche Zuwendung erleichtert es den Betroffenen, die Erlebnisse zu verarbeiten.

- Verdeutlichen Sie den Angehörigen am Beispiel der Vermissten-Statistik und eigener Erfahrungen, dass die meisten Verschwundenen bald schon wieder nach Hause zurückkehren.

- Versuchen Sie im Gespräch mit den Angehörigen mögliche Gründe dafür zu finden, warum der Vermisste verschwand.

- Weisen Sie die Angehörigen darauf hin, dass und welche organisatorischen Fragen zu klären sind: Der Vermisste sollte weiterhin kranken- und rentenversichert bleiben. Mit dem Arbeitgeber ist zu klären, wie der Arbeitsplatz gesichert werden kann; vielleicht ist es möglich, zunächst den Urlaub anzurechnen, später unbezahlten Urlaub zu gewähren. Bank, Wohnungsbesitzer, Versicherungen etc. müssen beizeiten informiert und Vereinbarungen über eventuelle Zahlungen getroffen werden.

- Empfehlen Sie den Angehörigen die Lektüre von Sachliteratur, so auch dieses Buch.

- Machen Sie auf die Existenz der Kinder-Suchdienste aufmerksam.

- Raten Sie den Angehörigen, selbst aktiv zu werden: Freunde, Bekannte, Arbeitskollegen befragen; Suchplakate aufhängen, Hinweisen nachgehen etc.

- Weisen Sie auf die Möglichkeit hin, die lokalen wie auch regionalen Zeitungen oder auch die Fernsehredaktion selbst anzusprechen. Vermitteln Sie ggflls. über die Pressestelle die Veröffentlichung einer Pressemitteilung oder ein Gespräch zwischen Angehörigen und Redakteuren der örtlichen Presse. Durch den direkten Kontakt und die Schicksalsschilderung wird Redakteuren erst die Bedeutung einer Vermissten-Situation nachvollziehbar.

- Verweisen Sie bei Bedarf an Hilfsorganisationen (zum Beispiel Sucht-, Familien-, Trauer-oder Schuldenberatung) oder kommunale Hilfseinrichtungen (wie Sozialamt, Jugendamt). Eine Liste wichtiger Organisationen und städtischer Einrichtungen sollte auf jeder Wache vorliegen. Die Polizei hat nicht die Aufgabe, Sozialarbeit zu leisten, aber sie sollte Wege dahin aufzeigen können.

einfach an einem Bahnhof im Ruhrgebiet ab und gehen nach Hause, als wäre nichts passiert. Zurück lassen sie ein körperliches und seelisches Wrack.

In der Tat glaubt dem Opfer niemand die Story von der Entführung und der Sexfolter – man unterstellt der jungen Frau sogar, dass sie während der vergangenen Monate auf den Strich gegangen ist. *Silvia K.* erinnert sich: „Die Täter liefen frei rum. Da bin ich ganz ausgerastet. Da muss man erst umgebracht werden, und dann wird was gemacht. Wäre ich die Tochter des Bundeskanzlers gewesen, ja, was meinen Sie, wie schnell da Leute die Villa durchsucht hätten. Also komme ich mir doch wie ein Mensch dritter Klasse vor."

Zwei Wochen vergehen, bis sich endlich Kripobeamte finden, die den Anschuldigungen von *Silvia K.* nachgehen und feststellen, dass die Aussagen des Opfers stimmen. *Werner S.* gibt bei seiner Verhaftung überraschend schnell zu, das Mädchen misshandelt und vergewaltigt und ihr die Narben und Tätowierungen – bis heute sichtbare Zeichen der Qualen – beigebracht zu haben. *Werner S.* wird zu zehn Jahren und seine Frau zu sechs Jahren Gefängnis verurteilt. Der Mann bringt sich in der Haft um, seine Frau wurde inzwischen wieder in Freiheit entlassen. Das Opfer bekommt lebenslang – lebenslang wird sie sich an die unmenschlichen Qualen erinnern, die sie durchlitten hat. Selbst die 60 000 Euro Schmerzensgeld, die ihr das Gericht zugesprochen hat, hat sie bis heute nicht erhalten.

Der Fall Natascha Kampusch – entführt, weggeschlossen und selbst befreit

Der Fall *Natascha Kampusch* hat der Öffentlichkeit wieder in Erinnerung gerufen, zu welchen Grausamkeiten Menschen fähig sind. Und wieder einmal haben wir erfahren, was ein Entführungsopfer zu ertragen hat. Das Mädchen berichtet nach seiner Befreiung, dass es bereits die Hoffnung aufgegeben hatte, jemals wieder frei zu kommen. „Ich war überzeugt, dass niemand mehr je nach mir suchen wird und ich daher auch niemals wieder gefunden werde", sagte die junge Frau in einem Gespräch mit Reportern der WAZ und dem österreichischen Magazin NEWS. „Es war sehr frustrierend für mich, als ich erfuhr, dass die Leute nach mir jetzt mit dem Bagger in Schotterteichen suchen. Sie haben meine Leiche gesucht."

Natascha Kampusch fühlte sich in ihrem Verlies wie ein „armes Hendl in einer Legebatterie". Immer wieder träumte sie davon, aus ihrem Gefängnis auszubrechen. Sie wartete stets auf den richtigen Zeitpunkt – acht

Jahre lang. Während dieser Jahre wurde der Vermisstenfall *Kampusch* wie jeder andere behandelt. Er war einer von vielen, der im Computer der österreichischen Polizei breiten Raum einnahm. Ein Fall, bei dem viel spekuliert wurde, doch gab es nur wenige greifbare Spuren.

„Wo ist *Natascha?*", hieß es auf einer speziellen Homepage, die zum Verschwinden des Mädchens angelegt worden war. *Natascha Kampusch* war auf dem Weg zur Schule verschwunden. Das Sicherheitsbüro der österreichischen Polizei übernahm sofort die Ermittlungen; 80 Uniformierte machten sich mit Farbfotos des Mädchens in der Hand auf die Suche in dem Stadtteil, wo die Vermisste mit ihren Eltern gelebt hatte. Suchhunde und ein Hubschrauber wurden eingesetzt, Felder außerhalb der Stadt, abgestellte Zugwaggons und Bunkeranlagen durchsucht.

Schon kurz nach dem Verschwinden berichteten die Eltern des Kindes, sie schlössen es aus, dass *Natascha* freiwillig mit jemanden mitgegangen sein könnte: „Sie hat immer, wenn wir über so ein Thema gesprochen haben, gemeint, dass sie sich das nicht gefallen lassen würde. ‚So jemanden würd' ich umbringen', hat sie gesagt."

Wie immer in solchen Fällen kamen aus der Bevölkerung eine Reihe von Hinweisen. 30 Kriminalbeamte prüften sie. „Bisher hat sich aber kein Tipp als zielführend erwiesen", bedauerte Kripo-Major *Gerhard Haimeder*, Einsatzleiter vor Ort. Zeugen wollten das Mädchen einmal in einem Supermarkt, dann in einer Straßenbahn gesehen haben. Ein Junge behauptete, die Zehnjährige in der U-Bahn entdeckt zu haben. Sie sei, so erzählte er, von zu Hause ausgerissen sei und übernachte jetzt im Keller einer Wohnanlage am Rennbahnweg. Solche Hinweise sind wie Strohhalme, an denen sich Angehörige von Vermissten klammern. Meist führen diese Spuren aber in die falsche Richtung – wie die Ausreißerstory: Der Zeuge gab in der Vernehmung bei der Polizei zu, *Natascha* gar nicht zu kennen. Ohnehin gab es keinen Hinweis darauf, dass *Natascha* hatte ausreißen wollen. „Ich kann mir nicht vorstellen, dass sie weggelaufen ist", meinte *Nataschas* Lehrerin.

Es sollte acht Jahre dauern, bis die Wahrheit heraus und *Natascha Kampusch* in Freiheit kam. „Schon mit 12 oder ungefähr in diesem Alter habe ich davon geträumt, mit 15 – oder irgendwann einmal, wenn ich stark genug bin dazu – aus meinem Gefängnis auszubrechen", sagte das Mädchen im Interview mit der Reporterin der „Westdeutschen Allgemeinen Zeitung", *Annika Fischer*. Sie habe auf den richtigen Zeitpunkt gehofft. „Ich konnte aber nichts riskieren, am wenigsten einen Fluchtversuch. Er (der Entführer, d.A.) litt sehr stark unter Paranoia und war chronisch misstrauisch. Ein Fehlversuch hätte die Gefahr bedeutet, nie mehr wieder aus meinem Verlies herauszukommen."

Natascha verblüffte die Welt in ihrem ersten Fernsehinterview in Freiheit: Sie wirkte selbstbewusst, intelligent, willensstark. Sie gab das Bild ab einer starken, jungen Frau, die selbst bestimmte, wie weit die Medien ihr Schicksal vermarkten und was man von ihrer Gefangenschaft erfahren durfte. Sie entschied – zusammen mit ihren Beratern – den Zeitpunkt des ersten öffentlichen Auftritts, des ersten Interviews, und sie wehrte sich mit Hilfe ihrer Rechtsanwälte gegen jene, die ihre Rechte verletzten.

Es wurden trotzdem eine Reihe zum Teil sehr persönliche Details aus dem „Zusammenleben" mit dem Täter bekannt. In den Polizeivernehmungen – so hieß es – wurde klar, wie der Entführer das Mädchen manipulierte. *Natascha* Kampusch betont, *Wolfgang P.* sei keine Sexbestie gewesen. „Wir haben eine zärtliche Beziehung geführt", sagte die 18-Jährige. Die österreichische Zeitschrift „News" veröffentlichte Einzelheiten aus den Schilderungen, die *Natascha* der Polizei gab. *Natascha* erzählte dem Bericht zufolge, ihr Entführer habe ihr Bücher gegeben, die von Zauberern, edlen Rittern und Prinzessinnen handelten. Die Möbel für ihr Verlies habe sie in Katalogen selbst aussuchen dürfen, berichtet die junge Frau, die acht Jahre im Keller eines Hauses gefangen gehalten wurde.

Zunächst verlangte der Entführer, *Natascha* solle ihn mit „Gebieter" ansprechen. Mit der Zeit wurde er weicher und nachgiebiger, bot ihr an, ihn „*Wolfi*" zu nennen. Aus Büchern lernte *Natascha Kampusch* Handarbeiten und Kochen. Zu ihren Aufgaben gehörte es, das Haus sauber zu halten und zu putzen. Die junge Frau schrieb dem Entführer dem Bericht zufolge Einkaufszettel, damit sie ihm seine Lieblingsgerichte kochen konnte. Ganz von der Außenwelt abgeschottet war *Natascha* in ihrem Gefängnis nicht. Sie durfte zwar keine Fernsehnachrichten schauen, bekam aber Zeitungen. Auch mit Frauenzeitschriften versorgte der Entführer das Mädchen. *Wolfgang P.* wollte offenbar, dass sein Opfer gut aussah. Er brachte ihr Kosmetik und Schminkköfferchen mit. Seit ihrem 18. Geburtstag durfte Natascha ihr Gefängnis immer häufiger verlassen, begleitete ihren Entführer sogar in der Öffentlichkeit. Einmal unternahmen sie zusammmen sogar einen Skiausflug, bei dem das Opfer aber keine Chance zur Flucht hatte.Sie kümmerte sich auch unter Aufsicht um den Garten, pflegte die Beete und den Rasen. Beide saßen abends gemeinsam auf der Terrasse und unterhielten sich. Trotzdem traute sie sich nicht, zu fliehen. *P.* erklärte, er sei schwer bewaffnet, überall im Haus sei Sprengstoff versteckt.

Ihr Schicksal machte *Natascha Kampusch* zu einer der großen Figuren des Jahres 2006 und dominierte auch in den Jahresrückblicken die Schlagzeilen. „Das ganze Land hat sich in *Natascha* verliebt", schrieb *Wolfgang Fellner*, Herausgeber der Tageszeitung „Österreich". Viele bewunderten

Nataschas „soziale Kompetenz", weil sie ankündigte, Opfern helfen zu wollen. „Ich möchte all denen helfen, denen das passiert ist, was mir passiert ist", sagte *Natascha Kampusch* im Gespräch mit der WAZ, „ich plane zwei Projekte. Eines für Frauen in Mexiko, die vom Arbeitsplatz weg verschleppt, entführt, brutal gefoltert und vergewaltigt werden. Dafür möchte ich mich einsetzen, dass das nie wieder passiert. Und ich möchte den Hungernden in Afrika helfen, weil ich nun aus eigener Erfahrung weiß, was Hunger ist. Und wie sehr er die Menschen entwürdigt. Wir lutschen fettfreie Zuckerln – aber die Leute dort verhungern. Das Wichtigste aber: Ich möchte allen denen helfen, denen das passiert, was mir passiert ist."

Info: Das Stockholm-Syndrom rettet Opfer

Der Überfall auf eine Bank in Schweden vor rund 30 Jahren lieferte den ersten Hinweis auf das schwierige Verhältnis von Tätern und Opfern. Nach einem Banküberfall im Jahre 1973 setzten sich die Geiselopfer für ihren Entführer ein, baten sogar um Gnade für diesen und besuchten ihn im Gefängnis. Eine Geisel verliebte sich in den Täter.

Seitdem kennt man das Stockholm-Syndrom. Es bezeichnet einen Zustand, in dem ein Opfer Zuneigung für den Täter und unter Umständen sogar Hass gegenüber seinen Befreiern, der Polizei, empfindet. Zu den prominenten Opfern mit Stockholm-Syndrom gehörte die Enkelin eines amerikanischen Zeitungsbesitzers, Patricia Hearst. Sie solidarisierte sich während ihrer Geiselnahme 1974 mit den terroristischen Zielen ihrer Entführer und beteiligte sich sogar an Banküberfällen, wofür sie später zu sieben Jahren Gefängnis verurteilt wurde.

Der US-Psychiater Frank Ochberg gilt als Entdecker des Stockholm-Syndroms. Er betrachtet das Verhalten des Opfers als einen Rückfall in den Zustand eines hilflosen Kindes, das von der Mutter vollkommen abhängig ist. Für Ochberg ist dies eine Überlebensstrategie der Opfer. Es handelt sich dabei um primitive, überlebenswichtige Instinkte, die dazu dienen, das eigene Überleben zu sichern. In der Öffentlichkeit wird dieses Verhalten als sehr fragwürdig bewertet, zuweilen geht das Unverständnis so weit, dass man den Opfern eine gewisse Mitschuld anlastet, gar unterstellt, sie hätten es nicht anders gewollt. Das zeigt doch nur, wie wenig Außenstehende Leid, Schmerz und Angst der Opfer, deren physischen und psychischen Belastungen ermessen können. Der britische Psychiater William Sargant schrieb dazu: „Bei einem Menschen, dessen Nervensystem einem ständigen Druck ausgesetzt ist, kann eine paradoxe Gehirnaktivität auftreten – das Böse wird zum Guten und das Gute zum Bösen."

LKA und BKA – über die Arbeit der Vermisstenstellen

In den Dienststellen der Polizei wissen die Mitarbeiter nur all zu gut, dass in ihrer Vermisstenstatistik sicher einige Fälle wie die von *Natascha* aus Wien, *Silvia* aus Duisburg oder *Stephanie* aus Dresden verborgen sind. „Das Thema ‚vermisste Kinder' hat in der deutschen Öffentlichkeit einen hohen Stellenwert. Durch die intensive Berichterstattung der Medien bei aktuellen Einzelfällen wird ein hohes Gefährdungspotenzial für alle Kinder suggeriert", heißt es in der 2003 vom BKA herausgegebenen Dokumentation „Die polizeiliche Bearbeitung von Vermisstenfällen in Deutschland". „So entsteht mitunter der Eindruck, dass die Anzahl nicht wieder aufgefundener Kinder bzw. nicht aufgeklärter Fälle dramatisch hoch sei, eine maßgebliche Anzahl vermisster und nicht wieder aufgefundener Kinder Opfer so genannter Kinderpornografie-Ringe seien und die Polizei nicht genug unternehme, um dem Einhalt zu gebieten. Tatsächlich galten im Jahr 2001 in Deutschland insgesamt 14 658 Kinder (bis 14 Jahre) als vermisst, davon konnten bis Mitte Juni 2003 14 519 Fälle aufgeklärt werden. Dies entspricht einer Quote von ca. 99 Prozent. Die 139 noch nicht geklärten Fälle beinhalten 58 Fälle von Entziehung und 38 unbegleitete Flüchtlingskinder. Im Jahr 2002 wurden 14 220 Kinder als vermisst registriert. Bis Mitte Juni 2003 klärten sich 14 081 Fälle auf. Aktuell sind – gerechnet ab dem frühesten Vermisstendatum 06.06.1950 bis heute – insgesamt etwa 830 vermisste Kinder (bis 14 Jahre) erfasst. Ein Großteil dieser 830 Kinder sind Flüchtlingskinder oder wurden ihren Sorgeberechtigten entzogen. Streitigkeiten der Eltern über die Ausübung des Sorgerechts sind typische Fälle von Kindesentziehungen, insbesondere wenn die Eltern aus unterschiedlichen Kulturkreisen stammen."

Die der Polizei angezeigten Fälle von Kindesentziehung werden als „Vermisstenfälle" erfasst, solange eine Gefahr für die Kinder im polizeilichen Sinn nicht ausgeschlossen werden kann. In aller Regel besteht in diesen Fällen jedoch keine Gefahr für die Kinder, schreibt das BKA: „Bei dem verbleibenden Teil der vermissten Kinder ist zu befürchten, dass diese Opfer einer Straftat oder eines Unglücksfalls wurden, sich in einer Situation der Hilflosigkeit befinden oder nicht mehr am Leben sind. Hierzu zählen auch die Kinder, die vermutlich ertrunken sind, deren Leichen aber nie gefunden werden konnten. Insgesamt kann man sagen, dass tagtäglich zwar viele Kinder verschwinden, dass aber glücklicherweise das Schicksal nur weniger auch nach längerer Zeit nicht geklärt werden kann."

Bei der Suche nach Vermissten haben – neben den örtlichen Polizeidienststellen – die Landeskriminalämter, die in jedem Bundesland in Deutschland tätig sind, und das Bundeskriminalamt besondere Aufgaben. Die Landeskriminalämter sind wichtige Koordinationsstellen bei der Registrierung von Vermissten. Hier werden u. a. Vermissten-Meldungen erfasst und ausgewertet, Fahndungen eingeleitet bzw. zurückgenommen, Vergleiche zwischen Vermissten und unbekannten Toten sowie unbekannten hilflosen Personen vorgenommen und schließlich auch Statistiken erstellt.

Die Landeskriminalämter unterstützen die örtlichen Polizeibehörden rund um die Uhr durch den Lagedienst, der Sicherheitsinformationen sammelt, bewertet, steuert und alle notwendigen Sofortmaßnahmen veranlasst. Zudem gibt es eine Koordinierungsstelle für Spezialeinheiten. Wenn es notwendig ist, unterstützt eine Beratergruppe die jeweilige örtliche Polizeiführung bei schweren Fällen von Gewaltkriminalität (z. B. Geiselnahmen, Entführungen, Bedrohungslagen, Erpressungen etc.). Dem LKA steht auch eine Polizeifliegerstaffel zur Verfügung, mit der sie die Einsatzbehörden aus der Luft etwa bei der Suche nach Vermissten oder der Verfolgung von Tätern unterstützt. Die LKAs verfügen zudem über eine besondere Ausstattung wie ein Fotolabor, modernste Geräte der Kopier- und Sofortbildtechnik.

Das Bundeskriminalamt (BKA) befasst sich seit seiner Gründung im Jahr 1951 als kriminalpolizeiliche Zentralstelle für die Bundesrepublik Deutschland mit der Bearbeitung von Vermisstenfällen. Zu den Aufgaben der „Vermisstenstelle" des BKA zählt das Amt in seiner Studie von 2003 die Fahndung nach vermissten Personen, die Identifizierung von unbekannten Leichen und unbekannten hilflosen Personen. „Die Bearbeitung dieser drei Arbeitsfelder ist zusammengefasst, weil vermisste Personen in hilfloser Lage aufgefunden werden können oder die Identifizierung einer zunächst unbekannten Leiche aufgrund einer vorliegenden Vermissten-Meldung möglich wird."

Wird eine Person in Deutschland als vermisst gemeldet, kümmert sich zunächst die örtlich zuständige Polizeidienststelle darum. Ergeben sich dort Hinweise, dass sich die Person im Ausland oder gar an einem bestimmten Ort im Ausland aufhalten könnte, wendet sich die Polizei vor Ort über das BKA an die Interpol-Dienststellen der betreffenden Länder und ersucht diese um Mitfahndung. In begründeten Ausnahmefällen leitet die „Vermisstenstelle" des Bundeskriminalamts auf Ersuchen einer inländischen Polizeidienststelle eine weltweite Vermisstenfahndung ein, so dass alle Interpol-Mitgliedsländer über diesen Vermisstenfall informiert werden. Die Fahndungsersuchen an die Mitgliedsländer des Schengener Übereinkommens werden durch die örtlichen Polizeidienststellen per „Knopfdruck" im europäischen Fahndungscomputer „Schengener Informa-tionssystem" (SIS) aktiviert. Das BKA gibt die Ermittlungsergebnisse aus dem Ausland an die ersuchende Polizeidienststelle weiter. Umgekehrt hilft das BKA auch bei Vermissten-Suchanfragen aus dem Ausland. Das BKA firmiert dann als Nationales Zentralbüro der Internationalen kriminalpolizeilichen Organisation(IKPO), besser bekannt als Interpol. Bei Fahndungsersuchen ausländischer Staaten ist das BKA also die zuständige deutsche Polizeidienststelle. Alle Fahndungs-Maßnahmen, wie das Überprüfen von Spuren oder Hinweisen auf den möglichen Aufenthaltsort eines Vermissten in Deutschland, werden vom BKA eingeleitet und koordiniert. Das Ergebnis der Überprüfungen wird auf dem gleichen Weg an die ausländische Interpol-Dienststelle weitergegeben.

Das Bundeskriminalamt ist aber auch zuständig, wenn deutsche Staatsangehörige vermisst gemeldet werden, die im Ausland leben oder sich dort als Touristen aufhalten bzw. wenn ein Ausländer mit erstem Wohnsitz in Deutschland im Ausland verschwindet. In diesen Fällen wird das Bundeskriminalamt über die jeweilige deutsche Auslandsvertretung (einer Botschaft oder ein Konsulat) oder durch die Interpol-Dienststelle des Landes informiert. Die Vermisstenstelle des Bundeskriminalamts informiert die für den Wohnsitz zuständige deutsche Polizeidienststelle über den Fall und bittet um entsprechende Überprüfungen.

Die Datei „Vermisste/Unbekannte Tote" des Bundeskriminalamtes enthält die Daten sämtlicher in Deutschland gemeldeter aktueller Vermissten-Fälle, unbekannter Leichen, nicht identifizierter hilfloser Personen sowie die dem BKA gemeldeten ausländischen Fälle. Auf die 1992 in Betrieb genommene Datei haben das BKA sowie die 16 Landeskriminalämter Zugriff. „Ziel dieser Datei ist, durch einen rechnergestützten Vergleich über die Beschreibung der Person und die Umstände des Falles Zusammenhänge zwischen vermissten Personen und unbekannten Leichen zu erkennen", heißt es in der BKA-Dokumentation, „wird bei einer Recherche in der Datei ‚Vermisste/Unbekannte Tote' festgestellt, dass eine unbekannte Leiche mit einer vermissten Person identisch sein könnte, werden die beteiligten Dienststellen informiert. Sie führen einen direkten Abgleich der Beschreibungsmerkmale der unbekannten Leiche mit der vermissten Person durch. Reichen die vorhandenen Merkmale für eine zweifelsfreie Identifizierung nicht aus, erfolgt ein DNA-Abgleich. Ist die Identität eines Vermissten mit einer unbekannten Leiche nachgewiesen, werden die Angehörigen benachrichtigt. Alle Daten des Vermissten bzw. der unbekannten Leiche werden aus der Datei gelöscht. Die Datei enthält grundsätzlich nur aktuelle Fälle."

Schlechte Geschäfte – Hellseher und andere falsche Helfer

Vor allem Detekteien bieten gerne das „Auffindung versteckter und vermisster Personen" an, etwa so: „Die Detektive unserer Detektei ermitteln für Sie. Durch langjährige Erfahrung und Nutzung sämtlicher Techniken gelingt es unseren Ermittlern bzw. Zielfahndern in den meisten Fällen, den Aufenthaltsort einer sich versteckt haltenden bzw. vermissten Person, insbesondere eines Kindes bzw. Jugendlichen, ausfindig zu machen. Bitte bedenken Sie, dass die oben aufgeführten Angaben zu den entsprechenden Arbeitsbereichen unserer Detektei bzw. Privat-, und Wirtschaftsdetektei wie z. B. die Mitarbeiterüberprüfung durch eine Detektei, Mitarbeiterüberwachung durch Detektive, Lauschabwehr, Einschleusung über eine Detektei, Themen zum Unterhalt, Personalüberprüfung durch Detektive etc. sehr allgemein gehalten sind. In einer Detektei ist jeder Problemfall ein Einzelfall. Für die persönliche Besprechung Ihres Auftrages an unsere Detektei stehen Ihnen unsere kompetenten Mitarbeiter bzw. Detektive jederzeit gerne zur Verfügung. Rufen Sie einfach gerne unsere bundesweite Detektei / Detektiv-Hotline an..."

Vermissten-Experten der Polizei halten in der Regel nicht viel von der Arbeit der Detekteien: „Privatdetektive kosten viel Geld und führen zu nichts."

In ihrer Not wenden sich Angehörigen trotzdem immer wieder an Detektive. So wandten sich auch die Angehörigen eines jungen Mannes an eine Detektei, nachdem die Ausschreibung von 5 000 Euro Belohnung, die private Suche bei Freunden, Verwandten und Bekannten und auch die Veröffentlichungen in den Lokalzeitungen erfolglos geblieben waren. „Der Detektiv ermittelte ein paar Tage und kostete einen Haufen Geld", erzählte mir die Mutter. Er recherchiert im Bekanntenkreis und bei Geschäftspartnern des Studenten. Seine Beobachtungen waren so simpel wie die eines Besuchers, der nur kurz an einem Geschäft vorbeigeht. Der Bericht des Detektivs liest sich so „... konnte man aus einer angebrachten Liste (Aushang) entnehmen, was z. Zt. käuflich erworben werden kann. An- und Verkäufe können samstags von 14 bis 17 Uhr getätigt werden ... die von unserem Mitarbeiter unter unverfänglichem Vorwand durchgeführte Befragung in der Nachbarschaft ergab keine negativen Erkenntnisse..."

Was der selbst ernannte Detektiv gegen viel Bares bot, war also nicht mehr als eine Beschreibung von Geschäftsräumen, die Wiedergabe belangloser Unterhaltungen, Daten über Pkws und andere Nichtigkeiten.

Meist suchen Detektive vergeblich nach Vermissten, was sicherlich auch an den speziellen Umständen der Vermisstenfälle liegt. Meist verlassen die Verschwundenen ja den Ort, an dem sie bisher gewohnt haben, gehen oft sehr weit fort. Manchmal recherchieren die Detektive auch den ermittelnden Kriminalbeamten hinterher oder sie versuchen, wenn die Polizei nicht aktiv wird, – mühselig, langwierig und vor allem teuer – im Bodensatz des Lebens der Vermissten eine Spur zu finden und fragen Freunde,

Verwandte und Bekannte aus. Nach Feststellung des Bundesverbandes Deutscher Detektive e.v. (BDD) suchen Detektive überwiegend ausgerissene Kinder oder Jugendliche, unterhaltspflichtige Angehörige, also meist Väter nichtehelicher Kinder, oder Schuldner.

Wann immer Vermissten-Fälle in den Medien veröffentlicht werden, dienen bald auch Hellseher und Wahrsager ihren übersinnlichen Service an, legen etwa eine Hand auf ihre Wunderkugel und halten die andere für bis zu 500 Euro Honorar auf. Viel Geld also – und keine Erfolgsbilanzen. Das stimmte auch die Angehörigen eines vermissten Studenten aus Nordrhein-Westfalen skeptisch, denen eine Hellseherin ihre Hilfe anbot. Die Mutter erzählte mir: „Ich bin nicht so überzeugt davon. Sicher, ich glaube, dass es mehr gibt, als das, was wir immer sehen. Aber es fehlen die Beweise. Viele Wahrsager sagen, wir wissen es und haben Erfolge, aber wo sind die Beweise? Wo steht mal jemand und sagt: Ich bin durch eine Hellseherin gefunden worden. Ich glaube, es gibt Hellseher, die über eine Begabung verfügen, und es gibt jene, die Geschäfte damit machen. Wie soll man sie unterscheiden, die guten und die schlechten?"

Tipp: Infos über Selbsthilfegruppen

Die Nationale Kontakt- und Informationsstelle zur Anregung und Unterstützung von Selbsthilfegruppen, NAKOS, ist die bundesweite Aufklärungs-, Service- und Netzwerkeinrichtung der Selbsthilfe und Selbsthilfeunterstützung in Deutschland. An diese Organisation können sich auch Menschen wenden, die sich in großen Schwierigkeiten befinden und eine Gruppe suchen, die ihnen vielleicht helfen kann. Angehörige von Vermissten finden hier unter Umständen auch Kontakte zu Gruppen, die ihnen dabei helfen, Probleme nach der Rückkehr von Vermissten zu bewältigen.

An die NAKOS können sich Betroffene und Professionelle wenden, die Aufklärung, Informationen und Kontakte im Selbsthilfebereich wünschen. NAKOS arbeitet überregional und themenübergreifend zu grundsätzlichen Fragen der Selbsthilfearbeit, die über die besonderen inhaltlichen Problemstellungen von einzelnen Selbsthilfegruppen und Selbsthilfeorganisationen hinausgehen.

*Die Angebote der NAKOS sind kostenlos und stehen allen Interessierten offen. Die NAKOS ist eine Einrichtung des Fachverbandes Deutsche Arbeitsgemeinschaft Selbsthilfegruppen e.V. und besteht seit 1984. Möglich ist die Suche nach Gruppen und Organisationen unter **www.nakos.de***

Ein Vermissten-Spezialist der Polizei bestätigte mir: „Ich weiß, dass sich die Angehörigen an jeden Strohhalm klammern. Aber ich habe während meiner 20-jährigen Tätigkeit hier auf der Vermisstenstelle noch keinen Fall erlebt, bei dem die Unterstützung von Hellsehern oder Wahrsagern zur Klärung eines Vermisstenschicksals geführt hätte." Eine Frauenzeitschrift engagierte sogar einmal eine durch „Funk und Fernsehen bekannte Hellseherin" und ließ einen jungen Vermissten suchen. Die Hellseherin sah sich ein Foto des Vermissten an und sagte, dass der Student lebte und sich in Skandinavien aufhielte. Die Redaktion des Magazins recherchiert daraufhin bei Behörden und Botschaften der skandinavischen Länder, um den Aufenthaltsort des Vermissten herauszubekommen. Vergeblich. Die Idee der Blattmacher, eine Serie über die Erfolge der Hellseher-Zunft bei der Suche nach Vermissten zu veröffentlichen, landet im Papierkorb der Geschichten, die den Lesern erspart geblieben sind.

Aber selbst wenn Angehörige Zweifel an dem Erfolg der Hellseherin haben, manchmal setzen sie sich darüber hinweg und versuchen es trotzdem, nur um sich nicht immer vorwerfen zu müssen, nicht alles, wirklich alles versucht zu haben. So berichtete mir eine Frau, dass sie rund ein Jahr nach dem Verschwinden ihres 24-jährigen Sohnes bei einem Institut für Privat- und Wirtschaftsdiagnostik nachgefragt hatte. In mehreren telefonischen Sitzungen – bis zu zwei Stunden lang – versuchte die Wahrsagerin im Gespräch mit den Angehörigen, dem Sohn auf die Spur zu kommen. Das Protokoll dieser modernen Okkultisten-Telefon-Sitzung fertigte die Mutter nach ihren Erinnerungen an:

„1. Telefonat: Sie sehen in der Nähe der Stadt einen flachen ovalen See mit einem Holzboot darauf. Auf der rechten Seite des Sees befinden sich eine Wiese und Feld, in der Nähe ist ein Bauernhof, alte Häuser, ein kleiner Ort. Am See führt eine Straße weiter durch den Wald. Am See ist eine Bushaltestelle, in der Nähe ein Friedhof. Drei junge Männer haben mit dem Vermissten Streit bekommen. Alle drei fahren mit einem blauen Lieferwagen oder Kombiwagen hinter einem Bus her. Er hat eine größere Tasche mit großen Henkeln dabei. Ebenfalls sehen Sie einen Automechaniker. Um 13.00 Uhr hat jemand Nahes am Buß- und Bettag mit ihm gesprochen.

2. Telefonat: Sie sehen ein Familienhaus mit Garten, etwas zurückgesetzt, mit einer Treppe zum Eingang und einer Holztür mit Ornamenten. Das Haus ist kein Neubau, jedoch gut in Schuss. Das Grundstück am Haus hat ein kleines Mäuerchen oder Gatter. Das Haus befindet sich im Landgebiet auf einer graden Straße, ab und zu ein Baum. In der Nähe sind eine Autobahn, ein Viadukt und mehrere Zuggleise in unterschiedlichen Höhen (evtl. Güterbahnhof). In der Nähe sind zwei Schornsteine, die viel Rauch ablassen. Ein Zug fährt über die Brücke. Das Haus hat

zwei Garagen, das Haus ist unbewohnt. Sie sehen außerdem einen Koffer mit Gegenständen, die anzubieten oder zu tauschen sind. Es geht im Streit um eine Büste, ca. 40 cm. Der Vermisste kennt die drei jungen Leute. Sie sehen in Verbindung mit den jungen Leuten, dass einer mit Panzern, Lkws, Manöver und Kaserne in Verbindung gebracht wird. Einer hat sogar Flugzeugreparaturen ausführen können. Sie sprechen noch von kaputten Scheiben am Laden in der Nähe von einem Platz."

Die Angehörigen fanden zwar einen See – mehr aber nicht. „Wir haben im Grunde alles angetroffen, was die Wahrsagerin gesagt hat", erinnert sich die Mutter. Sie meldet ihre Entdeckung der Polizei, doch die ging diesem Hinweis nicht nach. Sicherlich zu recht, denn schon vor Jahren hatte eine Studie des Landeskriminalamtes in München zum Ergebnis geführt, dass Wahrsagerei in Vermisstenfällen keinen Erfolg verspricht.

Schlechter Rat vom Wahrsager – 21 Tage kein Fleisch essen

Kriminalbeamte halten nicht viel von den magischen Kräften der Wahrsager, Pendler und Hellseher. „Wenn wir uns auch damit noch beschäftigen wollten, hätten wir noch mehr zu tun", so ein Kripobeamter, „es gibt ja kaum einen Vermisstenfall, in den sich kein Wahrsager einschaltet". Manchmal allerdings – so hört man auch – gehen die Ermittler den Hinweisen der Hellseher-Zunft allein deswegen schon nach, um die Angehörigen zu beruhigen und ihnen das Gefühl zu vermitteln, dass auch wirklich alles gemacht wurde und um sich später nicht einmal vorwerfen lassen zu müssen, sie hätten wichtige Hinweise auf Vermisste einfach unter den Tisch fallen lassen.

Gelegentlich machen Angehörige auch schreckliche Erfahrungen mit Wahrsagern. So wandten sich die Eltern einer Vermissten aus dem Ruhrgebiet an die Seher-Zunft. Die Kriminalpolizei ging davon aus, dass die 22-jährige Vermisste einem Kapitalverbrechen zum Opfer gefallen war. In ihrer Verzweiflung suchte die Mutter übernatürliche Hilfe. Eine Wahrsagerin schlug ihr ein gespenstisches Ritual vor, das sie genau einhalten sollte: „Sie hat mir 21 Zettel und drei Kerzen gegeben, auf denen irgendetwas stand, das man nicht als Buchstaben entziffern konnte. Außerdem waren auf jedem Zettel ein Herz und ein Viereck gemalt. In das Herz musste ich den Namen meiner Mutter, meinen Namen und den meiner Tochter schreiben." Außerdem sollte sie auf den Zettel 21 mal den Satz „Heilige Maria Gottes hilf mir, meine Tochter zu finden, lebend oder tot" schreiben, und zwar während die Kerzen brannten. „Danach durfte ich 21 Tage kein Fleisch und keine Wurst essen, keinen Alkohol trinken, und ich musste auf den beschriebenen Zetteln schlafen", erzählte die Angehörige, „jeden Abend um 22 Uhr sollte ich vor die Haustür gehen, eine

Kerze anzünden und einen der Zettel verbrennen und dann die Asche über das Land blasen."

Wahrsager sagen viel, aber sagen sie jemals die Wahrheit? Manche Hellseher gehorchen immerhin einem Ehrenkodex, der ihnen verbietet, Todesnachrichten zu verbreiten. Und so machen sie den Klienten Hoffnung und erzählen von Situationen, die so vage sind, dass man alles daraus schließen kann, nur nicht, wo sich der Vermisste befindet und wie es ihm geht. So wie im Fall eines 17-jährigen Mädchens, das beim Trampen verschwindet.

Die auffallend hübsche, junge Kindergarten-Praktikantin wird am Tag ihres Verschwindens, einem Sonntag, von ihrem Freund bis zur Bushaltestelle gebracht. Doch statt auf den Bus zu warten, entschließt sich die junge Frau, per Anhalter zu fahren. Ein befreundetes Ehepaar – so ermittelt die Polizei später – beobachtet sie beim Trampen – die letzte Spur. Als das Mädchen nicht nach Hause kommt, suchen die Eltern erst beim Freund der Tochter und im Bekanntenkreis – dann alarmieren sie die Polizei. Die nimmt den Fall sehr ernst, befürchtet das Schlimmste, eben dass das gut aussehende Mädchen möglicherweise von einem Autofahrer mitgenommen, entführt, vergewaltigt und ermordet wurde. Die Polizei verteilt Flugblätter und bittet die Bevölkerung um Hinweise. Sowohl die Polizisten als auch die Eltern schließen aus, dass die 17-Jährige ausgerissen sein könnte. In ihrer Verzweiflung wenden sich die Angehörigen auch an eine Wahrsagerin. Der Vater erinnert sich an deren Prophezeihungen: „Die hat erzählt, dass das Mädchen von irgendwelchen Leuten festgehalten wird. Zeitweilig von einer Person und dann wieder von drei Personen. Zeitweilig sei sie alleine irgendwo eingeschlossen. Das kann in einem Keller sein oder sonstwo."

Vermutungen und Andeutungen. Wahrsager helfen nicht, sondern bewirken oft das Gegenteil. Alle Befürchtungen, die die Angehörigen vielleicht noch verdrängen können, erhalten nach den Grusel-Statements der Seher mit einem Mal Konturen. Die Qualen der Angehörigen nehmen zu, die Phantasie überschreitet alle Grenzen des Selbstschutzes. So erlebten es die Eltern der Kindergartenpraktikantin. Deren Leiche wurde Monate nach dem Verschwinden in einem Waldgelände gefunden. Sie war ermordet worden. Kurz nachdem sie beim Trampen zu einem Fremden ins Auto gestiegen war.

Am Tag X – die meisten Angehörigen sind allein

Die Erfahrungen von Angehörigen mit Wahrsagern du Detektiven zeigen eines ganz klar: Sie benötigen die Hilfe von professionell arbeitenden Vermisst-Helfern. Nur so lässt sich verhindern, dass sie in die Hände von falschen Helfern fallen. Sie benötigen Unterstützung, damit sie zum richtigen Zeitpunkt richtig handeln. Aber diese Hilfe gibt es nicht und gab es nie. Vor einigen Jahren habe ich bei verschiedenen Bundesministerien angefragt, welche Hilfen sie den Familien anbieten können, die mit einem Vermisstenfall fertig werden müssen.

„Hat sich das Ministerium mit der Vermissten-Problematik beschäftigt?", „Können Sie mir Informationen zur Verfügung stellen, die in irgendeiner Weise auch von Angehörigen von Vermissten genutzt werden können?", fragte ich in Schreiben an die Ministerien. Keine der Behörden konnte Tipps geben, kein Ministerium hat sich um die Vermissten-Probleme oder die der Angehörigen bislang gekümmert. Ein Ministerialbeamter empfahl mir, mich im Bundeskanzleramt zu erkundigen, wer überhaupt zuständig sei. Das ebenfalls befragte Bundesinnenministerium verwies auf das Bundeskriminalamt. Das Bundesministerium für Familie ließ mir damals über eine Mitarbeiterin mitteilen: „Das von Ihnen angesprochene Thema ist auch hier bekannt. Mit Sorge sehen wir, auch aufgrund Ihrer Information, dass das Problem einer immer größer werdenden Zahl von Vermissten und Ihren Angehörigen sich erschreckend ausweitet. Für die Bundesregierung ist jedoch keine Zuständigkeit gegeben. Die Problematik ist wohl auch den Familienverbänden bekannt, die sicher ebenso wie unser Haus Ihre Initiative begrüßen. Ich empfehle Ihnen daher, sich mit Ihrer Information auch mit diesen Stellen in Verbindung zu setzen."

So werden unangenehme Aufgaben weitergeschoben. Niemand hilft: Weder den Vermissten noch den Angehörigen. Sicher, es gibt unzählige spezielle Angebote von Städten, Initiativen und Institutionen, Wohlfahrts- und anderen gemeinnützigen Verbänden: Drogentelefone und Schulzeugnis-Telefone, Alkoholiker- und Schuldenberatung, Sozial- und Jugendamtsberatung, Frauen- und Kinderhäuser. Die Adressenlisten dieser Initiativen, Organisationen und Behördeneinrichtungen füllen Bücher. Von vielen der wirklich sinnvollen und nützlichen Einrichtungen könnten auch Vermisste und ihre Angehörigen im Einzelfall und bei speziellen Problemen profitieren – wenn sie sich nur besser auskennen würden. Aber nirgendwo gibt es eine Institution, die sich im Dschungel der sozialen Angebote auskennt und den hilfesuchenden Angehörigen, aber auch den heimgekehrten Vermissten berät.

In den Vermissten-Statistiken verbergen sich alle Ängste, alle Probleme, alle Krisen, die unserer Gesellschaft bekannt sind: Schulangst, Mobbing, Eheprobleme, Scheidungskrieg, Schulden, Überforderung, Kindesmissbrauch, Depressionen – die Liste der Gründe, die Menschen aus ihrer gewohnten Umgebung fliehen lassen, weil sie mit ihren Problemen nicht fertig werden, ist lang. Die wenigsten verschwinden, weil sie die Abenteuerlust treibt.

Angehörige von Vermissten müssen – praktisch von einer Stunde auf die nächste – nicht nur psychisch mit dem Verlust des ihnen nahe stehenden Menschen fertig werden, sie müssen viele praktische Entscheidungen tätigen, die für sie selbst und vor allem auch für die Vermissten wichtig sind.

Es gibt nicht einmal eine Broschüre als Wegweiser für Angehörige für Vermisste, nicht einen einzigen Fachmann für die Vermissten-Problematik, der die sozialen und organisatorischen Probleme überschauen kann. Die Angehörigen eines 25-Jährigen lösten zwei Jahre lang die Wohnung des Vermissten nicht auf. Die Tante des Vermissten wurde schließlich per Amtsgerichtsbeschluss die Pflegschaft über den abwesenden Vermissten zugesprochen und als „Nachlassverwalterin" bestellt. Sie muss vor Gericht über jeden Pfennig der Hinterlassenschaft Rechenschaft ablegen. Sie berichtet: „Als ich die Wohnung auflöste, habe ich ein Zimmer gemietet, um die Sachen unterzustellen. Für das Amtsgericht musste ich eine Aufstellung über die Wertsachen machen. Die Ersparnisse sind angelegt und wenn Zinsen dazukommen, erhält das Amtsgericht eine Kopie der Zinsberechnung. Andere Wertsachen liegen in einem Schließfach der Bank."

Wer hilft diesen Angehörigen bei der Bewältigung ihrer seelischen und organisatorischen Probleme? Außer der Polizei hat sich noch keine Institution oder Behörde ernsthaft der Vermissten-Problematik angenommen oder versucht, auch nur Angebote zu machen, die Angehörige wie Vermisste zur Selbsthilfe anleiten. Manchmal sind die Vermissten-Sachbearbeiter der Polizei unfreiwillig zugleich auch Sozialbetreuer. Wenn es in Vermissten-Fragen erfahrene Ansprechpartner bei den Kommunen gäbe, wäre es einerseits einfacher für die Angehörigen, den „Nachlass" zu regeln. Andererseits könnten vielleicht problemloser Kontakte zwischen Angehörigen und Vermissten wiederhergestellt werden – zumindest gäbe es aber für die Vermissten eine Möglichkeit, über einen nationalen Vermissten-Dienst ein Lebenszeichen zu geben.

Wer kümmert sich schon um die Vermissten? Wer weist ihnen einen Weg, der zurückführt? Wer zeigt ihnen einen Ausweg aus den Problemen, deretwegen sie vielleicht untergetaucht sind? Weggehen ist immer ein Signal, sagen die Kenner der Vermissten-Szene.

Wer berät die Angehörigen in Wohnungs-, Renten- und Krankenkassen-Fragen? Wer hilft ihnen bei der polizeilichen Vermissten-Registrierung? Wer berät sie in Schulden- und Nachlass-Fragen? Wer sagt den Angehörigen, wie sie sich gegenüber Verwandten, Freunden und Bekannten verhalten, was sie Arbeitgebern oder der Schulverwaltung des Vermissten mitteilen sollen? Wer hilft den Angehörigen, mit den psychischen Problemen fertig zu werden? Und – wer berät sie, wenn sie sich immer und immer wieder fragen, ob sie sich an die Medien wenden und öffentlich nach dem Vermissten suchen sollen oder nicht? Wer hilft ihnen zu entscheiden, ob es richtig oder falsch ist, dass sie ihre eigene und die Schicksalsgeschichte des Vermissten öffentlich bloßstellen?

Kann man es den Angehörigen von Vermissten zumuten, in solch einer verzweifelten Situation von einer Behörde, von einer Beratungsstelle, von einer Institution zur anderen zu laufen – Arbeitsamt, Krankenkasse, Polizei, Rentenberatungsstelle, Versicherung, Rechtsanwalt, Arbeitgeber, Schulverwaltung, psychologischer Beratungsdienst und so weiter und so weiter – um alle Fragen, die sie bedrücken, anzusprechen, dann wieder nach Hause zu gehen, bei allen – Arbeitsamt, Krankenkasse, Polizei, Rentenberatungsstelle, Versicherung, Rechtsanwalt, Arbeitgeber, Schulverwaltung, psychologischer Beratungsdienst und so weiter und so weiter – noch einmal nachzufragen, wieder nach Hause zu gehen und dann gemeinsam mit und korrekt zu allen – Arbeitsamt, Krankenkasse, Polizei, Rentenberatungsstelle, Versicherung, Rechtsanwalt, Arbeitgeber, Schulverwaltung, psychologischer Beratungsdienst und so weiter und so weiter – schließlich die richtigen Entscheidungen zu treffen – und zwar nicht für sie allein, sondern auch für jemanden, der sie verlassen hat und dessen Schicksal sie nicht einmal kennen?

Organisierte Hilfe, fachmännische Hilfe ist hier unverzichtbar notwendig, nicht nur Mitleid und gute Worte oder die simple Registrierung eines Vorgangs in der Vermissten-Datei der Polizei. „Wenn ein Mensch vermisst wird", so ein Vermissten-Sachbearbeiter bei der Polizei, „dann haben eigentlich eine ganze Menge Personen oder Institutionen bereits versagt, sonst wäre es ja gar nicht dazu gekommen. Und es ist natürlich für die Polizei unmöglich, das nachzuholen, was versäumt wurde".

Kaum jemand kann sich vorstellen, was es für Angehörige bedeutet, einen Vermissten-Fall „abzuwickeln" – ganz zu schweigen von den psychischen Problemen, mit denen Eltern und Kinder, Ehefrauen, Ehemänner oder Lebensgefährten fertig werden müssen. Ein Ehepaar, das sich bei mir meldete, finanzierte über Monate die Wohnung des Sohnes weiter, bewahrt seit Jahren die Möbel und anderen Habseligkeiten auf – im Keller und in der eigenen Wohnung. Eine Mutter, die sich an mich wandte, musste nach einem Hinweis aus der Bevölkerung beim Ordnungsamt der Stadt die „Genehmigung für das Aufhängen eines Suchbildes an öffentlichen Bauten in Ulm und Umgebung" beantragen. Sie schrieb an die Behörde: „Wie Sie aus beigefügtem Suchbild ersehen können, suche ich seit rund fünf Jahren meinen Sohn. Aufgrund eines Zeitungsartikels haben zwei Zeuginnen aus Ulm meinen Sohn angeblich gesehen. Daraufhin habe ich sofort Kontakt mit der Ulmer Polizei aufgenommen, die auch die Suche unterstützt. Ich möchte nun am 13. Mai, an diesem Tag komme ich aus Nordrhein-Westfalen extra nach Ulm, an öffentlichen Gebäuden diesen Suchzettel aufhängen. Bitte lassen Sie mir eine Genehmigung zukommen." Doch das „Amt für Öffentliche Ordnung" in Ulm kann der Mutter nur anbieten „ihre Suche nach Ihrem Sohn in soweit zu unterstützen, indem wir das Suchbild Ihres Sohnes in unserem Amt aushängen lassen". Die Entscheidung über den Antrag der Frau liege bei jedem einzelnen Amt selbst. Mit Bedauern schreiben die Behörden-Mitarbeiter: „Vielleicht ist es Ihnen möglich, im Rahmen ihres Besuches in Ulm bei den einzelnen Dienststellen und Behörden eine entsprechende Genehmigung zu erhalten."

Spätestens jetzt müsste jedem in der Sozialarbeit Aktiven klar sein, warum es professionelle Vermisstenhelfer geben muss, die den in jedem Jahr betroffenen 500 000 Angehörigen beistehen. Aber falls das noch nicht reicht – hier noch ein Beispiel: Die Ehefrau eines auf Mallorca spurlos verschwundenen Rentners musste nicht nur damit fertig werden, von einem Tag zum anderen den Mann verloren zu haben. Die 73-Jährige stand bei ihrer Rückkehr aus Spanien vor der Pleite: Die Rente des Ehemannes, rund 1 500 Euro, wurde nicht mehr ausgezahlt. Die Rentenzahlungen, die sie ab dem Tag, an dem ihr Mann verschwand, noch in voller Höhe erhalten hatte, musste die Frau zurückzahlen. Sie bekam im ersten Jahr lediglich einen Vorschuss in Höhe von monatlich 500 Euro auf das Witwengeld, das ihr zusteht, wenn das Schicksal ihres Mannes nach einem Jahr als „verschollen" eingestuft wird.

Ratschlag für Stadträte – Vermisst-Berater im Sozialamt

Damit die Angehörigen nicht auf falsche Helfer hereinfallen und in ihrer Verzweiflung Vermögen und Hoffnung in die falschen Maßnahmen investieren, muss es professionelle Hilfe geben – in den Kommunen.

Zu den Aufgaben der Mitarbeiter in den Sozialämtern oder -zentren der Städte und Gemeinden gehört eigentlich die Beratung und Betreuung bzw. Unterstützung der Angehörigen von Vermissten. Doch in der Praxis wird diese wichtige Hilfe nicht gewährt. Das Bedürfnis wird schlichtweg ignoriert und der Polizei die Abwicklung und – obgleich das von den Mitarbeitern nicht zu schaffen ist – die Betreuung von Angehörigen überlassen.

Das „Amt für Soziales und Wohnen" in Essen etwa kümmert sich – nach eigener Darstellung – um „Menschen, die sich in wirtschaftlichen und persönlichen Notlagen befinden und deshalb auf individuelle persönliche und/oder finanzielle Hilfen angewiesen sind". Die rund 375 Beschäftigten haben den gesetzlichen Auftrag, die „Existenz bedürftiger, nicht erwerbsfähiger Menschen und anderer bedürftiger Personengruppen zu sichern". Dazu kommen noch Aufgaben wie „die Schaffung von Angeboten zur Beratung und aktiven Freizeitgestaltung für Seniorinnen und Senioren durch das Senioren- und Behindertenreferat, die Koordination der Arbeit der Behindertenverbände in Essen durch das Senioren- und Behindertenreferat, die Beratung Betroffener und deren Angehöriger in Fragen der häuslichen und stationären Pflege durch die Beratungsstelle Pflege, die Verhinderung von Obdachlosigkeit durch Gewährung von wohnungserhaltenden Hilfen durch die Fachstelle Verhinderung von Wohnungslosigkeit, die Unterbringung von obdachlosen Personen durch das Vorhalten entsprechender Unterkünfte, die Gewährung von Leistungen nach dem Asylbewerberleistungsgesetz für ausländische Flüchtlinge einschließlich ihrer Unterbringung durch Vorhaltung entsprechender Einrichtungen, die Gewährung von Pflegewohngeld, Behindertenhilfen sowie die Kriegsopferhilfe, die Gewährung von Wohngeld durch die Wohngeldstelle im Gildehofcenter. Mit dieser Arbeit leistet das „Amt für Soziales und Wohnen" einen wichtigen Beitrag zur Sicherung der Existenz bedürftiger Menschen und ermöglicht ihnen die Teilhabe am sozialen und gesellschaftlichen Leben der Stadt. Viele Einsatzbereiche sind gekennzeichnet von großer Nähe zu den persönlichen Verhältnissen der Hilfesuchenden."

Alles wichtige Aufgaben, sicherlich. Doch kein Wort von der Hilfe für Angehörige von Vermissten. Das muss sich ändern. Angehörige von Vermissten brauchen dringend spezielle Angebote, stehen doch allein in einer Ruhrgebietsstadt wie Essen bei etwa 1 300 gemeldeten Vermissten im Jahr 2006 bis zu 10 000 Angehörige vor der Frage: Was tun?

Es ist unverantwortlich und unmenschlich, wenn Angehörige, deren Leben sich mit dem Verschwinden eines ihnen Nahestehenden von einer Stunde zur anderen dramatisch verändert, mit ihren Problemen allein gelassen werden. Zunächst müssen sie eine ungeheure psychische Belastung ertragen, im weiteren Verlauf dann organisatorische Schwierigkeiten bewältigen. Diese Probleme entwickeln sich nicht nur in ungeheurer Schnelligkeit wie die Welle eines Tsunami, sie überfordern die Betroffenen oft auch. Kein Wunder, dass sich manch einer rettungslos verloren fühlt.

Wir müssen auch darüber nachdenken, ob wir für die Unterstützung von Angehörigen ein neues Berufsbild schaffen können – das des Vermisst-Managers oder Vermisst-Beraters. Dessen Aufgabengebiet ist vergleichbar mit dem jener Dienstleister, die in Spanien den Bürgern im Kontakt mit Behörden und der Bewältigung von Formularen helfen. In Spanien müssen die Bürger diesen Dienst – Gestoria genannt – selbst bezahlen. Auch in Deutschland muss das Angebot nicht für jeden kostenlos sein. Vielmehr sollten Pauschalangebote gemacht werden: Für eine intensive Erstberatung sind etwa drei Stunden anzusetzen. Die Kosten werden entweder von den Angehörigen getragen oder – falls die nicht über entsprechende finanzielle Mittel verfügen – von der Gemeinde.

Wünschenswerte Leistungen der Vermisst-Berater:

– Beratung über Möglichkeiten der Selbsthilfe, also der eigenen Suche nach den Vermissten,

– Vermittlung von Informationen über die Vermisst-Situation,

– Vermittlung von Fachleuten wie etwa Psychologen, Schulden- oder auch Medienberatern,

– Ausarbeitung einer To-Do-Liste, z. B. über den Umgang mit Arbeitgebern, Vorsprache bei Krankenkassen und Banken und Versicherungen,

– Zusammenarbeit mit anderen Behörden bzw. Organisation der Kooperation unterschiedlicher Behörden und Institutionen,

– Begleitung bei spektakulären Fällen; dazu zählt etwa die Betreuung der Betroffenen, aber auch die Organisation der Zusammenarbeit von Polizei, Psychologen, PR-Beratern, Opferhelfern und anderen Helfern,

– Langfristig die Einrichtung einer bundesweiten Anlaufstelle für Vermisste, die gerne – unter Umständen auch anonym – Kontakt zu ihrer Familie aufnehmen möchten.

Im Detail fallen bei der Beratung von Angehörigen von Vermissten folgende Aufgaben an, für die die Vermisst-Berater eine Einarbeitung benötigen:

– Beratung von Angehörigen wie auch von Vermissten, die sich in seltenen Fällen melden werden,

– Praktische Lebenshilfe (Informationen über Fragen zu Arbeitsplatz, Rente, Miete, Krankenkasse, Wohnungsauflösung etc.),

– Psyche (Stabilisierung, Trauerarbeit etc.),

– Behörden (Polizei, Vermisstenmeldung, Einwohnermeldeamt, Sozialamt etc.),

– Öffentlichkeitsarbeit (Einbindung von lokalen und regionalen Medien, Herstellung von Flugblättern und Plakaten etc.),

– Recht (Schulden, Verträge, Strafverfolgung, Vormundschaftsgericht etc.),

- Wiedereingliederung (Kontakt zu Angehörigen, Behörden),
- Vorbeugung bei Ausstiegswilligen (Jugendliche, Erwachsene),
- Beratung des Gesetzgebers (z. B. in Rentenfragen) und Kontakt zu Behörden,
- Herstellung von Informationsschriften für Angehörige und Ausstiegswillige,
- Registrierung der Anfragen,
- Einrichtung eines Vermissten-Telefons,
- Info-Seiten für Angehörige auf den Homepages der Stadt- und Gemeindeverwaltungen,
- Einrichtung einer bundesweiten Vermisst-Homepage mit Infos, Such-Seite und einem Chat für den Erfahrungsaustausch.

Diese Fülle von Aufgaben lässt sich nur bewältigen, wenn gut aufbereitetes Lehr- und Informationsmaterial vorliegt. Damit sind wir bei der Ausbildung an den Sozialpädagogischen Fachschulen und Verwaltungshochschulen. Hier sollten die Lehrmaterialien entwickelt und anschließend zumindest Seminare für die Beratung von Angehörigen von Vermissten angeboten werden.

Das Beispiel Bern – Probleme akzeptiert, Maßnahmen ergriffen

Die Stadt Bern in der Schweiz zeigt erste Ansätze, wie eine Kommune mit der Vermisstenproblematik umgehen kann. Auf der Berner Homepage finden die Angehörigen von Vermissten unter „Persönliches und Familie" die Rubrik „Vermisste Personen". Hier folgen dann zwei Hinweise: „Vermisste Verwandte oder nahestehende Personen – Sie vermissen eine Ihnen nahestehende Person? Wenn Sie eine Vermisstmeldung bei der Polizei aufgeben wollen, müssen Sie einiges beachten" und „Vermisste, aus Heimen oder anderen Institutionen abgängige Personen – Wie Sie vorgehen müssen, wenn jemand aus einer Institution verschwunden ist".

Wer diese Rubriken anklickt, bekommt neben nützlichen Informationen auch erste Ratschläge: „Wenn Sie eine Ihnen verwandte oder nahestehende Person vermissen, forschen Sie zuerst im Bekannten- und Verwandtenkreis nach. Bleiben diese Nachforschungen erfolglos, setzen Sie sich mit der örtlichen Polizei in Verbindung. Damit die Polizei eine Vermisstenanzeige aufnehmen kann, benötigt sie möglichst genaue Angaben zur vermissten Person. Welche Angaben sie genau braucht, entnehmen Sie der Checkliste (siehe rechte Spalte). Um eine Person vermisst zu melden, müssen Sie persönlich auf dem örtlichen Polizeiposten vorsprechen." Es folgt eine Checkliste, die sich zusammen mit den wichtigsten Tipps zur Vermisstenproblematik auch auf den Internetseiten deutscher Kommunen gut machte.

Die Checkliste empfiehlt: „Wenn Sie eine Person als vermisst melden wollen, nehmen Sie folgende Unterlagen und Angaben zur Polizei mit: Familienname, alle Vornamen, Elternnamen, Zivilstand, Geburtsort und -datum, Heimatort, Beruf, letzter Wohnort. Seit wann wird die Person vermisst? Foto der vermissten Person (wenn vorhanden)." Darüber hinaus wird nach äußeren Merkmalen gefragt: „Angaben zu Größe, Statur, Haaren, Augen, Bart, Zähne, Gesicht, Stirne, Augenbrauen, Nase, Mund, Lippen, Kinn, Gang und Haltung, Sprache... Machen Sie sich Gedanken zu sichtbaren und verdeckten besonderen Merkmalen, Neigungen und Gebrechen, wie z. B. Narben, Leberflecken, erlittenen Knochenbrücken, BrillenträgerIn, Sprachfehler usw. Benötigt sie Medikamente? überlegen Sie auch, was die vermisste Person vor ihrem Verschwinden trug und was sie für Gepäck bei sich hatte (Ausweispapiere, Ehering mit Gravur, Schmuck, Geld, Uhr, Velo, Sportgeräte, Kleider- und Schuhgröße). Gibt es Angaben, die Sie zum Sachverhalt machen können? Beispielsweise zum Grund des Verschwindens, zur vermutlich eingeschlagenen Richtung, zu mutmaßlichen Begleiterinnen und Begleitern, Selbstmord-, Unfall- oder Verbrechensgefahr, Abschiedsbriefe o. ä.?"

Wer eine Person als vermisst melden möchte, die aus einem Krankenhaus oder einer anderen Einrichtung verschwunden ist, erhält auch noch folgende Informationen: „Um eine aus einer Institution (Spital, Heim, Klinik etc.) abgängige Person vermisst zu melden, verwenden Sie bitte das ausschließlich dafür vorgesehene Formular für die Ausschreibung. Weitere Formulare können bei der Stadtpolizei Bern, Tel. 031 321 21 21, bezogen werden."

Anfrage beim Deutschen Städtetag – wie die Kommunen helfen

Was die Stadt Bern ihren Bürgern bietet, ist ein erster Schritt in die richtige Richtung. Das Problem wird wahrgenommen. Endlich. Was aber machen nun die deutschen Städte und Gemeinden? Meine Recherchen haben ergeben, dass sie nichts tun. Aber ich will es genau wissen und frage beim „Deutschen Städtetag" nach, dem größten kommunalen Spitzenverband in Deutschland. Er vertritt die Interessen aller kreisfreien und der meisten kreisangehörigen Städte. In ihm haben sich knapp 4 700 Städte und Gemeinden mit insgesamt 51 Millionen Einwohnern zusammengeschlossen. In der Selbstdarstellung heißt es: „Der Deutsche Städtetag vertritt aktiv die kommunale Selbstverwaltung. Er nimmt die

Interessen der Städte gegenüber Bundesregierung, Bundestag, Bundesrat, Europäischer Union und zahlreichen Organisationen wahr. Der Deutsche Städtetag berät seine Mitgliedsstädte und informiert sie über alle kommunal bedeutsamen Vorgänge und Entwicklungen. Der Deutsche Städtetag stellt den Erfahrungsaustausch zwischen seinen Mitgliedern her und fördert ihn in zahlreichen Gremien."

Zentrales Ziele des Verbandes ist es, „die städtischen Interessen" zu wahren: „Der Handlungsspielraum der Städte darf nicht eingeschränkt werden. Aufgaben dürfen nur auf die kommunale Ebene verlagert werden, wenn die Städte dem zustimmen. Geben Bund, Länder oder die Europäische Union Aufgaben ab, müssen sie das Geld dafür bereitstellen... Der Deutsche Städtetag nimmt Einfluss auf die Gesetzgebung – durch Stellungnahmen zu Gesetzentwürfen, Gesprächen mit Parlament und Regierung sowie durch Öffentlichkeitsarbeit, fördert eine moderne Verwaltung, die sich an den Bedürfnissen der Bürgerinnen und Bürger orientiert, er erarbeitet mit den Städten Konzepte für neue kommunalpolitische Herausforderungen."

Der Deutsche Städtetag scheint also eine gute Adresse für eine Anfrage zu sein, welche Hilfe den Angehörigen von Vermissten in den Kommunen geboten werden. Mein Brief an den Vorstand:

„Sehr geehrte Damen und Herren, ich arbeite an einem Buch / Ratgeber für Angehörige von vermissten Menschen und habe in diesem Zusammenhang einige Fragen. In Deutschland werden jedes Jahr über 100 000 Menschen bei der Polizei als vermisst registriert. Das hat zur Folge, dass etwa 500 000 Angehörige betroffen sind, die von einer Stunde zur anderen oft große organisatorische und psychische Probleme bewältigen müssen. In den Kommunen Deutschlands gibt es nach meinen langjährigen Erfahrungen mit dieser Problematik keine entsprechend aus- bzw. weitergebildeten Ansprechpartner, die sich mit Vermisst-Problemen auskennen und den Angehörigen von Vermissten eine schnelle und umfassende wie fachlich ausgereifte Hilfe anbieten können.

Mir ist auch keine Kommune bekannt, die den Angehörigen von Vermissten offensiv ein Angebot zur Unterstützung macht oder ein solches in ihren Leistungskatalog der Sozialbehörde aufgenommen oder bei einer Polizeidienststelle hinterlegt hätte. Meine Fragen: Kennen Sie Kommunen, die über entsprechend ausgebildetes Personal verfügen, den Angehörigen von Vermissten Angebote zur Hilfe in ihren Katalogen der Sozialleistungen machen und dieses auch u.a. auf ihren Internetseiten und in den Vermisstenstellen der Polizei hinterlegt haben? Haben Sie Möglichkeiten, die Probleme von Angehörigen von Vermissten bei Ihren Mitgliedern zum Thema zu machen? Und können

Sie sich vorstellen, dass die Kommunen sich verstärkt der Probleme von Angehörigen von Vermissten annehmen und das entsprechend auch gegenüber der Bevölkerung durch Pressemitteilungen, Internetseiten etc. darstellen? Für eine baldige Beantwortung meines Schreibens wäre ich Ihnen dankbar. Mit freundlichen Grüßen...“

Die Antwort des „Deutschen Städtetages“ auf diese Anfrage war knapp, unbefriedigend und vom Desinteresse an der Situation der Betroffenen geprägt:

„Grundsätzlich gibt es keine generelle Vorgehensweise für den Fall, dass Personen vermisst werden. Dies hängt damit zusammen, dass Kommunen – wenn überhaupt – äußerst selten unmittelbar mit der Problematik konfrontiert werden, da die Polizei vorrangig zuständig ist. Bei Bekanntwerden eines Einzelfalles werden aber individuell die notwendigen Hilfen für Angehörige (Gesprächsangebote) angeboten.“

Karlheinz K. und die Flucht vor sich selbst – das zweite Mal

Warum es unbedingt notwendig ist, Angehörigen von vermissten Menschen von Beginn an professionelle Hilfe zu bieten, zeigt der Fall von *Maria A.*. Drei Mal wurde *Karlheinz K.* vermisst – einmal davon in New York. Beim zweiten Mal hatte sich die Krankheit von *Karlheinz K.* verschlimmert; aus der schweren Depression war eine Psychose geworden.

„Es war im Frühling. Ich stand morgens auf, kam in sein Zimmer und das Bett war wieder leer“, erinnert sich *Maria A.*, „und als ich dieses leere Bett sah, viel zu früh am Morgen, da wusste ich sofort: Er ist wieder weggelaufen“.

Dieses Mal wandte sich *Maria A.* wieder an die Polizei, wieder wurde ihre Bitte um Hilfe abgelehnt. „Da bin ich direkt selber los. Es war morgens gegen halb sechs und sehr kühl. Es hatte geregnet in der Nacht, die Rheinwiesen waren matschig und schlammig. Ich hatte mich entsprechend angezogen: dicke Schuhe und Kleidung, die man sonst zum Wandern anzieht. Und wieder das gleiche: Rheindeich abgesucht, die Wege am Rhein, die Buchten, die Brücken, immer in der Erwartung, gleich findest Du die angespülte Leiche’ oder nachdem ich ja jetzt wusste, er wollte im Wald sterben, habe ich mich auch in den Wäldern in der Umgebung umgesehen“.

Maria A. merkte schon bald, dass ihre Suche ohne Unterstützung nicht sehr effektiv sein würde. Doch sie wollte sich nicht an die Polizei wenden, nicht noch einmal um Hilfe bitten. Das war ein Fehler, muss man doch wissen, dass Entscheidungen der Polizei nicht immer auf den ersten Blick für Außenstehende nachvollziehbar sind. Auch kann es, wie überall im Arbeitsleben zu Pannen oder Fehleinschätzungen kommen. Das ist für die Betroffenen bitter. Sich in einer solchen Situation von der Polizei abzuwenden, bringt einen Angehörigen jedoch nicht weiter.

Die Mitarbeiter der Polizei sind verpflichtet, so genannte „fahndungsrelevante Informationen" zu erfassen und aufzubereiten, bevor sie die gezielte Fahndung nach einem Vermissten einleiten.. „Dazu gehören", so die Autoren *Clages / Schlieper* in ihrem Leitfaden „Polizeiliche Bearbeitung von Vermisstenfällen", „Angaben zur Eingrenzung des Fahndungsraumes, Festlegung bevorzugter und möglicher Aufenthalts- oder Verbergungsorte, ggf. unter Eingrenzung der Zeiträume für den Aufenthalt, Zeitintervall zwischen Vermisstsein und Anzeigeerstattung, Abgangsort, Abgangsrichtung, bekannte oder angenommene Zielorte, Benutzung von Fahrzeugen oder öffentlichen Verkehrsmitteln, Persönlichkeit der vermissten Person, körperliches Leistungsvermögen, Lebensgewohnheiten, soziales Milieu der vermissten Person sowie der wahrscheinliche oder mögliche Anlass für das Vermißtsein und sich daraus ergebende Schlussfolgerungen für die Eingrenzung des Fahndungsraumes".

Je nach Einschätzung des diensthabenden Beamten wird eine Suche entweder großräumig vorgenommen oder auf einen engen Ortsbereich begrenzt. *Clages / Schlieper*: „Erfahrungen zeigen, dass die weitaus größte Anzahl von vermissten Personen im örtlichen Bereich festgestellt wird und diesen Bereich während des Vermisstseins auch nicht verlässt."

Meistens wird die vermisste Person auch im so genannten INPOL-System der Polizei erfasst. INPOL ist ein computerisiertes Informationssystem der deutschen Polizeien, das bundesweit einheitlich ist. Dieses Verfahren gibt es bereits seit 1970. Es wurde in den vergangenen Jahren kontinuierlich verbessert und ausgebaut. Zugriff auf diese „Auskunftei" haben das Bundeskriminalamt, die Bundespolizei, die Länderpolizeien und die Zollbehörden. INPOL hilft vor allem bei einem Abgleich von Personen- und Gegenstandsdaten bei Fahndungen und der Zuordnung von Kriminalakten – und immer wieder auch bei Vermisstenfällen.

Maria A. holte sich nach ihrer ersten, spontanen Suchaktion in den frühen Morgenstunden Hilfe und Rat bei einer Freundin: „Ich war fertig. Nicht nur durch die Suche, sondern ich war ausgepowert durch die lange Pflege meines Freundes. Ich hatte ihn ja meistens zu Hause gepflegt und war jetzt innerlich leer. Ich war nervlich am Ende."

Die Freundin wandte sich an einen Bekannten in der Stadtverwaltung: „Sie hat ihn angerufen, ihm den Fall geschildert und mir dann den Hörer in die Hand gedrückt: ‚Red mal selber mit dem.'." Doch der Beamte aus dem Rathaus „war zwar sehr nett, hatte ein offenes Ohr, aber war absolut hilflos und konnte nichts, aber auch absolut nichts für mich tun; konnte mir auch keinen Rat geben, an wen ich mich noch wenden könnte, um Unterstützung zu bekommen".

Das ist kein Einzelfall, sondern eine ganz normale Situation. Außerhalb der örtlichen Polizeidienststelle ist keine lokale Behörde auf Vermisstenfälle eingerichtet; es gibt niemanden in den Stadtverwaltungen, der weiß, wie mit Vermisstenfällen umzugehen ist, wie man Angehörigen helfen oder was man ihnen raten kann. In den vergangenen Jahren ist es mir immer wieder passiert, dass sich Mitarbeiter von Stadtverwaltungen bei mir meldeten, um sich Rat zu holen, wenn ein Betroffener vor ihrem Schreibtisch stand.

„Meine Freundin und ich haben schließlich eine Gruppe von 15 Freunden, Bekannten und Verwandten zusammentelefoniert. Das war nicht sehr einfach. Denn es war werktags gegen 11 Uhr. Manche haben sogar ihre Arbeit einfach liegen gelassen", erzählt Maria A. „und dann haben wir systematisch die Umgebung durchforstet. Wir haben uns aufgeteilt, sind in Zweiergruppen losgegangen".

Es war schrecklich: „Ich bin in einem Wald im Matsch rumgewatet, ich habe wunderschöne, versteckte, idyllische Plätze in diesem Wäldchen gefunden. Da gibt es kleine Teiche, Lichtungen, Unterholz – wir haben alles durchforstet. Ich habe blaue Flecken bekommen, nasse Füße. Wir haben sogar in den Teichen gesucht, soweit das möglich war. Wir haben meinen Freund nicht gefunden."

Am Abend brach die Gruppe ihre Suche ab. Die Helfer gingen nach Haus, doch *Maria A.* gab nicht auf. Sie fand keine Ruhe. Erneut fuhr sie mit dem Fahrrad los, obwohl sie sehr müde war und fror: „Ich wollte immer noch nicht zur Polizei gehen, hatte die Hoffnung, dass er einfach wieder auftaucht."

Wieder suchte sie – diesmal im Dunkeln – am Rhein, unter den Brücken. Erfolglos. Später lag sie dann in seinem, nicht in ihrem Bett und „konnte trotz Müdigkeit nicht schlafen, und Du liegst in einem Bett, wo der Partner sonst schläft, und Du weißt nicht, ob er noch lebt. Das ist ein schreckliches Gefühl, und als ich dann einschlief und ein paar Stunden später wieder aufwachte, fragte ich mich wieder: Liegt er irgendwo tot, treibt sein Körper im Rhein?"

Ein sachkundiger Vermisst-Berater hätte *Maria A.* sicherlich schon am Vortag dabei geholfen, die Polizei davon zu überzeugen, dass diese nach *Karlheinz* sucht. Er hätte sie sicherlich zur Dienststelle der Polizei begleitet und hier dem Beamten geschildert, wie schwer erkrankt der Vermisste ist. Das hätte die zuständigen Beamten ganz sicher veranlasst, die professionelle Suche einzuleiten. Aber solche Berater gibt es nicht –

nicht einmal jemanden, der Trost spendet, Mitgefühl zeigt, menschliche Wärme vermittelt. *Maria A.* hatte allerdings Glück, dass ihre Freundin einen kühlen Kopf behielt und sie drängte, noch einmal zur Polizei zu gehen. Die Freundin und deren Ehemann begleiteten *Maria A.* auf die Polizeiwache, wo schließlich nach energischem Drängen eine Vermisstenanzeige aufgenommen und überlegt wurde, welche Maßnahmen zu ergreifen wären.

Vielfach haben Angehörige von Vermissten die Vorstellung, dass die Polizei sofort einen Hubschrauber, eine Reiter- und Hundestaffel oder gar eine Hundertschaft von Polizisten zur Suche einsetzen sollte. Doch solch ein Aufwand kann nur in Ausnahmefällen betrieben werden – dafür gibt es einfach zu viele Vermisstenfälle, in einer mittelgroßen Stadt wären solche Einsatzkräfte fast rund um die Uhr allein mit der Suche nach Vermissten beschäftigt.

Doch angesichts der Schwere des Falles und der Beharrlichkeit der Angehörigen, beschloss die Polizei als erste Maßnahme, dass Besatzungen von Streifenwagen die Umgebung des Wohnorts von *Karlheinz K.* absuchen. Zudem planten die Beamten in einer weiteren Phase, mit einer Hundestaffel und einem Hubschrauber weiterzusuchen und eine öffentliche Fahndung über die Medien zu veranlassen.

Das genau aber bereitete *Maria A.* – kein Einzelfall – besondere Probleme. Die Erkrankung des Freundes hatte das Paar vor Arbeitskollegen und Bekannten verschwiegen, um Nachteile für *Karlheinz K.* zu vermeiden. Durch eine öffentliche Suche etwa in den örtlichen Tageszeitungen würde nun die ganze Stadt erfahren, woran der Vermisste litt. „Das gefiel mir nicht", erinnert sich *Maria A.*, die auch zur Mediensuche ihr Einverständnis gab, „aber was sollte ich machen? Ich sah ein, dass auch eine öffentliche Suche notwendig sein würde, wenn mein Freund auch an diesem Tag nicht gefunden würde. Ich sagte mir: ‚Komm, Maria, du hast schon so viel erlebt, lass es einfach laufen, auch das schaffst Du noch.'"

Doch zu der großen öffentlichen Fahndung kam es nicht mehr. Wie oft enden Vermisstenfälle so unvermittelt, wie sie begonnen haben. *Maria A.*: „Das Mobiltelefon klingelte und mein Freund meldete sich."

„Wo bist Du, *Karlheinz*", fragte *Maria A.*

„Ich bin in der Eifel. Ich wusste nicht mehr, was ich tun sollte. Ich bin völlig verzweifelt. Ich habe das Gefühl, ich werde verrückt und bin in einem ganz tiefen Loch. Ich halte es nicht mehr aus."

Als *Maria A.* die Polizei über die Rückkehr des Freundes informierte, sagte ein Polizeimitarbeiter zu ihr: „Sehen Sie, ich habe es Ihnen doch gesagt: Innerhalb von 48 Stunden tauchen die meisten Vermissten wieder auf.

100

III. Die Phase der Hoffnung: Die Todesnachricht als Erlösung

Alle Probleme unserer Gesellschaft finden sich in den Vermissten-Statistiken der Polizeibehörden. Hier finden wir die Menschen, die unter größten vorstellbaren Schwierigkeiten leiden und nicht damit fertig werden. Hier haben wir eine Ansammlung von Konflikten, wie sie vielfältiger und gleichzeitig erschreckender nicht sein könnten. Und hier ist belegt, wie extrem die Menschen reagieren können, wenn sie mit den Schwierigkeiten nicht mehr fertig werden: Im äußersten Fall töten sie sich selbst, die Vorstufe, die „alternative Konfliktlösung", ist der Ausstieg aus ihrem gewohnten Lebensumfeld, das Verschwinden.

Wenn es um Vermisste geht, haben wir es mit dem gesamten Spektrum der sozialen Probleme und des menschlichen Leids zu tun. Die Palette der Gründe, die den Menschen dahin bringen zu verschwinden, reicht von den Problemen zwischenmenschlicher Beziehungen bis zu Schwierigkeiten in Schule, Studium und Beruf. Liebeskummer, finanzielle Sorgen, Enttäuschungen in einer Freundschaft, Leistungsdruck, Perspektivlosigkeit im Beruf, Drogen, Mobbing am Arbeitsplatz, Prüfungsangst, ein gewalttätiger Ehepartner, drohende Scheidung, Schulden, Krankheiten oder Alkoholismus. Nur Fälle von Abenteuerlust oder Freiheitsdrang sind seltener, und nicht so häufig sind auch die Verbrechen, die zum Verschwinden von Menschen führen – sie machen nur etwa ein Prozent aller Vermisstenfälle, also etwa 1 000 pro Jahr, aus.

„Ausweglosigkeit ist oft für Erwachsene ein Grund, fortzugehen", erzählte eine Kriminalbeamtin, „das Gefühl des Verlassenseins oder andere, für den Einzelnen schwer wiegende Lebenskrisen, motivieren zu einer Flucht ins Ungewisse". Wer freiwillig fortgeht, wird von Motiven geradezu getrieben. Wer unfreiwillig verschwindet ist nicht selten Opfer eines Verbrechens oder macht das als Folge einer schweren Krankheit.

Die meisten Vermissten lassen Angehörige und Polizei mit einem großen Rätsel zurück. Nur wenige hinterlassen einen Abschiedsbrief. Sie sind von einer Stunde zur anderen verschwunden, und die Zurückgebliebenen fragen sich, warum – und finden nur selten eine Antwort. Bei den Erwachsenen ist die Motivsuche schwierig – sie offenbaren sich so gut wie nie. Soziologen und Psychologen haben sich auch noch nicht mit den Motiven für das Verschwinden befasst.

Neben den selbst oder von Mitmenschen verursachten Problemen und Konflikten, die zum Verschwinden von Menschen führen, gibt es auch noch eine Reihe von Faktoren, auf die die Betroffenen selbst keinen Einfluss haben: Depressionen und Demenz, Unfälle und Straftaten gehören dazu. Ursache für das Verschwinden eines Menschen kann aber auch sein, dass jemand von seinen Angehörigen regelrecht aus dem Haus getrieben wird. Eine anonyme Anruferin meldet sich einmal bei mir und sagte: „Glauben Sie nicht, dass die Vermissten auch von Zweifeln geplagt werden, ob sie das Richtige getan haben. Ob es richtig war, zu gehen, dass sie sich darüber Gedanken machen? Wie oft ist es wahrscheinlich so, dass sie hinausgetrieben werden? Vielleicht sollte man auch mal über die Vermissten sprechen und nicht immer über die Angehörigen, die auf der Suche nach einem geliebten Menschen sind. Wenn die Vermissten früher einmal gespürt hätten, dass sie geliebt werden, dann wären sie vielleicht nicht gegangen. Vermutlich war es für die, die gegangen sind, auch ein schwerer Schritt. Vielleicht würden auch manche wieder zurückkehren, wenn sie wüssten, dass sich was ändern würde. Aber was ist besser? Allein zu sein mit seinen Zweifeln? Oder zurück in die gleiche Schei...“

Bittere Worte. Aber leider wahr.

Insbesondere bei Kindern und Jugendlichen ist das auffällig. Die meisten Minderjährigen, die einmal als vermisst registriert werden, kommen aus nicht oder schlecht funktionierenden Elternhäusern. „Unstimmigkeiten mit den Eltern oder Stiefvater oder Stiefmutter, wirkliche oder vermeintliche Benachteiligungen gegenüber Geschwistern, zu wenig familiärer Kontakt werden hier immer wieder als Begründung für das Davonlaufen angenommen", notierte das österreichische Fachmagazin „Öffentliche Sicherheit".

Die vermissten Kindern und Jugendlichen stellen in der Statistik je nach Jahreszeit fast 30 bis 50 Prozent aller Vermissten. Am 25. Mai 2006, dem „Tag des Kindes", galten 1 620 Kinder und Jugendliche offiziell als vermisst. Das BKA registrierte in der Datei „Vermisste/Unbekannte Tote" 447 Kinder unter 14 Jahren sowie 1 173 Jugendliche unter 18 Jahren. Insgesamt waren 5 178 Menschen als vermisst gemeldet, davon waren 3 558 Erwachsene gespeichert.

Es gibt viele Gründe, die dazu führen, dass Kinder und Jugendliche dem Elternhaus den Rücken kehren. Die Polizei unterscheidet zwischen Kindern bis zu 14 Jahren und Jugendlichen zwischen 14 und 18 Jahren. Etwa die Hälfte der vermissten Kinder sind Heimkinder, die von dort weglaufen. Jedes vierte Kind verschwindet aus einer Familie. In der Regel sind sie allerdings älter als 10 oder 11 Jahre und bleiben entweder aus Abenteuerlust oder weil sie Probleme haben von Zuhause fort. Wenige Kinder im Alter von zwei bis sechs Jahren gehen den Eltern in der Stadt, zum Beispiel im Kaufhaus verloren, werden dann als vermisst gemeldet und relativ schnell wieder aufgefunden. Der Verdacht auf Tötung von vermissten Kindern ist dagegen selten. Ein Teil der Kinder sind aber Opfer von Kindesentziehungen. Wenn also ein Elternteil, das nicht über das Sorgerecht verfügt, das eigene Kind „entführt" und mit ihm untertaucht. Diese Fälle werden zwar in der Vermisstenstatistik geführt, aber die Kinder gelten im Grunde nicht als vermisst, weil sie sich in der Obhut eines Elternteils aufhalten und man in der Regel davon ausgehen kann, dass es ihnen gut geht.

Anders sieht es bei den Jugendlichen zwischen dem 14. und 18. Lebensjahr aus. Sie stellen in den Vermisstenstatistiken bis zu 40 Prozent aller Fälle. Rund 20 Prozent davon flüchten aus Heimen, der Anteil der Mädchen überwiegt dabei. Die anderen Jugendlichen sind aus dem Elternhaus verschwunden. Manche tauchen nur für einige Tage unter, andere verschwinden für Wochen und Monate. Pubertäre Probleme, Konflikte in Schule und Elternhaus gehören hier zu den Gründen für das Verschwinden. Ein Teil der Jugendlichen taucht allerdings in der Drogenszene unter und ist dann besonders gefährdet. Manche werden kriminell, um sich Geld für ihre Drogen zu beschaffen, andere arbeiten als Prostituierte.

Die Gründe für das Verschwinden von Kindern und Jugendlichen werden für die Statistiken gern in Schlagworten erfasst, diese sind: Streuner, Abenteuerlust, Entweichen aus Erziehungsheim, Familienzwist, Furcht vor Strafe/Schande, Partner-/Liebesprobleme, Schwierigkeiten in Schule und Ausbildung, Alkohol- und Drogenabhängigkeit, Kindesentziehung, Freitodabsicht, Hilflosigkeit, Entweichen aus psychiatrischen Kliniken, Angst vor Strafe, Erziehungsschwierigkeiten, liederlicher Lebenswandel, Hang zum Streunen, Entweichen aus Heimen und schulische Schwierigkeiten, Unfälle und Straftaten.

Wenn Jugendliche nach ihrer Heimkehr von Polizeibeamten befragt werden, hören sich die Gründe für das Verschwinden dann so an: „Ich musste soviel Kartoffeln schälen und Gemüse putzen" oder „Ich musste immer auf meine kleine Schwester aufpassen". In einem Fall hatte eine Minderjährige ihren Eltern einen „Schuss vor den Bug" versetzen wollen, um diese zu einem ihr angenehmen Erziehungsziel zu bringen. In einem anderen Fall wollte ein Mädchen mit ihrem Freund ins Ausland fahren, um dort zu heiraten. Ein 5-Jähriger verließ das Elternhaus, um einmal mit dem Zug zu fahren; nach zweitägiger Abwesenheit aus dem Elternhaus wurde der Junge als blinder Passagier im Schwarzwaldexpress aufgegriffen. Er gab an, „unwahrscheinlich gern" Eisenbahn zu fahren. In einem anderen Fall war die Liebe zu einer Popgruppe Grund für eine 17-Jährige, dieser bis ins Ausland zu folgen.

Und wohin flüchten die Kinder und Jugendlichen, wenn ihr Ziel nicht die Bühne oder ein Eisenbahnwaggon ist? Häufig suchen sie Keller- oder Bodenräume sowie Scheunen als Unterschlupf. Manche bevorzugen Wäl-

103

der oder Abenteuerspielplätze. Bevorzugte Aufenthaltsorte außerhalb der häuslichen Umgebung sind insbesondere Großstädte wie München, Hamburg, Frankfurt – und dann immer wieder auch Prostitutions-Treffs, Hafenstädte, Kasernen und in wenigen Fällen auch Ausländerunterkünfte.

Die Minderjährigen verlassen im Allgemeinen sehr unvorbereitet ihre häusliche Umgebung. Wenn überhaupt, so statten sie sich gerade einmal mit etwas Geld für Fahrgelegenheiten aus. Auch ist das Wetter ausschlaggebend für das Verschwinden. Es werden warme Monate bevorzugt. Durch das angenehme Klima in den Sommermonaten haben sie kaum Unterkunftsprobleme, denn das Campieren unter freiem Himmel ist zu dieser Jahreszeit – so eine Ex-Vermisste – eine „wahre Freude". Manche Minderjährige begehen während ihrer Flucht auch Straftaten, um an Geld für den Lebensunterhalt und für die Unterkunft zu kommen. Dieses trifft vor allen Dingen dann zu, wenn sie sich längere Zeit aus der Obhut der Eltern entfernen. Da sie in den meisten Fällen nicht auf frischer Tat ertappt werden, bleiben diese Straftaten häufig ungesühnt.

Polizei und Jugendschützer werten das Verschwinden von Kindern und Jugendlichen als wichtige Signale, dass etwas in der Beziehung zu den Eltern oder mit dem Betroffenen selbst nicht stimmt. Nicht immer sind es Sorgen in der Schule oder in der Lehre, Liebeskummer oder ähnliche Probleme, die die Minderjährigen erst in die Verzweiflung und anschließend aus dem Haus und in die Fremde treiben. Manchmal sind es die Eltern oder nahe Verwandte selbst, die Kinder erst zu Opfern und dann zu Vermissten machen. Misshandlung und Vergewaltigung sind immer wieder Gründe, warum Kinder aus dem Elternhaus flüchten. Fachleute gehen davon aus, dass jedes dritte bis vierte Mädchen und jeder fünfte bis siebte Junge Opfer körperlicher oder sexueller Gewalt ist.

Erkenntnis und Hoffnung – Allein mit vielen Fragen

Die Hoffnung stirbt zuletzt, heißt eine Redewendung. Wenn es um Vermisste geht, stimmt das nicht. Bei den meisten Angehörigen versiegt die Hoffnung, dass der geliebte Mensch noch einmal heimkehrt, nie. Man richtet sich höchstens auf ein Leben ohne den Verschwundenen ein. Und manche Angehörige von Langzeitvermissten wünschen sich sogar, dass irgendwann einmal ein Polizist vor der Tür steht und sagt: „Wir haben ihn gefunden. Er ist tot."

Das klingt hart, aber die Reaktion ist verständlich. Wer über Jahre und Jahrzehnte von den Fragen gequält wird, wie es der vermissten Person geht, ob sie lebt oder gestorben oder ermordet worden ist, der hat eines Tages keine Kraft mehr zu hoffen – und zu leiden. Solche Menschen suchen nach dem Rettungsanker, der ihnen hilft, den Rest ihres Lebens zu überleben.

Denn die Hoffnung, dass der Vermisste heimkehrt, war all die Jahre begleitet von der Angst und der Sorge, dass das Erwünschte nicht eintritt. Und so schwanken Angehörige immer zwischen der Hoffnung auf Erlösung und dem Gegenteil – Verzweiflung, Hoffnungslosigkeit, Resignation oder Depression. Manche Menschen empfinden ihr Leben sogar als würdelos, wenn diese Hoffnung nie erfüllt wird. Sie fühlen sich durch ihre Enttäuschungen regelrecht seelisch gefoltert.

„Manchmal überfällt mich ein ungeheurer Schmerz und eine Trauer und ich denke, dass es einfach unmenschlich ist, was da passiert ist", erzählt eine Mutter. Sie sitzt im Zimmer ihrer vermissten Tochter. Vom ersten Stock des Einfamilienhauses führt eine schmale Treppe hinauf unter die Dachschräge. Eine Couch, ein Bett mit einer Patchworkdecke, ein Schrank, einige Poster, ein Ohrensessel, eine Stereoanlage, Bücher – die Einrichtung. „Seit ein paar Monaten hab' ich mich damit beschäftigt, was ich hier in dem Zimmer verändern könnte, welche Sachen ich noch gebrauchen könnte", erzählt die Frau, „über zwei Jahre konnte ich an diesem Zimmer nichts verändern. Ich habe versucht, einige Gegenstände zu verschenken. Aber die Freundinnen meiner Tochter, die ich fragte, wollten die Sachen auch nicht so gerne, weil ihnen das selbst alles so nahe ging. Sie wollten einfach nichts haben. Dann hab ich hier das alles so gelassen wie es ist.."

Die Tochter, eine junge Studentin, verschwindet auf dem Weg von einem Lokal zum Elternhaus. Die junge Frau lebt allein zu Hause, während ihre Eltern Urlaub machen. „Wir haben uns an diesem Abend vorgenommen, ein wenig früher nach Hause zu gehen", erinnert sich eine Freundin, „und es war auch seit Langem der erste Abend, dass wir getrennt nach Hause gegangen sind." Tagelang hört die Freundin danach nichts von der Studentin, versucht, sie immer wieder zu erreichen, alarmiert schließlich die Polizei, die die Ermittlungen aufnimmt. Doch die Studentin bleibt verschwunden.

Für die aus dem Urlaub heimgekehrte Mutter „stand sofort fest, dass irgendetwas Schreckliches passiert ist, weil wir solch ein Verhalten von unserer Tochter absolut nicht kannten. Sie hat sich immer wieder gemeldet, wenn sie mal irgendwo länger als eine Nacht verbracht hat. Oder sie hat gesagt, wohin sie geht. Deswegen war das schon sehr verdächtig, dass sie über eine Woche fort war."

Auf die Vermissten-Anzeige reagiert die Polizei schnell. Eine Sonderkommission wird gegründet, es werden intensive Ermittlungen aufgenommen. Doch die Kriminalbeamten geraten bei ihren Ermittlungsarbeiten bald in eine Sackgasse. Es gibt keine heiße Spur. Immer wieder wenden sich die Beamten über die Zeitungen an die Öffentlichkeit. „Selbst Hinweise, von denen der Hinweisgeber gar nicht annimmt, dass sie uns helfen können, werden von uns nach wie vor überprüft. Die Akte wird nicht geschlossen", verspricht die Polizei und appellierte an mögliche Mitwisser einer Tat, sich auch jetzt, nach Jahren zu offenbaren: „Gegebenenfalls auch unter Zusicherung der Vertraulichkeit, denn wir möchten nicht zuletzt auch im Hinblick auf die Angehörigen den Verbleib der Vermissten endlich aufklären."

Die Eltern haben keine Erklärung für das Verschwinden ihrer Tochter. „Einige Tage vorher habe ich noch von unserem Urlaubsort aus mit ihr telefoniert. Außer nach ihrem Befinden wollte ich mich erkundigen, welche Farbe und welche Größe sie für eine Jacke braucht. Weil wir ihr aus dem Urlaub eine Skijacke mitbringen wollten, als Geschenk", erinnert sich die Mutter, „im Laufe des Gespräches habe ich mich dann auch noch erkundigt, wie sie mit dem Studium vorankommt und welche Aussichten sie hat, wenn sie in die Prüfung geht. Sie war sehr zuversichtlich. Sie machte auf mich einen sehr ruhigen Eindruck, und ich habe mir keine Sorgen gemacht, dass irgendetwas nicht stimmen könnte."

Auch nach Jahren des Verschwindens der Tochter ist die Mutter noch sehr verzweifelt: „Es überfällt mich immer wieder ein fürchterlicher Schmerz und eine Trauer, und ich denke, dass es einfach unmenschlich ist, was da passiert ist. Und dann entwickelt sich auch ein Zorn auf den Täter, der dafür gesorgt hat, dass Dagmar nicht mehr nach Hause kommt."

Für die Mutter steht fest, dass ein unbekannter Täter ihrem Kind etwas angetan hat. Obgleich die Polizei keinen Hinweis darauf hat, versucht die Mutter mit dieser Mord-Theorie die Abwesenheit der Tochter zu erklären. Verständlich, wenn man an die Qualen denkt, die die Zurückgebliebenen aushalten müssen: „Ich habe zwei Jahre das Zimmer meiner Tochter so gelassen wie es ist. In der ersten Zeit fiel es mir sehr schwer, überhaupt in dieses Zimmer reinzugehen, weil mich das derart mitgenommen hat, dass ich immer in Tränen ausgebrochen bin. Und immer wieder kommen die Erinnerungen zurück. Wenn man Fotoalben ansieht, ist der Schmerz so stark, dass einem fast übel wird."

Nicht nur den Verwandten, auch den Freunden geht das Verschwinden eines Nahestehenden sehr nahe. Die Freundin erzählt: „Wenn ich an meine Freundin denke und an die Zeit, die wir zusammen verbracht und die wir uns gekannt haben, bin ich immer wieder sehr betroffen. Wir gingen gerne zusammen abends mal weg. Sie hatte sehr viel Spaß an ihrem Studium und war eigentlich ein sehr lebenslustiger Typ. Ich frage mich immer wieder, was da passiert ist. Ob sie noch lebt. Ich persönlich gehe eigentlich davon aus, dass sie nicht mehr lebt, dass sie jetzt irgendwo vergraben ist und das ziemlich gut. Sonst hätte man sie schon gefunden. Ich kann nur sagen, dass ich jetzt Angst habe, im Dunkeln alleine nach Hause zu gehen."

Trauerarbeit leisten – das Leben ist voller Abschiede

Vermisst-Experten bei der Polizei wissen aus Erfahrung: Bleibt ein Mensch verschwunden, dann geht das Leben für Hinterbliebene nicht irgendwann weiter, dann bleibt es stehen, genau an dem Tag, an dem der teure Mensch nicht mehr zurückgekehrt ist. Die aufgerissene Wunde blutet für lange Zeit, vielleicht zeitlebens, denn eine Trauerarbeit kann nicht begonnen werden, weil man hofft, der Verschollene stehe plötzlich vor der Tür und beende den Alptraum.

Es gibt viele Fälle, wo die Eltern das Zimmer ihres Kindes über Jahre unverändert gelassen haben, immer hoffend, es könnte auf einmal wieder die Wohnung betreten. Und durch schlaflose Nächte ziehen dunkle Gedanken mit quälenden Fragen: Lebt der geliebte Mensch oder ist er tot? Hat ihn jemand getötet, hat er sich selbst umgebracht oder ist ihm sonst etwas zugestoßen? Wo mag er wohl sein? Wo ist seine Leiche? Geht es ihm gut oder ist er in Bedrängnis? Warum meldet er sich nicht, warum hat er nicht eine Zeile hinterlassen: ein Lebenszeichen würde doch schon genügen, ein paar Worte, die eigene Schuldgefühle abbauen und ein bisschen Ruhe geben könnten?

Wird ein Mensch vermisst, dann war irgendetwas in Unordnung: mit ihm selbst oder mit einem Menschen, der in sein Leben getreten war oder durch sonst einen Umstand. Und kommt nie mehr Kunde von einer vermissten Person, kehrt sie also nie wieder zurück, wird nirgendwo in der Welt ihr Aufenthalt festgestellt und auch ihre Leiche nie aufgefunden, dann kann dieser Fall für Hinterbliebene nie abgeschlossen werden.

Wenn Vermisste über längere Zeit verschwunden bleiben, ist eine Betreuung der Angehörigen durch Psychologen oder Psychotherapeuten wichtig. Doch abgesehen davon, dass es für diese spezielle Form der Vergangenheitsbewältigung kaum Fachleute gibt, sehen die wenigen Experten eine Reihe von Schwierigkeiten. Die Kölner Psychologin *Dr. Kristine Schneider* bemerkte einmal in der WDR-Fernsehreihe „Vermisst!" zu den Chancen der Psychotherapie bei der Behandlung von Angehörigen: „Manche denken, wir könnten ihnen wiederbringen, was sie verloren haben. Aber Psychotherapie ist Arbeit mit der Seele und das heißt, jemanden darauf vorzubereiten, Dinge zu verkraften, die zunächst unüberwindbar scheinen. In diesem Fall ist das die Trauer über jemanden, der nicht wiederkommt oder der Abschied von einer Hoffnung, von der man nicht weiß, ob sie irgendwann einmal wieder aufleben darf, wenn es neue Anzeichen für eine Rückkehr des Vermissten gibt. Aber in der Zwischenzeit muss man als Angehöriger ja leben, man kann ja nicht versteinern in einer resignativen Hoffnung... Die Trauer bringt das wieder ins Gleichgewicht. Das ist ein Lösen vom Gewesenen und ein Klagen über das, was nicht mehr sein kann. Das bringt ein ‚wieder leben können' für die Zukunft."

Wenn die Angehörigen die Trennung von den Vermissten seelisch verkraften, haben sie eine wichtige Hürde genommen, um irgendwann mit der Rückkehr der ihnen nahe stehenden Person klarzukommen. *Schneider*: „Wenn die Lage bereinigt ist für diejenigen, die warten, und wenn eine Trennung und ein beweinter Abschied vollzogen ist, dann ist ein Platz da für jemanden, der wiederkommt. Es ist aber auch ein Platz da für jemanden, der weg ist und einfach im Herzen weiterlebt. Um den man sich real nicht mehr bemüht. Wenn der Vermisste nun wirklich wieder auftauchen sollte, dann sehe ich zwei Schwierigkeiten. Die eine wäre, es ist jemand freiwillig gegangen ohne nachzudenken oder mit einem gewissen Groll gegenüber der Familie. Dann hat er ja seinen Platz in der Familie verwirkt und aufgegeben. Und der entsteht nicht dadurch, dass er einfach wieder durch die Tür tritt. Da muss Versöhnungsarbeit geleistet werden. Der Platz in der Familie muss wieder erworben werden."

Die psychische Bewältigung der Situation ist für die Angehörigen besonders wichtig, doch Hilfen werden nur zu selten angeboten. Der Essener Psychotherapeut *Dr. Jorgos Canacakis* sah einen Weg für Angehörige darin, in Seminaren mit Verlusten und Trennungen fertig zu werden. „Wenn wir unser Leben einmal in Ruhe betrachten, dann entdecken wir, dass es voller Abschiede ist, voller Trennungen und Verluste: Abschied von einer Hoffnung, Abschied von der Heimat, Abschied von Gesundheit, auch Abschied von Jugend und Schönheit, Abschied vom Beruf. Der letzte Abschied ist die Trennung von der Welt, ist der Tod. Anfang und Ende des Menschen sind also mit Trauersituationen verbunden", stellte er in einem Dossier der Frauenzeitschrift Brigitte fest, „und da die Trauer eine Erfahrung ist, die niemandem erspart bleibt, hat die Natur gut vorgesorgt und uns mit Reaktionen ausgestattet, die uns ein Leben lang fähig sein lassen, Verluste, Trennungen, Abschiede und auch den Tod uns nahe stehender Menschen zu bewältigen. All diese emotionalen Einbrüche können wir nicht ohne Trauer überstehen, ohne das Zulassen aller Gefühle, die dazugehören. Aber diese Fähigkeit, die wir von der Natur mitbekommen haben, ist uns von der Gesellschaft weitgehend abererzogen worden....Wenn ich meine Trauer zurückdränge, wenn ich die Tränen runterschlucke, wenn ich Gefühle, die sich äußern wollen, nicht zulasse, dann verbrauche ich eine Unmenge an Kraft und Anstrengung. Dadurch entsteht ein Mangel an Ausdruckspotenzial, an Gefühlspotenzial. Und wenn ich nicht mehr fühle, wenn ich mich selbst am Fühlen hindere, dann macht mich das physisch und psychisch krank. Gefühle, die ihren Weg nicht nach außen finden können oder dürfen, sind Gift für den Körper. Erstickte Gefühle werden immer – auch gegen unseren Willen – versuchen, sich Luft zu schaffen. Und sei es durch Krankheiten, die der Mensch mit seiner unterdrückten Trauer dann gar nicht mehr in Verbindung bringen kann."

Die körperlich spürbaren Folgen der Trennung sind beispielsweise Atembeschwerden, Herzschmerzen oder Depressionen. Die Menschen leiden unter Angstzuständen, die Selbstmordgefährdung nimmt zu. *Canacakis*: „Erst wenn sich die Bande zu dem Menschen, um den ich trauere, vollständig gelöst haben, wenn ich die Gefühle, die zu diesem Prozess gehören – und dazu gehören auch Wut und Verzweiflung, Mitleid und Vorwürfe, auch Hassgefühle –, wenn ich all das zugelassen habe, dann wird es mir wieder besser gehen. Erst dann bin ich wieder fähig zur Freude, zur Liebe – auch zu neuer Trauer."

Jeder Angehörige sucht einen anderen, ihm eigenen Weg der Verarbeitung und hofft, dass es gegen den Trennungsschmerz hilft. Manchen bleibt in ihrer Verzweiflung nur der Glaube an Gott. „Eigentlich habe ich nie an Gott geglaubt", erzählt eine Mutter, deren 14-jähriger Sohn verschwunden ist, „aber seit dem Verschwinden meines Kindes denke ich anders. Ich bete sogar. Und ich trage ein Kreuz am Hals... Ich hoffe, es hilft."

Eine Frau, deren Ehemann seit vielen Jahren verschwunden ist, spürt den Mann jeden Abend: „Ich würde ihn nie für tot erklären lassen. Wenn ich ins Bett gehe, dann höre ich ihn noch in Gedanken neben mir atmen. Dann geht es los: Ich laufe die Wege ab, wo er verschwunden ist, gehe mit meinem Mann durch blühende Oleanderfelder. Dann kommen die Datteln, die man so abpflücken kann. Und so weiter und so weiter. Mal ist es die Erinnerung und dann wieder die Ungewissheit, die einen so quält."

Die Mutter eines Studenten sagt: „Diese Hoffnung ist eigentlich das Einzige, das mich aufrecht erhält. Es könnte durchaus sein, dass mein Sohn in einem anderen Land lebt, und das aus anderen Motiven als wir annehmen. Vielleicht will er sich auch nicht dazu äußern. Das kann ich akzeptieren. Aber es ist wichtig für mich zu wissen, dass er überhaupt lebt. Selbst wenn er also eine andere Lebensweise hat, von der er meint, dass ich als Mutter damit nicht einverstanden bin, so sollte er sich auf jeden Fall melden. Unsere Familie ist so verzweifelt. Manche glauben, er sei tot. Ich bin eigentlich die Einzige, die denkt, dass er vielleicht irgendwo lebt. Wenn heute jemand kommt und sagt: Ein junger Mann lebt bei uns im Haus, der heißt zwar anders, aber er sieht aus wie Ihr vermisster Sohn, dann würde ich wieder suchen gehen. Ich würde hinfahren und mir den jungen Mann ansehen. Mir ist es schon während eines Urlaubs passiert, dass ich meinen Jungen verwechselt habe. Ich lag am Strand, und da saß in einem Café ein junger Mann. Er sah meinem Sohn so ähnlich, dass ich aufgeregt um ihn herumging und ihn dann angesprochen habe. Erst im Gespräch habe ich festgestellt, dass es ein Fremder war. Aber um ihn zu finden, würde ich überall hingehen. Wenn mir heute jemand sagt, das könnte Ihr Sohn sein, dann nehme ich mit dem Mann Kontakt auf. Diese Chance lasse ich mir nicht entgehen."

Am Ende Mord – niemand kennt das Ende eines Vermisstenfalles

Eines der größten Probleme für die Angehörigen ist die Befürchtung, dass die vermisste Person Opfer eines Verbrechens geworden sein könnte, entführt und in Gefangenschaft gehalten oder ermordet wurde. Die Statistik zeigt zwar, dass nur ein Prozent aller Vermissten einem Mord, Totschlag oder einer Entführung zum Opfer fallen. Da aber gerade diese Fälle in den Medien die größten Schlagzeilen machen, dominieren sie das Bild, das die Öffentlichkeit von Vermisstenfällen hat. Und auch die Angehörigen lassen sich in ihrer Angst von diesen Horrorvorstellungen leiten.

Am Ende Mord? Niemand weiß, was am Ende der Suche nach Vermissten steht. Die österreichische Polizei-Zeitschrift „Öffentliche Sicherheit", die vom Bundesministerium für Inneres in Wien herausgeben wird, hat zu dieser speziellen Problematik einmal berichtet: „Am Beispiel des schwerwiegendsten Abgängigenmotivs, dem Gewaltverbrechen, soll im folgenden dargestellt werden, welches Risiko es bedeutet, angesichts Tausender Abgängigkeitsanzeigen Hinweise zu übersehen, die bei einer zunächst harmlos erscheinenden Vermissten-Anzeige die Indizien eines Verbrechens signalisieren."

Im Klartext geschrieben: Aus einem Vermisstenfall kann sehr schnell ein Mordfall werden, wenn die ermittelnden Polizeibeamten die Fakten richtig zusammenstellen, wie in dem von der Polizei-Zeitschrift beschriebenen Fall. Eine Wohnungsnachbarin zeigt an, dass der 70-jährige pensionierte Schuhmachermeister *Heinrich W.* seit Wochen im Wohnhaus nicht mehr gesehen worden sei: „Obwohl zunächst eine Urlaubsreise oder eine Krankheit des zurückgezogen lebenden Pensionisten anzunehmen war, wurde die Wohnung polizeilich geöffnet, aber nach kurzer Nachschau wieder geschlossen, zumal der Abgängige weder angetroffen noch sonstige bedenkliche Hinweise feststellbar waren."

Da sich jedoch der Verdacht, dass W. homosexuell veranlagt ist, bestätigt, übernimmt das Sicherheitsbüro die Ermittlungen und stellt nach

Durchleuchtung des Bekanntenkreises fest, dass der Vermisste über mehrere Sparkonten und vor allem über einige hundert Golddukaten verfügt. Um den Verbleib dieser Vermögenswerte festzustellen, wird eine zweite Hausdurchsuchung vorgenommen. Die Beamten entdecken die während der ersten flüchtigen Hausdurchsuchung übersehene Leiche von *Heinrich W.* in einem Plastiksack verschnürt und im Wäschekasten versteckt. W. ist vermutlich von einem homosexuellen Partner mit Handkantenschlägen getötet und beraubt worden. Die Suche nach dem Täter blieb erfolglos.

In einem Prozent aller Vermisstenfälle kommen nach Berechnungen der Polizei die Vermissten durch ein Kapitaldelikt wie Mord ums Leben. Doch diese – statistisch betrachtet – 1 000 von 100 000 Vermisstenfällen im Jahr machen der Polizei schwer zu schaffen. Denn um herauszufinden, ob es sich in einem Fall um ein Verbrechen handelt oder nicht, bedarf es oft intensiver kriminalistischer Recherchen.

„Beharrlichkeit und Genauigkeit sind kriminalistische Tugenden, die Todesermittler und Vermisstensachbearbeiter gleichermaßen auszeichnen. Nur – und das liegt in der Natur der Sache – sind schnelle Erfolge selbst damit nicht immer zu erreichen. Indes: Kommt Zeit, kommt Rat, zuweilen in Gestalt des Zufalls", schrieb ein Kripobeamter in einem Bericht über die Aufklärung einer 16 Jahre alten Vermisstensache.

Immer wieder werden Vermissten-Schicksale noch nach vielen Jahren aufgeklärt. Da macht es Sinn, dass die Polizei so viel Arbeit in die Archivierung von Vermissten-Fällen investiert: Die Vermissten-Sachbearbeiter der örtlichen Kriminalpolizei-Dienststellen führen die kompletten Akten, in den Landeskriminalämtern ist jeweils eine Abteilung damit beschäftigt, die Vermissten-Akten mit den wichtigsten persönlichen Daten und Merkmalen zu pflegen und mit den Angaben unbekannter Toter zu vergleichen, und im Bundeskriminalamt werden die bundesweiten und internationalen Vermissten-Meldungen bearbeitet.

Die Unterlagen von Vermissten-Fällen werden mindestens 30 Jahre lang in den Archiven der Polizei aufbewahrt – so viele Jahre lang besteht nach Meinung der Gerichtsmediziner die Möglichkeit der Identifizierung von Leichen. Und die Akten verstauben nicht etwa in den Archiven, und die Computerdaten vergammeln nicht als ASCII-Files in den Chips, sondern werden immer wieder einmal hervorgeholt und bearbeitet. Nicht, weil es unbedingt neue Erkenntnisse über einzelne Vermissten-Schicksale gibt, sondern vor allem auch, um die persönlichen Körpermerkmale der Vermissten mit denen von Leichen, den unbekannten Toten, zu vergleichen, die entweder zerstückelt oder bis zur Unkenntlichkeit verwest oder aber ohne Papiere aufgefunden werden.

Beim Bundeskriminalamt in Wiesbaden werden jedes Jahr rund hundert unbekannte Tote gemeldet. Durch Presseveröffentlichungen, gezielte Nachfragen bei Angehorigen von Vermissten und eigene Aktenrecherche der Polizei vor allem auf örtlicher oder regionaler Ebene können die meisten dieser unbekannten Toten innerhalb kurzer Zeit identifiziert werden. Die spezifischen Daten der anderen nicht identifizierbaren Toten werden per Computer erfasst und mit den persönlichen Merkmalen von als vermisst gemeldeten Personen verglichen: Jede Blinddarmnarbe, das genaue Zahnschema mit jeder Plombe, jedem ausgefallenen Zahn, jeder Krone oder Brücke und schließlich selbst Muttermale und auffällige Narben spielen dabei eine Rolle.

Für die Polizeiexperten sind Zahnfüllungen fast so viel wert wie Fingerabdrücke. Das Zahnschema ist – neben den Röntgenbildern – oft die einzige Möglichkeit bei der Identifizierung eines Skeletts. Denn Fingerabdrücke selbst gibt es ja nicht mehr. Dank vorliegender Zahnschemen können sie auch nach 30 Jahren noch die Identifizierung eines Skeletts vornehmen und sagen, um welche Person es sich handelt. Und die modernen DNA-Untersuchungen helfen auch immer häufiger beim Vergleich der Identität unbekannter Toter mit vermissten Menschen. Durch intensiven Vergleich der Fakten wurde zum Beispiel der Fall einer vermissten Studentin aus Kiel geklärt. Sie trampt von Frankfurt nach Hamburg, um ihre Eltern zu besuchen. Doch dort kommt sie nicht an, bleibt spurlos verschwunden, bis ein Pilzsammler in einem Waldstück bei Gifhorn eine stark verweste Leiche findet. Die Untersuchungen der zunächst „unbekannten Toten" ergeben nicht nur, dass hier ein Verbrechen vorliegt. Die Skelettteile können als Überreste der vermissten Studentin identifiziert werden. Aus einem Vermisstenfall wird ein Mordfall.

Genau so entwickelte sich auch ein Vermisstenfall in München, als ein 25-Jähriger spurlos verschwindet. Als der Verlagsangestellte nicht von der Arbeit nach Hause kommt, meldet ihn die Ehefrau als vermisst. Kurz darauf macht ein Angestellter der Wasserwerke in Freudenberg/Main-Tauber-Kreis einen grausamen Fund: In einem Müllbeutel, der im Main treibt, befinden sich Teile einer verstümmelten Leiche. Kopf, Oberkörper und Arme fehlen. Die Kripo ist nach intensiven Untersuchungen sicher: Es ist der Unterleib des vermissten Münchners.

Der Anruf eines Jägers bringt die Polizei kurz darauf auf die Spur der mutmaßlichen Mörder. Der Verlagsangestellte und seine Ehefrau leben gemeinsam mit der Schwägerin und ihrem Mann in einem Haus. Der später Vermisste und seine Schwägerin streiten immer wieder um das Vermögen, das die kurz zuvor verstorbene Großmutter hinterlassen hat. Der Jäger beobachtet, wie nahe der Fundstelle des Torsos ein Pärchen mit einem Ford vorfährt und frühmorgens eine Grube aushebt. Er notiert sich das Autokennzeichen. Die Überprüfung des Kennzeichens ergibt, dass der Wagen der Schwägerin gehört. Das Ehepaar wird verhaftet. Die Polizei geht davon aus, dass es den Mord wohlüberlegt geplant und ausgeführt hat.

Verbrechen, bei denen die Opfer von ihren eigenen Mördern als vermisst gemeldet werden, passieren immer wieder. Ohnehin gehen die Spezialisten der Polizei davon aus, dass bei einem Kapitalverbrechen in den meisten Fällen Opfer und Täter in Verbindung zueinander stehen - beruflich oder privat. Nicht selten finden sich die Mörder in der Familie des Opfers. Wie im Fall einer Vermissten aus Sachsen-Anhalt. Zunächst meldet der Ehemann seine Frau bei der Polizei als vermisst. Wochenlang sucht die Polizei nach der 21-Jährigen, die nicht nur ihren Ehemann, sondern auch noch Zwillinge zurücklässt – ein sehr ungewöhnliches Verhalten für eine Mutter. Nachbarn, Freunde und Fremde leiden mit den Kindern und dem Ehemann *Thomas*, der in der Lokalzeitung einen zu Herzen gehenden Hilferuf veröffentlicht: „Verzweifelter Familienvater mit Zwillingen bittet die Bevölkerung um Mithilfe bei der Findung seiner Ehefrau.“

Die Hinweise aus der Bevölkerung bringen aber kein Ergebnis. Durch Zufall findet ein Ehepaar beim Jogging in einem Waldgelände die Leiche der Vermissten. Die Untersuchung der Polizei ergibt, dass die Frau vergewaltigt und anschließend erschlagen wurde. Der 27-jährige Ehemann trägt Trauer – und die Gemeinde leidet mit ihm und seinen beiden Kindern. Die Menschen in seiner Umgebung bemühen sich, dem einsamen, verzweifelten Vater zu helfen, der versucht, seinen Kindern ein guter Vater zu sein.

Die Ermittlungen der Polizei zeigen jedoch bald ein anderes Bild, als das einer heilen Welt, das der Familienvater seiner Umgebung vorgeführt hat. Die Ehefrau hat vor ihrem gewaltsamen Tod ein Verhältnis mit dem Türsteher einer Diskothek gehabt. Von der Kripo zur Rede gestellt, verwickelt sich der Ehemann in Widersprüche und gesteht schließlich den Mord an seiner Frau: Aus Eifersucht ist er mit seiner Frau in Streit geraten, hat sie in angetrunkenem Zustand mit einem Billardstock verprügelt, dann in seinen Wagen gezerrt, sie in das Waldstück geschleift, ihr die Kleider vom Leib gerissen, vergewaltigt und sie dann mit einer Whiskyflasche erschlagen.

Der Fall B. – vom Ehemann ermordet

Ähnlich verlief ein Vermisstenfall, über den ich vor Jahren als Reporter für die Fernsehreihe „Vermisst“ in der WDR-Sendung „Aktuelle Stunde“ berichtete. Eines Tages rief mich *Dieter B.* aus Krefeld an und erzählte mir, dass seine 24-jährige Frau verschwunden sei. Er lebe seit dem 2.

September 1991 mit seinen beiden Kindern, zwei und vier Jahre alt, allein. Immer wieder gehe er mit den Kindern zu einem Spielplatz in der Nähe der Wohnung, und hier erzählt er auch seine Geschichte, Detail fur Detail:

„Das ist der Spielplatz, wo meine Frau jeden Mittag mit den Kindern hingegangen ist, wenn es das Wetter zugelassen hat. Wir wohnen in der zweiten Etage eines Hauses, es ist nicht gerade einfach mit zwei Kindern. Wenn man sie beschäftigen will, muss man schon etwas organisieren. Hier auf dem Spielplatz haben die Kinder freien Auslauf, frische Luft, deshalb ist meine Frau mit ihnen sehr viel hier gewesen. Meine Frau hat sich auf eine dieser Bänke gesetzt und hat gestrickt.

Doch dann ist Folgendes passiert: Am Sonntag, bevor meine Frau verschwunden ist, hatten wir eine Verabredung mit Bekannten zu einer Ausstellung. Ich hatte extra dafür die Karten besorgt. Meine Frau hatte an diesem Tag keine Lust, mitzugehen. Ich bin aber aus Freundschaft zu diesen Bekannten und wegen der Karten, die ich schon gekauft hatte, dann alleine gegangen, und die Kinder sind bei meiner Frau geblieben. Abends nach meiner Rückkehr haben wir nicht mehr viel miteinander gesprochen. Meine Frau hat noch ihre Mutter angerufen, die Uroma angerufen, meine Mutter angerufen, aber in den Gesprächen überhaupt nichts angedeutet, dass irgendetwas nicht in Ordnung sei.

Es war einfach alles normal, und sie hat sich sogar für den nächsten Tag mit der Oma verabredet. Als ich am nächsten Morgen aufwachte, war die Seite neben mir im Bett leer. Ich habe zuerst gedacht, meine Frau sei aufgestanden, um sich um die Kinder zu kümmern. Dann bin auch ich aufgestanden, habe bei den Kindern reingeschaut. Meine Frau war nicht da, aber die Kinder lagen in ihren Betten und schliefen beide. Dann bin ich durch die Wohnung gegangen, habe sie halt gesucht, weil ich auch keine Geräusche mehr gehört habe. Sie war aber nicht da.

Dann habe ich aus dem Fenster geguckt, in den Hof reingeguckt, habe sie halt gesucht. Ich bin da noch gar nicht auf den Trichter gekommen, dass sie weggegangen ist. Dann kam langsam die Zeit, wo ich auf der Arbeit Bescheid sagen musste, dass ich mich weiterhin um die Kinder kümmern muss. Ich konnte sie nicht alleine in der Wohnung lassen, habe also in der Firma angerufen und gesagt, dass ich wahrscheinlich später komme. Und dann habe ich meine Eltern angerufen und da nachgefragt, ob sie vielleicht was wüssten. Sie wussten aber nichts. Und dann fing die wahnsinnige Suche an. Ich habe sofort Unterstützung von meiner Familie bekommen und bin mit meinen Geschwistern im Pkw alle Adressen abgefahren, wo wir uns jemals aufgehalten haben, wo wir gerne gewesen sind. Ich wusste ja nur, meine Frau war krank. Ich hatte lange Zeit versucht, sie zu über-

zeugen, zum Arzt zu gehen. Aber das hat nicht gefruchtet. Sie wollte nicht. Erst jetzt, nachdem meine Frau verschwunden ist, haben wir dann einen Arzt gefunden, der bestätigte, dass meine Frau Magersucht hatte.

Ich habe meine Frau mehr oder weniger gezwungen, zu ihrem Frauenarzt zu gehen, weil sie schon über sechs Monate ihre Regel nicht mehr hatte. Der Arzt hat ihr dann empfohlen, an Gewicht zuzunehmen, hat ihr auch Tabletten angeboten, die das eventuell bewirken könnten. Meine Frau hat aber ganz eindeutig gesagt, dass sie sich so wie sie aussieht, sehr wohl fühle, sich gesund fühle und dass sie auch so bleiben wolle und auf gar keinen Fall zunehmen möchte. Da konnte der Arzt dann nichts mehr machen. Und zu einem anderen Arzt habe ich sie nicht hingekriegt.

Doch wieder zurück zum Tag des Verschwindens meiner Frau: Nachdem wir festgestellt haben, dass sie wirklich irgendwo untergetaucht ist, haben wir uns gesagt, dass sie vielleicht in irgendeinem Hotel oder in einer Nachbarwohnung ist. Ich glaubte zunächst auch: Das Ganze ist eben nur eine Revanche für den Sonntag, dass ich mich da durchgesetzt hatte und doch zur Ausstellung gegangen bin. Ich weiß nicht, wie lange es schon gedauert hat, dass sie sich nicht gemeldet hatte, bis wir uns dann auch Sorgen gemacht haben. Ihre Familie abgegrast, meine Familie abgegrast, Freunde abgegrast, Ex-Freunde abgegrast.

Dann bin ich alleine losgefahren. Überall, wo wir mal gewesen sind, bin ich hingefahren. überall geguckt, ob sie da irgendwo ist. Nichts. Wir haben in Frauenhäusern angerufen, wir haben in Krankenhäusern, in der Umgebung alle angerufen. Ich habe eine halbe Stunde, nachdem ich festgestellt hatte, dass meine Frau nicht da war, das erste Mal bei der Polizei angerufen. Und da die Auskunft erhalten, dass die da überhaupt noch nichts machen können.

Am zweiten Tag bin ich dann zur Polizei hingegangen. Das war ein ganz traumatisches Erlebnis. Ich bin zur Polizei hingegangen und habe dann der Beamtin, die das Ganze aufgenommen hat, erklärt, dass ich Angst um meine Frau habe, und sie versuchte, mich davon zu überzeugen, dass eigentlich so eine Vermisstenanzeige gar nicht so das Wahre wäre. Ich habe aber darauf bestanden, dass die Vermisstenanzeige aufgenommen wird und dass die Polizei anfängt zu suchen. Aber bei Erwachsenen ist das ganz was anderes als bei Kindern. Kinder werden sofort gesucht, Erwachsene können machen, was sie wollen. Jedenfalls hat die Beamtin schließlich in den Schrank gegriffen, ein Formular rausgenommen, in die Schreibmaschine eingespannt, die Personalien aufgenommen, Vorgang, Unterschrift, noch mal durchgelesen. Dann hat sie das Papier genommen und es auf einen Stapel gelegt und damit durfte ich gehen. Das war alles, mehr lief da einfach nicht.

Das hat mich dann so fertig gemacht, dass mir dann nur noch eine Stelle einfiel, wo ich in dem Moment hinlaufen konnte. Das war die Sozialbetreuung vom Fernmeldeamt, wo ich arbeite. Ich versuchte dann, diese Dame zu erreichen, aber ich fand sie nicht. Im Fernmeldeamt kennt man mich, und als ich da völlig aufgelöst durchs Gebäude gelaufen bin, hat man mich gefragt: ,Was ist denn los, was ist passiert?' Dann ist da alles rausgesprudelt, und dann hat man meinen Stellenvorsteher angerufen, der dann auch sofort gekommen ist, mich abgeholt hat. Er hat mich dann zu sich nach Hause mitgenommen, mich gezwungen, was zu essen, denn ich hatte ja jetzt schon zwei Tage nichts mehr gegessen. Mich gezwungen, mich hinzulegen, auszuspannen. Das war natürlich nicht möglich. Er hat mich nachher zu meinen Eltern gefahren. An dem Tag bin ich dann abends zu meinem Arzt gefahren worden, der mir dann stärkere Beruhigungsmittel gegeben hatte, weil ich nervlich völlig zerstört war zu dem Zeitpunkt.

Im ersten Moment war ich total geschockt. Ich wusste, dass meine Frau krank war, aber dass sie plötzlich verschwindet, damit habe ich einfach nicht gerechnet. Ich bin immer davon ausgegangen, dass sie irgendwann einfach nicht mehr kann und dann irgendwo heulend in der Ecke sitzt und ich sie dann endlich zu einem Arzt bringen kann. Dass sie einfach spurlos vom Erdboden verschwindet, einfach weg, das war so einfach nicht greifbar, das kann man nicht verstehen. Die beiden Kinder sind sehr lieb und haben mir auch sehr geholfen. Die haben sehr darunter gelitten, dass die Mama weg ist. Ich habe versucht zu erreichen, dass sie es nicht so stark merken. Wir haben versucht auszugleichen. Wir haben sie beschäftigt bis zum dorthinaus, haben sie in dem Garten meiner Eltern rumlaufen lassen, toben lassen. Die durften alles machen, was sie sonst nicht durften oder nicht so sehr durften, und deshalb waren die so abgelenkt, dass sie die ganze Sache mehr oder weniger nur nachts mitkriegten. Wenn sie nach Mama riefen, wenn sie wach waren.

Meine Tochter hat aufgrund dieser Situation sofort einen Kindergartenplatz erhalten, dankenswerterweise. Meinen Sohn haben wir die erste Zeit nicht so richtig in den Griff gekriegt. Das war nicht so leicht. Den haben wir die ersten Tage überwiegend bei meiner Mutter untergebracht. Dann hat sich meine Schwester darum gekümmert, meine Schwägerin, die Schwester meiner Frau hat sich auch um die Kinder ab und zu gekümmert. Ich habe halt von überall Hilfe angeboten bekommen, konnte aber fast nicht darauf eingehen. Ich wollte einfach immer selbst bei den Kindern sein. Später haben wir dann über das Jugendamt versucht, Pflegeeltern zu finden, um den Jungen einfach aus diesem Hin und Her und diesem Nervenkrieg rauszuholen, ihn in feste Hände zu geben. Das Jugendamt konnte uns auch sofort Pflegeeltern nennen, die auch beide Kinder genommen hätten. Aber ich bin da gewesen. Die waren sehr, sehr nett. Aber die ganze Umgebung und die Gefahren, die ich da überall gesehen hatte, haben mich abgeschreckt. Das Haus lag zum Beispiel an einer Hauptverkehrsstraße, und es war nur ein 30 cm hoher Zaun, der die Kinder daran gehindert hätte, auf diese Strasse zu laufen.

Und in der Wohnung der Pflegeeltern waren da so sechs oder sieben Räume, die alle hintereinander waren. Die Frau lebte halt überwiegend in ihrem ersten Raum, in dem Aufenthaltsraum, und die Kinder konnten halt hin und her laufen. In dieser Wohnung kann man keinen Überblick bekommen über Kinder, was die machen. Das waren Sicherheitsaspekte, die ich beachtete. Ich wollte vermeiden, dass da mit den Kindern nicht auch noch zusätzlich was passiert. Deshalb habe ich sie bei mir behalten. Ich habe natürlich sofort Urlaub genommen, bin durch die ganze Situation auch krank geworden. Mein Hausarzt hat mich dann auch krankgeschrieben. Ich hatte dann auch eine ganze Weile die Zeit, mich um die Kinder zu kümmern.

Früher versorgte halt meine Frau zu hundert Prozent die Kinder und jetzt musste ich das nun alles machen. Das war natürlich für die Kinder sehr irritierend. Aber die haben sich da sehr schnell daran gewöhnt, dass das jetzt der Papa macht. Mittlerweile hat meine Tochter das begriffen. Mein Sohnemann hat da innerlich schwer dran zu knabbern, obwohl man es ihm nicht ansieht. Der wacht nachts auf, nein, der wacht gar nicht auf, der schreit im Schlaf. Der schreit im Schlaf laut. Ab und zu muss ich halt hingehen und ihm leichte Ohrfeigen geben, um ihn da herauszuholen."

Es ist so eine unvorstellbar traurige Geschichte, die mir *Dieter B.* da erzählte. Es sollte noch einige Zeit dauern, bis tatsächlich herauskam, was geschehen war. In Wahrheit hatte der Ehemann seine Frau getötet und im Keller unter einem Tisch vergraben. An mich hatte er sich gewandt, weil ihn Verwandte dazu gedrängt hatten, mich um Unterstützung bei der Suche nach der Vermissten zu bitten. Inzwischen wurde der Mann von einem Gericht zu einer langjährigen Haftstrafe verurteilt.

Von der Freundin vermisst – und von der Ehefrau gefoltert

Von solchen und ähnlichen Fällen weiß jeder erfahrene Beamte in den Vermisstenstellen der Polizei zu berichten. Darum haben sie auch ein gewisses Misstrauen, wenn Angehörige einen neuen Fall zu den Akten geben. Sie achten dabei auch auf Hinweise, die auf ein mögliches Verbrechen schließen könnten. So berichtete ein Polizeibeamter in einem Fachmagazin über die Vermisstenstelle der Berliner Kriminalpolizei: „Die Ermittlungen in Vermisstenanzeigen ergeben oft, dass an oder von Ver-

117

missten Straftaten begangen werden. In Berlin kann laut Statistik belegt werden, dass jährlich zwei bis fünf Vermisste Opfer von Kapitalverbrechen (Mord, Totschlag) geworden sind. Darüber hinaus wird in vielen Fällen ermittelt, dass gerade vermisste Kinder und Jugendliche Opfer von Straftaten werden (Homosexuelle, Prostitution)..."

Ich selbst konnte feststellen, welche Tragödie sich hinter einem augenscheinlich unerklärlichen Vermisstenfall verbergen kann. Zunächst hatte sich die Freundin von *Peter W.* aus dem Ruhrgebiet an die Polizei gewandt, nachdem er an seinem Geburtstag morgens die gemeinsame Wohnung verlassen und nicht mehr heimgekehrt war. Da es keine Hinweise auf ein Verbrechen gab und der Mann auch nicht hilfebedürftig war oder sich in einer besonderen Notsituation befand, lehnte die Polizei eine Registrierung ab. In Ihrer Not wandte sich die Frau schließlich an das von mir betreute Vermisstentelefon von „WDR-Vermisst". Wir veröffentlichten in unserer Sendung einen Bericht über das Verschwinden des Mannes – und halfen so, ein Verbrechen zu klären.

Der 48-jährige W. hatte am Tag seines Verschwindens seine ehemalige Ehefrau besucht. Hier erwartete ihn „die reine Hölle". Seine 18 Jahre jüngere, von ihm getrennt lebende Frau und ihr Freund quälten ihn drei Wochen lang im Keller ihres Hauses. Der Grund: Die Täter wollten von ihrem Opfer Geld erpressen, das er bei Anlagen- und Warentermingeschäften verdient und auf Konten in Luxemburg deponiert haben sollte. Das Kidnapping-Duo verlangte vergeblich mehrere hunderttausend Mark von W., der an seinem Geburtstag extra vorbeigekommen war, um über seine Finanzen zu sprechen. Doch als sich W. weigerte zu zahlen, weil er pleite sei, glaubten ihm die Täter nicht.

Der Freund der Ehefrau schlug den Anlageberater mit einem Baseballschläger nieder, dann fesselten die beiden ihn mit Handschellen und einer fünf Meter lange Hundeleine. Die Täter drohten ihm, er würde nie mehr Sonnenlicht sehen, sie würden ihm Finger und Zehen abschneiden, er müsse seinen eigenen Kot essen und seinen Urin trinken, wenn er ihnen nicht das Konto verrate und eine Vollmacht unterschreibe. Auch kündigten sie an, die Freundin zu entführen, zu vergewaltigen und zu foltern. W. beteuerte, nicht mehr Vermögen als maximal 10 000 Euro zu besitzen.

Während der 21 Tage dauernden Gefangenschaft folterten die Täter den Mann wiederholt durch Schläge, Wasser- und Schlafentzug, Ernährung mit Hundefutter oder Verbrennen der Geschlechtsteile mit heißem Kerzenwachs. „Erst als seine neue Freundin in der WDR-Sendung „Vermisst" mit Foto nach W. fahndete, banden ihn seine Peiniger los und legten ihn auf einer Parkbank neben der Autobahn ab", berichtete das Magazin

„Stern" später. Eine Autofahrerin fand den Schwerverletzten und alarmierte die Notrufzentrale.

Als W. in ein Krankenhaus eingeliefert wurde sah er laut „Stern" aus „wie das Folteropfer eines Terror-Regimes. Fesseln hatten seine Arme bis auf die Knochen durchgescheuert. Die geschwollenen Knie waren mit Schürfwunden übersät. Sein Hals war von einem Stachelband, wie es zum Bändigen von Kampfhunden verwendet wird, zerstochen. Sein Körper war unterkühlt und ausgetrocknet, die Nieren arbeiteten nicht mehr." Die beiden Täter wurden verhaftet und später vor Gericht gestellt.

Der Fall R. – den Täter nach 14 Jahren gefasst

Um Mord oder Totschlag geht es auch in einem anderen Vermisstenfall, der mich sehr berührt und bewegt hat. Im Juni 2006 erfuhr ich, dass die Dortmunder Polizei nach mehr als 14 Jahren die Ermordung einer 36-jährigen Frau aufgeklärt hatte. Der Fall hatte zunächst in den Akten der Vermissten-Registrierung begonnen. Niemand wusste, wo die Frau geblieben war. Dann, nach einem Jahr wurde ihr Leichnam in einem Waldstück gefunden. Eine damals am Tatort genommene DNA-Spur führte die Beamten Jahre später zu einem heute 37-jährigen Tatverdächtigen aus Rheinland-Pfalz. Der Mann gestand, die Frau im Wald mit einer Flasche erschlagen zu haben.

Immer häufiger hilft die moderne Technik der Polizei auch bei der Lösung von Vermisstenfällen. Die DNA-Probe, die zur Lösung des Falls führte, hatte die Polizei Anfang des Jahres 2006 im Zusammenhang mit einem anderen Verfahren genommen. „Der DNA-Treffer wurde bei einem ständigen Abgleich von Proben und Tatort-Spuren im Landeskriminalamt ermittelt", berichtete der Staatsanwalt.

Der mutmaßliche Täter gab an, dass er die Frau kennen gelernt und mit ihr freiwilligen sexuellen Kontakt gehabt habe. Später sei die Frau in dem Waldstück, wo später die Leiche gefunden wurde, gestürzt und bewusstlos liegen geblieben. Da sei er in Panik geraten und hätte sie mit einer Sektflasche erschlagen. Man darf gespannt sein, was die Ermittlungen der Polizei und schließlich die Gerichtsverhandlung noch ergeben.

Ich habe die Eltern der damals Vermissten vor über 14 Jahren kennengelernt. Sie schilderten ihre Erfahrungen für meine erste Fernsehreportage „Vermisst – über Menschen, die verschwinden, und jene, die sie suchen", die ich für das WDR-Fernsehen gemacht hatte. Die Mutter erzählte damals: „Ich kann mich noch ganz genau erinnern, wie das war. Ich war zum Einkaufen, und als ich zurückkam, etwa gegen 15.30 Uhr, rief unser Schwiegersohn an und fragte, ob unsere Tochter bei uns wäre. Ich sagte ‚Nein, wie kommst Du darauf?'. Und er sagte ‚Es ist schon sehr spät, und sie ist noch nicht von der Arbeit zurück, obwohl sie schon um 14 Uhr Schluss gemacht hat'. Darauf habe ich erwidert: ‚Vielleicht ist sie zum Arzt gegangen, weil sie sehr schwer erkältet war'. Nachdem mein Schwiegersohn dreimal angerufen hat und Angelika immer noch nicht da war, bin ich hellhörig geworden. Habe Krankenhäuser, Polizei und so weiter angerufen. Dann fuhr mein Mann gegen 19 Uhr in das Parkhaus, wo unsere Tochter immer ihren Wagen parkte, weil wir angenommen haben, vielleicht sitzt sie im Parkhaus und kann nicht weiter. Das Parkhaus war zu, und wir sind dann, inzwischen war auch unser Schwiegersohn bei uns eingetroffen, zur Polizei, um eine Vermisstenanzeige aufzugeben."

Als die Beamten auf der Polizeiwache erfahren, dass die Vermisste 36 Jahre alt ist, schicken sie die Angehörigen zunächst wieder nach Hause. „Wir müssten 24 Stunden warten, bis die Polizei etwas unternehmen könne und keine Anhaltspunkte für ein Verbrechen vorliege, hat man uns gesagt", erinnern sich die Eltern. Doch solange wollen die nicht warten - und offensichtlich auch die Polizei nicht, deren Streifenwagen-Besatzungen inzwischen auch nach dem gold-farbenen Scirocco der Vermissten Ausschau halten.

„Dann ging die Suche los", erzählten die Angehörigen. „Wir sind den Weg, den unsere Tochter normalerweise immer von ihrem Arbeitsplatz zu ihrer Wohnung fuhr, abgefahren. Wir haben rechts und links geguckt. Liegt was in den Büschen, steht der Wagen irgendwo? Wir haben nichts gefunden. Und dann habe ich die Wohnung unserer Tochter durchsucht. Nichts. Sie war auch in der Zwischenzeit nicht angekommen. Dann sind wir wieder zur Polizei. Haben nachgefragt, ob sie etwas von unserer Tochter gehört haben – nichts. Das Resultat war gleich null."

Zusammen mit dem Bruder und ihrem Schwiegersohn warten die Eltern schließlich in der Wohnung auf einen Anruf der Vermissten. In ihren Gedanken und Gesprächen sind sie hin- und hergerissen. Mal hoffen sie, dass die junge Frau im nächsten Moment an der Tür schellt – in der nächsten Minute befürchten sie das Schlimmste für die Frau: ermordet, verunglückt, entführt? Kurz vor Mitternacht hält es der Vater nicht mehr aus, und so macht man sich erneut auf die Suche, fährt systematisch alle Parkplätze der Innenstadt ab. Auf einem Gelände im Zentrum der Stadt finden sie den Wagen der Tochter. Der Innenraum, aber auch die Karrosse sind stark verschmutzt.

Jetzt beginnen intensive Ermittlungen der Polizei. Wie immer kommt es in solchen Fällen auf das Fingerspitzengefühl, den Sachverstand der

120

diensthabenden Beamten an, ob sie einen Vermissten-Fall eher als harmlos einstufen und davon ausgehen, dass die als verschwunden gemeldete Person in den nächsten Stunden oder Tagen zurückkommt, oder ob sie in einem Fall auf ein Verbrechen schließen, weil es aussagekräftige Hinweise – wie etwa den verschmutzten Wagen der Vermissten – gibt. Die zuständigen Kripobeamten in Dortmund wissen, dass sich hinter einem Vermisstenfall auch ein Mord verbergen kann – und handeln richtig.

Eine Beinah-Katastrophe der Kriminalistik ereignet sich zum Beispiel Anfang der 90er Jahre am Niederrhein – so einen Fall hat es in Deutschland selten gegeben. Da versuchte der 25-jährige *Konstantin K.* zusammen mit einem gleichaltrigen Komplizen mit System seine Angehörigen umzubringen. Das wäre ihm fast mit einem Trick geglückt: Er hat die Opfer immer als vermisst gemeldet. Die Morde wären möglicherweise ungesühnt geblieben – hätte sich ein Täter nicht nach der dritten Tat bei den Verhören durch die Polizei in Widersprüche verwickelt.

Was ist geschehen? Nach den Ermittlungen der Duisburger Mordkommission handelt der Täter *Konstantin K.* aus Habgier. Er will das Millionenvermögen seiner Pflegeeltern, die ihn als Dreijährigen aufgenommen haben. Die Familie *B.*, er Ingenieur und sie als Politikerin tätig, haben Konstantin und ein kleines Mädchen namens *Manuela* als Adoptivkinder angenommen. Die Kinder wachsen im Haus der *B.* auf. *Manuela* wird Arzthelferin und heiratet in Karlsruhe. *Konstantin* wird Gürtler und entwickelt sich mehr und mehr zum Außenseiter. Die Kinder werden gemeinsam als Erben im Testament des Ziehvaters aufgeführt. Aber, so gesteht *Konstantin* später der Kripo, er ist nicht mit der Hälfte zufrieden, er will alles und dann nach Neuseeland flüchten. Eine abscheuliche Mordserie beginnt.

Im November 1990 wird die 30-jährige Adoptivschwester *Manuela* als vermisst gemeldet. Erst zwei Monate später findet die Polizei in Nähe der A 5 ihre Leiche. In der ZDF-Fahnder-Serie „Aktenzeichen XY" sucht *Eduard Zimmermann* vergeblich den oder die Täter – niemand ahnt, dass der Bruder der Mörder ist. Spurlos verschwindet auch *Konstantins* Ex-Freundin *Tania S.* Die Italienerin muss sterben, weil sie zuviel von den kriminellen Aktivitäten ihres Freundes mitbekommen hat – ihre Leiche liegt angeblich irgendwo an der A 1 bei Bremen und ist bis heute nicht gefunden. Und zuletzt muss der Ziehvater *B.* sterben. Zwei Tage nach dem Krebstod seiner Frau wird der 64-jährige Mann zuerst durch Schläge betäubt, anschließend erschossen.

Einen Tag nach der Tat meldet *Konstantin* seinen Adoptivvater bei der Polizei als vermisst, verwickelt sich aber bei der Vernehmung derart in Widersprüche, dass er schließlich festgenommen wird. Nach intensiven

Verhören gesteht er schließlich die Ermordung seiner Freundin, der Schwester und seines Pflegevaters.

In der Vermissten-Statistik steckt so manches Verbrechen, und das wissen auch die Polizisten, die das Verschwinden der 36-jährigen Telefonistin aus dem Ruhrgebiet klären wollen. Sie sind sicher, dass die Vermisste nicht freiwillig verschwunden ist. Das Familienleben ist normal, es gab auch keine Probleme am Arbeitsplatz. Ein Beamter berichtet: „Wir müssen davon ausgehen, dass es sich hier nicht um einen normalen Vermisstenfall, wie immer der auch aussehen mag, handelt. Es treten hier so viele Besonderheiten auf, die wir eigentlich so werten müssen, dass ein Kapitalverbrechen vorliegt. Die Vermisste war sehr genau. Sie hat ihren Weg zur Arbeitsstätte immer genau eingehalten, sie hatte immer eine bestimmte Parkbox und sie kam immer pünktlich nach Hause. Über Beziehungen zu uns nicht bekannten Personen ist uns nichts bekannt. Wir werten den Fall so, dass der oder die Unbekannte die Vermisste in irgendeiner Weise aufgelauert haben und dass sie mit dem oder den Unbekannten irgendwohin gefahren ist. Wir wissen leider nicht wohin."

Die Aufklärung eines Verbrechens ist mit akribischer Detailarbeit verbunden. Eine Sysiphusarbeit, wie man sie nicht im Fernseh- oder Kinokrimi beobachten kann: Beim Verdacht auf Mord sind die Vermissten-Sachbearbeiter der Polizei meistens außen vor. Dann haben die Beamten des 1. Kommissariats – der Mordkommission – das Sagen. Das Foto der Vermissten wird veröffentlicht, eine genaue Beschreibung der Kleidung, die die Frau am Tag des Verschwindens trug: Eine rote Wolljacke mit Schalkragen, eine dunkle Cordhose mit dezentem Muster, einen schwarzen Pullover mit Intarsien und schwarze Sportschuhe.

„Das Fahrzeug spielte für uns eigentlich die größte Rolle. Das heißt, es war die einzige Spur, die wir nach dem Verschwinden der Frau hatten", berichtet ein Kriminalbeamter der Dortmunder Kripo und listet dann die Beobachtungen der Polizei-Spezialisten rund um das Fahrzeug auf. „Zunächst fiel auf, dass das Fahrzeug in einem total verdreckten Zustand war; und zwar über die Motorhaube und die Windschutzscheibe hinaus bis aufs Dach. Dazu muss gesagt werden, dass es Winter war und geregnet hatte. Bei einer Untersuchung durch den Erkennungsdienst des Bundeskriminalamtes wurden am Unterboden erhebliche Dreckmassen festgestellt, die darauf schließen ließen, dass das Fahrzeug aufgesessen haben muss. Bei dem Dreck handelte es sich um eine Bodenzusammensetzung wie sie im Münsterland vorkommt. Im Wagen selbst befand sich lediglich Schmutz aus der hiesigen Region und dem weiteren Ruhrgebiet. Das heißt für uns, dass das Fahrzeug nicht im Münsterland verlassen worden ist. Ansonsten hätte die Person, die das Fahrzeug verlassen hat,

122

Dreck mit in das Wageninnere bringen müssen. Im Wagen befanden sich außerdem ein Kuchenpaket und eine leere Kakaoflasche. Der Aschenbecher des Sciroccos war mit Zigarettenkippen gefüllt, sieben Stück einer bestimmten Marke."

Auffällig ist für die ermittelnden Polizeibeamten auch, dass der Fahrersitz und der Beifahrersitz bis zur hinteren Stellung zurückgeschoben worden sind. Bemerkenswert ist das deshalb, weil die außergewöhnlich kleine, nur 1,54 Meter große Vermisste den Fahrersitz immer in vorderster Stellung eingerastet hat. Es ist – gar keine Frage – in dem Scirocco am Tag des Verschwindens etwas Außergewöhnliches passiert. Die Mutter erinnert sich, wie entsetzt sie war, als sie auf dem Parkplatz zum ersten Mal ins Wageninnere sieht: „Es lagen Zigarettenkippen drin. Zigarettenasche war verstreut, obwohl wir alle Nichtraucher sind, auch meine Tochter. Und das Kissen, worauf meine Angelika immer im Wagen saß, weil sie so klein ist, dieses Kissen lag auf dem Boden vor dem Beifahrersitz. Und das war dann auch meine erste Reaktion: Ich schrie auf – und da hat das Kind gesessen."

Es ist viel, was die Angehörigen in solchen Momenten zu bewältigen haben: Die Angst um den geliebten Menschen, dem möglicherweise Schlimmes passiert ist, und die Verzweiflung, diesem Menschen nicht helfen zu können. Und dann ist da die Stille in der Nacht, in die man hineinhorcht, weil man damit rechnet, dass jeden Moment das Telefon oder die Türschelle läutet und sich die Vermisste meldet: Da bin ich wieder. Das quält so sehr, dass es fast unmöglich ist, einen klaren Gedanken zu fassen. Dazu malt die Phantasie schreckliche Bilder, etwa wie die Tochter, die Ehefrau, die Schwester gefoltert wird. Die erste Nacht nach dem Verschwinden der Tochter kann die Mutter nicht mehr genau beschreiben. Zu aufregend waren die Stunden der Vermisstensuche, zu verschwommen die Erinnerung an Gedanken, Handlungen und Gespräche. „Ich litt unter Höllenqualen", erinnert sie sich, „überall, wo wir nur eine Möglichkeit sahen, etwas zu erfahren, haben wir angerufen. Am ersten Abend und in den nächsten Tagen und Wochen. Überall, wo es einen Hinweis gab, ob im Bekannten- oder Verwandtenkreis, ist unser Junge hingefahren und hat gesucht, gesucht, gesucht und nichts gefunden."

In den nächsten Monaten dreht sich in der Familie fast alles um das Verschwinden der jungen Frau. „Wir hatten ein gutes Verhältnis zu unserer Tochter", erzählen die Eltern, „ich meine, sicher sind kleine Unstimmigkeiten vorgekommen. Wenn nicht, wäre das ja nicht normal gewesen. Wir Eltern haben viel mit unserer Tochter unternommen und sind, bis sie ihren Mann kennen gelernt hat, auch zusammen in Urlaub gefahren. Mein Mann und ich können immer nur sagen, und auch die Leute, die unsere Tochter kannten, meinen das: sie war ein liebes, ruhiges Mädchen, frei-

123

willig ist sie nicht weg. Wenn das der Fall gewesen wäre, hätte sie sich bei uns gemeldet. Sie hätte das nicht übers Herz gebracht. Entweder ist sie betäubt oder verschleppt worden oder sonst was..."

Das Ehepaar investiert seine Ersparnisse, um einen Detektiv zu bezahlen. Doch er findet ebenso wenig eine Spur wie die Polizei, die mit ihren Ermittlungen lange Zeit nicht weiter kommt. Es gibt keine Zeugen, die die Vermisste oder den Wagen, der nachweislich am Tag des Verschwindens der Frau rund 200 Kilometer weit gefahren wurde, gesehen haben. Mehrmals wenden sich die Kriminalbeamten an die Öffentlichkeit, bitten die Bevölkerung über Zeitungen, Rundfunk und Fernsehen um Hilfe. Der Ehemann der Vermissten lässt Fahndungsplakate drucken, die er in Kaufhäusern, Geschäften und in Dienststellen der Post aufhängt. „Bringen Sie mir meine Frau zurück", fleht der 39-jährige Mann. Erst wenige Monate vorher hatte das Paar geheiratet.

Im März 1992, ich sitze gerade im Schneidestudio des WDR und arbeite an der Endfassung meiner Fernsehreportage „Vermisst! Über Menschen, die verschwinden und jene, die sie suchen" erhalte ich einen Anruf: Die Leiche der jungen Frau sei gerade gefunden worden - die Vermisste wurde ermordet. Rund ein Jahr nach dem Verschwinden wird die Leiche entdeckt. In einem Waldstück in Nähe der A 44 haben Waldarbeiter die Überreste der Telefonistin gefunden. Massive Schädelverletzungen – so ergeben die Untersuchungen – haben zum Tod geführt. In Nähe der halbverwesten Leiche liegen persönliche Papiere der Frau, eine Geldbörse, ein Schlüsseletui, an dem die Wohnungsschlüssel fehlen und eine Weinflasche. Schon wenige Tage später melden sich Zeugen, die am Tag des Verschwindens den gold-farbenen Scirocco mit einem unbekannten Mann in der Nähe des Tatorts gesehen haben wollen. Doch der Täter blieb die nächsten Jahre unentdeckt. Während ich im Sommer 2006 an dem Manuskript für dieses Buch arbeite, informiert mich der Redakteur des WDR, der damals meine Fernsehdokumentation betreute, dass der Vermisstenfall geklärt, ein Mord aufgeklärt wurde. Der Täter befindet sich in Untersuchungshaft.

Andrea W. – die Entführer und Mörder leben noch mitten unter uns

Einer der ungewöhnlichsten Vermisstenfälle, der mich schon weit über ein Jahrzehnt immer und immer wieder beschäftigt, ist das Verschwinden der damals 19 Jahre alten *Andrea W.*. Im August 1991 erhielt ich – wie Freunde und Bekannte der Familie W. aus Süddeutschland auch – eine Din A 4 große Karte. Auf gelblichem Büttenpapier ist ein junges Mädchen abgebildet. Darunter steht in schwarzer Schrift *„Andrea W., geboren: 24.10.1959, vermisst: 31.8.1981 auf Ibiza (Spanien)".* Daneben ist ein Text

124

gedruckt: „Wir erinnern an unsere innigstgeliebte *Andrea*. Seit zehn Jahren gilt *Andrea* als vermisst – von einem Urlaub nicht mehr zurückgekehrt. Trotz größter Bemühungen konnte ihr Schicksal bis heute nicht aufgeklärt werden. Wir werden nie aufhören, nach *Andrea* zu suchen und empfehlen sie in der Zwischenzeit der Fürsorge Gottes."

Wenn es je eine beispielhafte Initiative von Angehörigen gegeben hat, dann die Suche nach *Andrea W.*. Sie führte die Familie an den Rand des wirtschaftlichen Ruins und in ein Minenfeld größter Enttäuschungen. *Christel W.*, die heute unter anderem Namen im Süden Deutschlands lebt, ist zu Recht „der Auffassung, selbst alles Menschenmögliche getan zu haben, um das Schicksal meiner Tochter zu erforschen". Sie recherchierte vor Ort, investierte ihr Vermögen in die Privatsuche, beschäftigte Rechtsanwälte und Detektive, wandte sich an Politiker wie Bundeskanzler *Dr. Helmut Kohl* oder den spanischen Präsidenten *Gonzales*. Doch bis heute ist *Andrea* nicht zurückgekehrt.

Was geschah nun auf der spanischen Ferieninsel Ibiza? Im August 1981 fliegen *Andrea W.* und eine Freundin dorthin, um Urlaub zu machen. Sie quartieren sich in einem Doppelzimmer im Hotel „Florida", 12 Kilometer außerhalb von Ibiza-Stadt, ein. Am 28. August lernen die Freundinnen einen Deutschen und einen Österreichers kennen, mit denen sie in Nähe des Hafens von Ibiza-Stadt das Restaurant „Marisol" besuchen. Später wechseln sie gemeinsam ins Restaurant „La Terra", wo *Andrea* einen Kakao mit Rum trinkt.

Dann beginnt das Verhängnis: Gegen Mitternacht wird es *Andrea* schlecht. Ihr Zustand verschlimmert sich, die 22-Jährige hat nur noch einen Wunsch, sich hinzulegen. Der Österreicher verabschiedet sich aus dem Kreis, der Deutsche bietet dem Mädchen an, sich auf seinem Boot „Gitana", das im Hafen vor Anker liegt, auszuruhen. *Andrea* willigt ein und wird zum Schiff gebracht. Hier bleibt sie allein zurück, während ihre Freundin mit dem Deutschen in der Nacht noch verschiedene Diskotheken besucht und später allein ihr Hotelzimmer aufsucht und dort die Nacht verbringt.

Was in der Nacht und dem darauf folgenden Tag auf dem Schiff passiert, kann bis heute niemand außer jenen, die mit dem Verschwinden der jungen Frau zu tun haben, genau sagen. Fest steht: *Andreas* Freundin hat gesehen, wie *Andrea* auf das Schiff ging, und Zeugen haben das Mädchen am nächsten Tag auf Deck völlig apathisch, vollständig bekleidet in der Sonne liegend und bei der Ausfahrt des Schiffes aus dem Hafen an Bord gesehen. Seitdem wird die Deutsche vermisst.

„*Andreas* Freundin kehrt am 1. September allein aus Spanien zurück", berichtet *Maria W.*, „zu diesem Zeitpunkt erfuhr ich zum ersten Mal und zu meinem Entsetzen von ihr über das Geschehen der vergangenen Tage".

125

Die Mutter schaltet das deutsche Konsulat in Spanien ein, setzt sich mit dem Hotel in Verbindung und erfährt dort, dass sich die gesamte persönliche Habe der Tochter – Reisegepäck, Flugticket, Reisepass, Bargeld und Schecks – noch dort befindet.

Die Mutter hat ein gutes Verhältnis zur Tochter. „Jedwede Entscheidung zur eventuellen Veränderung ihrer Lebensumstände oder ihres Lebensraumes hätte sie offen sowohl mit als auch gegen Billigung ihrer Angehörigen vornehmen können", meint *Christel W.*, „weder aus familiärer noch aus beruflicher Sicht – meine Tochter war als Industriekauffrau dem Betrieb meines Vaters zugehörig – findet sich eine Erklärung für das Verschwinden."

Die besorgte Mutter fliegt auf die Insel, geht zur Polizei, zum deutschen Konsulat und versucht, den Reiseverlauf der Tochter bis zum Verschwinden zu rekonstruieren, und Spuren, die zu ihrer Tochter führen könnten, zu finden. Sie verteilt Fotos der Tochter, forscht in Krankenhäusern, beauftragt deutsche und spanische Anwälte mit Recherchen. In den Monaten und Jahren danach ermitteln unterschiedliche deutsche und spanische Polizeibehörden. Mehrmals wird im Verlauf der polizeilichen Ermittlungen der deutsche Bootsbesitzer in Spanien festgenommen, verhört und wieder freigelassen – er soll wegen Entführung des Mädchens angeklagt werden, doch bis heute fand keine Gerichtsverhandlung statt.

Die Recherchen der Mutter, die immer wieder nach Ibiza reist, um die Aufklärung des Verschwindens ihrer Tochter voranzutreiben, die Nachforschungen von Reportern und die Ermittlungen von Polizei, führen schließlich in ein undurchsichtiges Zuhälter- und Mädchenhändler-Milieu, in dem Aussagen erpresst, erlogen, und später wieder zurückgezogen werden. Die Dimension der kriminellen Aktivitäten zeigt sich schließlich im ganzen Ausmaß, als ein Ehepaar aus Deutschland, das im spanischen Benidorm überfallen worden ist, feststellt, dass ein dritter Deutscher, der auch mit dem Verschwinden von Andrea in Verbindung gebracht wird, auch in ihren Fall verwickelt ist.

Das Ehepaar aus Norddeutschland besucht in Benidorm eine Diskothek. Nach dem Genuss eines Getränks wird dem Ehemann zuerst schlecht und er wird vorübergehend ohnmächtig Die Ehefrau wird bei einem Gang zur Toilette von mehreren Männern entführt und auf ein Schiff geschleppt, wo sie erfährt, dass sie noch in der Nacht nach Marokko transportiert werden soll. Doch das Schiff, das sie abholen soll, kommt nicht. Dafür erscheint am Morgen ein Deutscher, der sich für das schlechte Benehmen seiner Besatzung entschuldigt, sich dann anbietet, sie zu ihrem Ehemann zurückzubringen. Die Frau begleitet den Mann, der sie dann aber in einem Hotelzimmer vergewaltigt und verschwindet. Die Entführte identifiziert den Deutschen später als jenen Deutschen, auf dessen Schiff in Ibiza *Andrea* verschwunden ist. Für diese Entführung und Vergewaltigung ist der Mann nie vor ein Gericht gestellt worden.

Im Dezember 1982 wird er allerdings in Alicante festgenommen. Kriminalbeamte der deutschen Polizei fliegen nach Spanien, um ihn zu verhören. Er liefert ihnen gleich eine Auswahl von Geständnissen: Mal ist *Andrea* beim Baden ertrunken, ein anderes Mal starb sie nach einer Vergewaltigung durch einen anderen Täter. Dann wieder sprang sie ins Meer und ertrank, als sie während ihrer Entführung auf hoher See auf ein anderes Schiff übergeben werden sollte. Das Ergebnis der Ermittlungen: Drei Männer, von denen mindestens einer der Täter und die anderen Mitwisser sind, leben nach wie vor in Freiheit ...

Nicht zu wissen, was mit einem geliebten Menschen passiert sein könnte, ist schon schlimm. Anhaltspunkte dafür zu haben, dass die Tochter Opfer von Mädchenhändlern geworden ist, bedeutet für die Angehörigen die Hölle. Das Schicksal von *Andrea W.* und das ihrer Angehörigen hat mich so berührt, dass ich mir vorgenommen habe, dieses Vermisstenschicksal weiter im Auge zu behalten und jede Gelegenheit zu nutzen, die sich bietet, um darauf aufmerksam zu machen.

Das ist besonders wichtig, weil vor allem der spanischen Polizei Versäumnisse bei den Ermittlungen vorzuwerfen sind. Sie hat bei dem Verschwinden von *Andrea W.* keine korrekte Spurensuche vorgenommen. Ermittlungen wurden nur halbherzig und ungenügend geführt. Zeitweise waren Akten verschwunden. Auch hat die Zusammenarbeit der deutschen und spanischen Polizeibehörden nicht oder nur ungenügend funktioniert. Bis heute hat die Polizei in Deutschland noch nicht alle Akten der spanischen Behörden eingesehen. Allerdings hat die spanische Polizei diese schon in den 80er Jahren für immer geschlossen. Die einzige Lösung, um Klärung in den Fall zu bringen, wäre noch einmal in Deutschland mit den Untersuchungen zur Klärung des Verschwindens von *Andrea W.* – aber auch des Überfalls auf das deutsche Ehepaar aus Hamburg – bei „null" zu beginnen.

Im Rahmen der Recherchen für dieses Buch habe ich mich schließlich auch an eine befreundete Journalistin gewandt, die zum 25-jährigen Vermisstsein von *Andrea W.* eine Reportage schrieb, und an den FDP-Politiker *Alexander Alvaro*, Mitglied des Europäischen Parlaments. Dem Abgeordneten, Mitglied auch des Bundesvorstands der FDP, schrieb ich Folgendes: „Sehr geehrter Herr Abgeordneter *Alvaro*, ich nehme Kontakt zu Ihnen auf, weil ich mir zumindest einen Rat, wenn nicht Unterstützung von Ihnen erhoffe: Es geht um einen Vermissten-Fall mit Kriminalitäts-Hintergrund, der Verschleppung und vermutlichen Ermordung einer 22-jährigen Deutschen auf Ibiza vor 25 Jahren. Dieser Fall ist noch immer nicht aufgeklärt, obwohl es mehrere Tatverdächtige gibt. Die Zusammenarbeit zwischen deutschen und spanischen Behörden hat nur teilweise funktioniert. Noch immer ist der Fall nicht abgeschlossen, nach jüngsten Informationen durch die Angehörigen der Vermissten haben die deutschen Behörden nie in vollem Umfang die Akten zu dem mutmaßlichen Verbrechen aus Spanien erhalten. Als erste Information übersende ich Ihnen als Anlage ein Fakten-Papier. Ihr inzwischen verstorbener Kollege im Europäischen Parlament, Herr *Dr. Zarges*, hat sich bereits damit in den 80er Jahren befasst. Dazu übersende ich Ihnen als Anlage seine Einschätzung des Falles. Meines Erachtens sollte sich der LIBE-Ausschuss mit diesem Fall einmal befassen, weil er dokumentiert, wie die Zusammenarbeit zwischen Polizeibehörden in der Gemeinschaft nicht funktioniert; darüber hinaus und nicht zuletzt sollte über den Ausschuss den Angehörigen geholfen – als eine Aufklärung des Falles forciert – werden. Die Mutter hat über viele Jahre ihr Vermögen für „Ermittlungen" etc. ausgegeben und ist heute schwer krank...."

Der Europaabgeordnete und Rechtsanwalt *Axel N. Zarges*, auf den ich mich in meinem Brief beziehe, hatte 1986 festgestellt, „dass zwar mit Sicherheit erhebliche Verdachtsmomente gehen alle drei Täter bestehen, aber im Hinblick auf die Tatsache, dass alle wiederholt gelogen haben, objektiv zulässige Beweismittel nicht zur Verfügung stehen, nicht festgestellt werden kann, wer wirklich als Täter in Frage kommt. Ich habe aber auch den Eindruck, um das einmal in einer Offenheit zu sagen, dass von einer Verschleppung ihrer Tochter nicht die Rede sein kann, einer der drei Personen hat aus Gründen, die wir alle nicht kennen, ein Verbrechen an ihrer Tochter begangen. Ich kann nur hoffen, dass wir durch Einblick in die spanischen Akten mehr erfahren, das Dunkel des jetzigen Ermittlungsstandes ein wenig erhellt wird."

Als der Europaabgeordnete diesen Brief schrieb, hatten die spanischen Behörden das Ermittlungsverfahren bereits endgültig abgeschlossen. Nach deutschem Recht geht das nicht, da Mord – und der Verdacht besteht im Fall des Verschwindens von *Andrea W.* – bei uns nicht verjährt und die Akten nie geschlossen werden. Die schlampige Zusammenarbeit zwischen den deutschen und spanischen Behörden zeigt sich auch darin, dass erst 1997, also über zehn Jahre nachdem die Spanier den Fall als abgeschlossen betrachteten, Aktenauszüge an die deutschen Ermittler geschickt wurden. Ein solches wirres, stümperhaftes Verfahren ist ein Fall für die deutschen und spanischen Bundesregierungen und Parlamente und ganz sicher für das europäische Parlament, das an diesem Beispiel eindrucksvoll feststellen kann, wie grenzübergreifende Kriminalitätsbekämpfung nicht funktioniert.

Der Europaabgeordnete *Alvaro* verspricht mir, sich um die Angelegenheit zu kümmern und sowohl bei deutschen Behörden zum Stand der Ermittlungen nachzufassen, wie auch mit spanischen Kollegen im Parlament zu sprechen, wie man die Aufklärung des Verbrechens vielleicht doch noch vorantreiben und die Ermittlungen der deutschen Polizei und Staatsanwaltschaft doch noch unterstützen kann. Er setzte sich inzwischen mit einem EU-Kollegen aus Spanien in Verbindung und schaffte einen Kontakt zur spanischen Regierung. Die Kölner Staatsanwaltschaft, an die ich mich in dieser Sache gewandt habe, teilt mir im August 2006 mit, dass man weiter nach einem der Beschuldigten suche. Dessen Aufenthaltsort ist aber seit Jahren unbekannt.

Für mich ist der Fall *W.* ein typischer Fall von: „Wo kein Kläger, ist kein Richter". Niemand mehr fühlt sich wirklich verantwortlich für die Aufklärung dieses Verbrechens. *Kathrin Lenzer*, Reportage-Chefin der „Rheinischen Post" in Düsseldorf, schreibt zu einem traurigen Jubiläum, 25 Jahre nach dem Tag, als *Andrea W.* verschwand, eine ergreifende, Aufsehen erregende Geschichte in ihrer Zeitung. „Heute vor 25 Jahren verschwand eine junge Deutsche auf Ibiza. Ihre Spur verliert sich im Mädchenhändler-Milieu, dem auch ein Solinger und ein Kölner angehören. Kein deutscher Polizist ermittelt mehr in diesem Fall. Nur die Mutter sucht weiter obwohl sie damit ihr Leben aufs Spiel setzt", heißt es im Vorspann dieser Story: „ Die Geschichte endet, wie sie heute vor 25 Jahren begann: *Andrea* ist weg. In diesen gut zwei Jahrzehnten hat eine Mutter Fürchterliches ertragen, ihr Leben riskiert, immer weiter gekämpft, haben Polizisten Verdächtige verhört, verhaftet und wieder freigelassen, haben Anwälte ermittelt, Aktenordner gefüllt und beiseite gelegt, haben viele offenbar nicht genug und eine Mutter alles Menschenmögliche getan. Es änderte nichts. Andrea ist weg.... Was ihr widerfährt, werden später vier Tatverdächtige, darunter der Kölner *Rainer P.* und der Solinger *Dirk P.*, schildern, jeder eine andere Version. ‚Andrea ist an ein Bordell nach Afrika verkauft worden.' ‚Andrea ist bei der Übergabe auf See über Bord gefallen.' ‚Andrea ist vergewaltigt worden, ins Meer gesprungen, von der Schiffsschraube erschlagen worden.'"

Die Reporterin berichtet auch, wie die Behörden arbeiten und was die Mutter von *Andrea W.* bei der Suche nach ihrer Tochter ertragen muss: „Die Kölner Staatsanwaltschaft, die in Deutschland ermittelt, ‚fühlt sich machtlos'. Die spanischen Kollegen kooperieren nicht, halten die Akten unter Verschluss. Die Arbeit der Behörden, *Christel W.* übernimmt sie. Und mehr. Sie schreibt Petitionen, beauftragt Detektive, spürt den Verdächtigen nach, reist wieder und wieder nach Ibiza. ‚Mein letztes Geld habe ich ausgegeben. Es war für mein Kind.' Wie mächtig und menschenverachtend das Milieu ist, in dem sich *Andreas* Spur verliert, erfährt die

Mutter am eigenen Leib. Am Telefon drohen ihr Unbekannte: ‚Wir bringen Dich um.' Sie bezahlt Dunkelmänner für Informationen, die sie nicht bekommt. Trittbrettfahrer. *Christel W.* nennt sie ‚Ratten'. Sie erwirkt Haftaufschub für einen niederländischen Zuhälter im Tausch für ein Video, das *Andrea* im Bikini zeigt, gefilmt auf Ibiza wenige Tage vor ihrem Verschwinden. ‚Wissen Sie, was es für eine Mutter heißt, die letzten Bilder ihres Kindes zu sehen?', fragt *Christel W.*"

RP-Redakteurin *Kathrin Lenzer* erzählt auch, wie einer der Tatverdächtigen versucht, die Mutter ins Ausland zu locken. *Dirk P.* rief an und versicherte, die Tochter würde im arabischen Bahrain leben und in einer Parfümerie arbeiten; sie sei einer Gehirnwäsche unterzogen worden und könne sich an ihr bisheriges Leben nicht mehr erinnern: „*Christel W.* soll am Münchner Flughafen einen Mann treffen. ‚Bringen Sie 40 000 Dollar mit, zahlen Sie die zwei Flüge nach Bahrain. Dort bekommen Sie *Andrea* wieder.' Die Polizei überprüft *P.s* Angaben und rät: ‚Fliegen Sie nicht! Das ist eine Falle, um Sie umzubringen.'"

„Nach Informationen unserer Zeitung wird die Akte *Andrea W.* bei der Kölner Staatsanwaltschaft zuweilen auf- und wieder zugemacht", schreibt die RP-Reporterin *Kathrin Lenzer* und fragt am Ende ihres Artkels: „Kein deutscher Polizist ermittelt mehr. Bleibt ein Mord ungesühnt?"

Im Ausland vermisst – wie das Auswärtige Amt und das BKA helfen

Rund 1 000 Deutsche werden jedes Jahr als im Ausland vermisst gemeldet. Erste Anlaufstation ist für viele Angehörige die Deutsche Botschaft oder eine konsularische Vertretung in dem jeweiligen Land. Doch nicht immer wird in einem Umfang geholfen, wie es sich ein Bundesbürger erhofft.

„Wegen der großen Zahl deutscher Auslandsurlauber haben unsere Auslandsvertretungen bei der konsularischen Betreuung von Hilfesuchenden ein enormes Arbeitspensum zu bewältigen. Im statistischen Mittel halten sich jeden Tag über 6 000 neue deutsche Auslandsurlauber im Amtsbezirk jeder unserer Auslandsvertretungen auf. Botschaften, die pro Jahr mehr als 10 000 aktive Hilfefälle zu bearbeiten haben, sind keine Seltenheit", schreibt das „AA" auf seinen Internetseiten, wo es eine umfangsreiche Informationsplattform für alle wichtigen Fragen im Notfall gibt, „gerade in touristischen Zentren kommt es häufig zu Hilfeersuchen, die unsere Auslandsvertretungen mit zum Teil hohen Ansprüchen konfrontieren. Die Vertretungen können und dürfen die innerdeutschen Behörden nicht ersetzen; sie sind auch keine Filialen deutscher Reisebüros oder deutscher Banken. Sie können aber in Notfällen aufgrund ihrer ausgeprägten Orts- und Situationskenntnis Informationen und Ratschläge erteilen und auch selbsttätige Hilfe leisten, damit die Hilfesuchenden möglichst rasch in die Lage versetzt werden, sich aus ihrer Notlage zu befreien. Dank der Verbesserung des internationalen Bankensystems sind heute Geldüberweisungen und Benutzung der Kreditkarten in den entferntesten Winkeln der Erde kaum noch ein Problem, so dass ein großer Teil der täglich anfallenden Hilfefälle mittels einer fundierten Beratung durch Konsularbeamte geregelt werden kann. In streng definierten Einzelfällen darf eine deutsche Auslandsvertretung auf der Grundlage des Konsulargesetzes (§ 5 KG) auch finanzielle Hilfestellung leisten. Die in Anspruch genommenen Leistungen sind in jedem Falle zurückzuzahlen. Unbezahlte Hotelrechnungen, Bußgelder oder offene Krankenhausrechnungen darf ein Konsularbeamter grundsätzlich nicht begleichen."

Grundsätzlich rät das Auswärtige Amt allen Bundesbürgern, dass sie zunächst eine Vermisstenanzeige bei ihrer örtlichen Polizeidienststelle aufgeben sollen, wenn jemand verschwunden ist. Bei der Feststellung des Aufenthaltes von Personen, die im Ausland vermisst werden, können aber darüber hinaus die Auslandsvertretungen der Bundesrepublik Deutsch-

---

Tipp: So hilft eine Auslandsvertretung

– Bei Geldverlust werden Kontakte mit Verwandten oder Freunden zu Hause vermittelt.

– Es wird über Möglichkeiten von Geldüberweisungen aus der Heimat informiert (Blitzgiro, telegrafische Postüberweisung, Western Union Money Transfer). In Ländern, in denen diese Überweisungswege nicht vorhanden sind, wird Gelegenheit zur Überweisung über die Auslandsvertretung ermöglicht.

– In Einzelfällen zahlt man ein Überbrückungsgeld, das zurückzuzahlen ist.

– Wenn die eigenen Hilfsmöglichkeiten erfolglos ausgeschöpft wurden, sorgt die Vertretung für die Rückkehr nach Deutschland, die Kosten müssen die Betroffenen später erstatten.

– Wenn Deutsche Probleme mit ausländischen Behörden haben, wird vermittelt. Bei Bedarf wird ein vertrauenswürdigen Anwalt, Arzt, Facharzt, Dolmetscher oder Übersetzer vor Ort benannt.

– Im Falle einer Festnahme stellt die Vertretung auf Wunsch die anwaltliche Vertretung sicher und unterrichtet die Angehörigen.

– Beim Tod eines deutschen Staatsangehörigen wird die Benachrichtigung der Hinterbliebenen veranlasst; bei der Erledigung von Formalitäten vor Ort ist man behilflich.

land helfen. „Voraussetzung hierfür ist, dass die anfragende natürliche Person im Besitz der deutschen Staatsangehörigkeit ist oder die anfragende juristische Person ihren Sitz nachweislich im Inland hat", heißt es beim „Auswärtigen Amt": „Wie der Aufenthalt einer gesuchten Person konkret ermittelt wird, hängt von den Umständen des Einzelfalles bzw. von den Gegebenheiten im Aufenthaltsland ab. Da viele Staaten nicht über Meldesysteme oder Meldeämter verfügen, gestalten sich Nachforschungen oftmals schwierig und zeitaufwändig. Der Anfragende muss daher den Konsularbeamten bei der Ermittlungsarbeit mit allen sachdienlichen Hinweisen unterstützen.

Dabei sind folgende Angaben – so das AA – von großem Nutzen: Benennung des Staates (möglichst auch der Region), in dem sich der/die Gesuchte vermutlich aufhält, letzter Wohnsitz im Inland, Zeitpunkt und Grenzübergang der Einreise in den Aufenthaltsstaat, Arbeitgeber, Anschriften von Freunden und Bekannten im Aufenthaltsland, Zweck des Aufenthalts. Bei der Suche nach Personen kann die Auslandsvertretung grundsätzlich auch auf eigene Daten zurückgreifen. „Vor der Weitergabe datengeschützter Angaben über Personen sind von der Auslandsvertretung jedoch die datenschutzrechtlichen Schranken zu beachten", beschreibt das „Auswärtige Amt" den Fall, dass Mitarbeiter herausfinden, wo sich eine vermisste Person im Ausland aufhält, „außerdem hat sie zwischen dem berechtigten Interesse des Anfragenden und dem schutzwürdigen Interesse des Betroffenen abzuwägen. In solchen Fällen wird sie in der Regel mit dem Betroffenen eine vorherige Kontaktaufnahme anstreben und das Einverständnis erfragen, ob der derzeitige Aufenthalt dem Anfragenden mitgeteilt werden kann."

Wenn im Ausland ein Vermisstenfall eintritt – davon kann man ausgehen – sind die Angehörigen weitgehend auf sich allein gestellt. Weder Auswärtiges Amt noch deutsche Polizei können wirklich schnell und unbürokratisch helfen. Ein Vermissten-Experte bei der Polizei erklärte mir: „Wir haben keine FBI-Agenten. Wir sind ,Schreibtischtäter' hier vor Ort. Eine Behörde in Deutschland hat nicht die kleinste Chance, auch im Ausland tätig zu werden, wenn die Behörden es dort nicht wollen."

Eine Auslandsfahndung der Polizei läuft nach einem ziemlich genau festgelegten Verfahren ab. Voraussetzung ist, dass nicht nur im Inland nach einer vermissten Person gesucht wird, sondern dass es ernsthafte Hinweise auf den Aufenthalt einer vermissten Person im Ausland gibt. Über das Bundeskriminalamt wird Interpol eingeschaltet, und über diese Stelle wird die Polizei des jeweiligen Staates kontaktiert. Zum Start dieser Auslandsfahndung werden eine Reihe von Angaben benötigt: Personalien und Staatsangehörigkeit der vermissten Person, eine Personenbeschreibung, mitgeführte Ausweispapiere mit Ausstellungsdatum, -ort und - nummer, die gewünschte, so genannte Fahndungszone und nach Möglichkeit Anhaltspunkte für eine gezielte Fahndung wie auch der letzte Wohn- und Aufenthaltsort im Inland und den Grund des Vermissens. Bei Minderjährigen und Entmündigten werden außerdem Name und Anschrift des Sorgeberechtigten und Hinweise zur Übernahme der Rückführungskosten und der Art der „Rückführung" – ob privat oder in Begleitung einer Amtsperson – aufgeführt. Diese Hilfeersuchen werden – wenn nötig – in die so genannten Interpol-Sprachen (Englisch, Französisch, Spanisch und Arabisch) übersetzt – nur einige fremdsprachige Länder nehmen Auslandsfahndungen der Deutschen in deutscher Sprache an.

Karlheinz K. und die Flucht vor sich selbst – das dritte Mal USA

Manchmal erhalten Angehörige von Vermissten aber auch im Ausland von den dortigen Behörden so viel Unterstützng, dass sie die Hilfe der Deutschen Botschaft nicht benötigen. Zwei Mal war *Karlheinz K.* – beide Male schwer krank – von zu Hause verschwunden. Nach Aufenthalten in verschiedenen Kliniken und dank ärztlicher Behandlung hatte sich sein gesundheitlicher Zustand so weit wieder stabilisiert, dass er sogar Dienstreisen unternehmen konnte. Es war im Herbst 2001, knapp zwei Monate nach dem Terroranschlag auf das World Trade Center, als er für mehrere Wochen geschäftlich nach Amerika reiste.

„Ich dachte wirklich: Er hat es geschafft, er ist über den Berg", erinnert sich *Maria A.*, „doch dann in der zweiten Woche rief er mich aus Massachusetts an, und da merkte ich, da stimmt was nicht. Wir hatten fast täglich Kontakt. Er rief mich von einem Hotel aus an und war total aufgedreht und erzählte voller Begeisterung, er hätte unser Traumhaus gefunden. Das wäre grauweiß gestreift, und der Rasen wäre auch gestreift."

Solch ein Verhalten war für den 50-jährigen *Karlheinz K.,* ein ruhiger, introvertierter Mensch, ungewöhnlich. Er hat Humor, man kann mit ihm auch viel Spaß haben, aber er ist mehr der zurückhaltende Typ. Zwei Tage später begann das Chaos. *Karlheinz K.* war weiter nach New York City gereist, genau an dem Tag, als ein Airbus im Stadtteil Queens abgestürzt war. Über 260 Menschen starben.

Maria A. rief sofort in dem Hotel in New York an, in dem ihr Freund abgestiegen war. Sie erreichte ihn auch: „Er schrie: ,Maria, ich wusste, dass das passieren würde, das war wieder diese schreckliche Terrorgruppe, und ich wusste, dass heute was passieren würde. Die Welt geht unter, und der Teufel steckt dahinter.'"

133

Karlheinz K. war völlig außer sich. Die Freundin konnte ihn nicht beruhigen. Im Fernsehen liefen die Bilder der Flugkatastrophe, deren Ursache technisches Versagen und nicht ein Angriff einer Terrorgruppe war, über den Bildschirm. Nach diesem Gespräch beschloss die Freundin, nach New York zu fliegen. Sie spürte, dass sich die Krankheit des 50-Jährigen wieder verstärkt hatte. Doch als sie zwei Tage später an der Rezeption des Hotels in Manhattan stand, teilte man ihr mit, dass *Karlheinz K.* verschwunden sei. In seinem Hotelzimmer befanden sich wertvolle Geschäftsunterlagen, darüber hinaus eine fast leere Flasche Whisky und viele leere Bierdosen. „Mein Freund trank fast nie Alkohol, höchstens einmal im Winter ein, zwei Whisky nach einem langen Spaziergang", sagt *Maria A.* Sie befürchtete, dass ihr Freund nicht nur zu viel Alkohol getrunken, sondern dazu auch noch Medikamente, Psychopharmaka, eingenommen hatte – eine gefährliche Mischung auch für gesunde Menschen. Sie bemerkte auch, dass *Karlheinz' K.* Kleidung im Schrank hing, aber Geld, Pass, Kreditkarten und eine Aktentasche weg waren.

Der Hoteldirektor empfahl *Maria A.*, die Polizei einzuschalten. Er berichtete der Deutschen, dass der Gast am Tag des Flugzeugabsturzes laut schreiend und wie von Sinnen über den Flur gerannt sei. Viele Hotelgäste hätten sich beschwert, so dass sich Security-Mitarbeiter um ihn gekümmert hätten. Man habe auch die Polizei gerufen und einen Krankenwagen bestellt, aber als *Karlheinz K.* die Lichter des Rettungswagens gesehen habe, sei er geflüchtet. Erst spät am Abend sei er zurückgekehrt, habe sich für seine Ausfälle entschuldigt und dann stundenlang in der Lobby in einem Sessel gesessen und vor sich hin gestiert. Das war das letzte Mal, dass man ihn gesehen hatte.

„Zwei typische New York Cops, breite Schultern, große Typen, irische Nachnamen, kamen kurze Zeit später, haben sich die Geschichte angehört und das sehr ernst genommen", erinnert sich *Maria A.*. „Ich war fassungslos und gleichzeitig glücklich, weil man sich außergewöhnlich gut um mich kümmerte. Gleich mehrere Personen standen mir zur Seite: die zwei New Yorker Cops, denen ich es so was von hoch anrechne, dass sie sich um die Freundin eines durchgeknallten Typen aus Europa kümmern, während sie selbst doch an Ground Zero mehr als genug zu tun hatten. Die hatten alle Zeit für mich, sie waren freundlich, sie waren menschlich, sie haben mir beratend zur Seite gestanden. Auch das Hotelpersonal war informiert und kümmerte sich; einige Mitarbeiter gaben mir sogar ihre privaten Telefonnummern für den Fall, dass ich dringend Hilfe benötigte. Der Hoteldirektor hat alles für mich getan. Er hat mir erst mal eines der größten Zimmer im Hotel gegeben und mich dort mit Schokolade, Obst, Champagner und Mineralwasser gratis versorgt, um mir vor allem auch das Gefühl zu gegeben: ‚Du bist hier nicht allein, wir kümmern uns um Dich'."

134

Die Polizisten fuhren *Maria A.* zu ihrer Dienststelle ein paar Blocks weiter. Unterwegs informierten die Cops die Deutsche über das, was in der Wache auf sie zukommen würde: „Du musst jetzt unserem Chef Rede und Antwort stehen. Der ist sehr streng und wird nicht ohne weiteres eine Vermisstenanzeige aufnehmen. Er will triftige Gründe hören. So ist er immer. Im Moment hat die New Yorker Polizei auch noch das besondere Problem, dass durch den Terroranschlag an Ground Zero noch Tausende von Menschen vermisst werden."

Maria A. fand sich nach kurzer Fahrt in einer typischen New Yorker Polizeistation wieder, eine die man nur aus Filmen kennt. Wo harte Jungs aus der Bronx in Handschellen hereingeführt und ihnen Crack und Kokain abgenommen werden und sich Nutten über die Festnahme beklagen. Hier nahm man die Vermisstenanzeige auf – und „dann brachten mich meine beiden Cops wieder zurück ins Hotel und erzählten mir während der Fahrt von Ground Zero und dass sich die Stadt ‚im Ausnahmezustand' befände. Ich bräuchte mir aber keine Sorgen zu machen. Sie wären für diesen Fall abkommandiert und hätten sofort mit der Suche angefangen. Sie hätten schon, während ich meine Vermisstenanzeige aufgegeben habe, das Foto von meinem Freund vervielfältigt. Alle Polizeistationen in New York City seien informiert, und sie hätten in den Krankenhäusern nachgefragt, ob der Vermisste dort aufgetaucht wäre. Die beiden gaben mir ihre Telefonnummern von der Wache und sogar ihre privaten Telefonnummern für den Fall, dass etwas Besonderes passieren würde."

Am nächsten Tag machte sich *Maria A.* selbst auf die Suche. Sie wusste, es war ein hoffnungsloses Unterfangen. Aber sie konnte und wollte nicht im Hotel sitzen und warten. Auch kannte sie viele Plätze in New York, an denen sich der Freund, wenn er die Stadt besuchte, gerne aufhielt: Restaurants, Bars, das Museum of Modern Art, der Central Park. Auf der Fifth Avenue ging sie in die berühmte St. Patricks Church. „Auf einer Bank bin ich zusammengebrochen. Ich habe geheult, und es tat gut. Die Tränen ließen sich nicht zurückhalten. Ich glaube, da sind heute noch Flecken in diesem schönen Eichenholz, so stark sind mir da die Tränen gekommen. Ich habe gebetet, in so einer Not machst Du das, ich jedenfalls."

Mittags traf *Maria A.* „meine beiden New York Cops. Sie erzählten, sie wären gerade in der Gegend gewesen und sie hätten mal eben angehalten, um zu hören, wie es mir geht und ob es schon was Neues gibt? Ich hätte denen um den Hals fallen können. So was Nettes, einfach so. Ich habe erzählt, was ich gemacht habe, und sie berichteten, sie hätten noch keine Neuigkeiten, aber das würde nichts Negatives bedeuten. Die Krankenhäuser seien überfüllt durch den Terroranschlag, und es dauer-

135

te im Moment alles länger als üblich. Sie würden aber auf jeden Fall zurückkommen, sobald sie Nachrichten hätten, und sie wurden auch am nächsten Tag kommen, um zusammen mit dem Hotelpersonal die Schächte, Keller- und Nebenräume im Hotel zu durchsuchen."

Die Aktion fand am nächsten Morgen statt. „Man bat mich, im Restaurant auf Nachricht zu warten, während Polizisten und Hotelmitarbeiter ihre Arbeit machten." Der Hoteldirektor kümmerte sich um *Maria A.*, versorgte sie mit Getränken, unterhielt sich mit ihr über ihre Heimatstadt und erzählte, wie und wo er aufgewachsen sei.

„Nach einer Stunde kam tatsächlich jemand mit der erlösenden Nachricht", erinnert sich *Maria A.*, man hatte *Karlheinz K.* nicht im Hotel, sondern im Central Park gefunden: „Die Menschen sind mir um den Hals gefallen, ich war auf einmal von so vielen Menschen umringt. Sie haben mich umarmt und geküsst – es war toll, es war klasse. Diese menschliche Wärme, dieses Mitleben, Mitleiden, Mitfreuen war präsent, es war wunderbar."

Maria A. hatte Glück gehabt. In den Stunden großer Not fand sie Helfer, die ihr halfen und ihr Mut machten. Das ist vor allem für Menschen von Bedeutung, die sich nicht selbst helfen können. Etwa wenn sie sich im Ausland befinden, aber auch, wenn sie wenig praktisch veranlagt und schnell überfordert sind.

Karlheinz K. befand sich inzwischen in einem Krankenhaus in Harlem. Der Arzt in der psychiatrischen Abteilung berichtete, dass der Deutsche im Central Park auffällig geworden sei. Er habe zunächst einen Hot-Dog-Stand umgeschmissen und später eine Frau angegriffen. Bei seiner Festnahme lieferte er sich auch einen Kampf mit den Polizisten. Maria A. war entsetzt, kannte sie ihren Freund doch als einen besonders friedliebenden Menschen. Doch der Arzt beruhigte sie: „Er ist wirklich ein ganz, ganz lieber, netter Patient, Sie sind jetzt natürlich sehr geschockt. Aber ihr Freund hatte eine Psychose."

„Ich war fassungslos. Ich schaute da aus dem siebten Stock über den East River nach Brooklyn und dachte: Das darf nicht mein Leben sein. Und ich wusste in dem Moment, dass *Karlheinz* ein neues Stadium seiner Krankheit erreicht hatte."

Besondere Vermisstenfälle – von der Kindesentziehung bis zur Katastrophe

Im großen Spektrum der Vermisstenfälle gibt es eine ganze Reihe von Sonderfällen, auf die in diesem Buch auch eingegangen werden soll. Dazu gehören die Suche nach Kindern aufgrund einer so genannten Kindes-

136

entziehung ebenso wie die nach Vermissten bei Unglücken und Katastrophen oder nach den Verschollenen aus dem 2. Weltkrieg.

Eine Kindesentziehung liegt immer dann vor, wenn ein Elternteil kein Sorgerecht für ein oder mehrere Kinder besitzt und das Kind oder die Kinder mit Gewalt, Tricks oder durch Überredung an einen unbekannten Ort entführt. Weil man zunächst einmal davon ausgehen kann, dass dem betroffenen Kind von dem entführenden Elternteil kein Schaden zugefügt wird, stufen die Behörden diese „Entführung" nicht gleich als so schwer wiegend ein. Trotzdem finden sich auf den Fahndungsseiten der Polizei Suchanzeigen wie diese. „Wegen Kindesentziehung gesucht: *Lucille Elisabeth H.*, 31 Jahre, ist seit August 2004 untergetaucht, nachdem sie dem italienischen Vater das alleinige Sorgerecht des 6-jährigen Sohnes entzog.... Sachverhalt/Fahndungsgrund: Gegen *Lucille H.* liegt ein internationaler Untersuchungshaftbefehl der Staatsanwaltschaft Pistoia/Italien wegen Entziehung Minderjähriger vor. *Lucille H.* ist die geschiedene Ehefrau von *Stefano B.*, dem das alleinige Sorgerecht für den sechs Jahre alten Sohn *Ruben B.* zugesprochen wurde. Seit August 2004 ist *Frau H.* mit dem Kind untergetaucht. Sie könnten sich im südbayerischen Raum aufhalten. Zuständige Dienststelle...."

Da Väter oder Mütter mit ihren Kindern nicht selten auch ins Ausland flüchten, ist in solchen Fällen auch das Auswärtige Amt zuständig. „Die-

---

Info: Bei Kindesentziehung entscheidet das Gericht

Das Auswärtige Amt und die deutschen Auslandsvertretungen haben bei grenzüberschreitenden Kindesentziehungen keine rechtlichen und in der Praxis nur sehr begrenzte Möglichkeiten, um bei der Rückführung entzogener Kinder nach Deutschland zu helfen. Sorgerechts- und Aufenthaltsbestimmungsfragen sind durchweg in allen Ländern der Welt der Justiz zugeordnet, also den Gerichten. Dies gilt auch für Regelungen zum Umgangsrecht.

In Rechtsstaaten mit Gewaltentrennung ist es zudem der jeweiligen Regierung nicht möglich, in den Justizbereich einzugreifen. Dies gilt selbst dann, wenn sie von einer deutschen Auslandsvertretung oder der Bundesregierung um Hilfe gebeten wird und auf Grund guter politischer Beziehungen auch helfen möchte. Auch das Auswärtige Amt oder die Bundesregierung könnten in einem umgekehrten Fall nur auf die Unabhängigkeit der Gerichte hinweisen. Die Auseinandersetzung zwischen Eheleuten bzw. geschiedenen Eheleuten um die Übertragung des Sorgerechts für gemeinsame Kinder ist zudem eine private (familienrechtliche) Angelegenheit.

se Fälle treten überwiegend in bi-nationalen Ehen oder Partnerschaften auf, nach deren Scheitern oder Scheidung der ausländische Vater oder die ausländische Mutter ein oder mehrere gemeinsame Kinder gegen den Willen des deutschen Elternteils in sein/ihr Heimatland verbringt. Nicht selten werden die Kinder der Pflege dort lebender Familienangehöriger überlassen. Regelmäßig wird hierbei das (Mit-)Sorgerecht des deutschen Elternteils verletzt, ein eventuell bereits ergangener deutscher Sorgerechtsbeschluss missachtet oder das Umgangsrecht missbraucht", stellt das „AA" fest, „auch deutsche Väter und Mütter können sich einer Kindesentziehung schuldig machen, wenn sie gegen den Willen des ausländischen Vaters oder der ausländischen Mutter oder unter Missachtung eines Beschlusses eines ausländischen Gerichts mit den gemeinsamen Kindern nach Deutschland zurückkehren".

Das Auswärtige Amt hilft auch bei Katastrophen und Unglücken im Ausland, wenn Deutsche betroffen sind. Eine Auslandsvertretung hilft nach Todesfällen bei der Identifizierung der Verstorbenen, der Nachlasssicherung und der Überführung. Bei Naturkatastrophen, Großschadensereignisse oder Unruhen wird in einzelnen Fällen auch die Evakuierung deutscher Staatsangehöriger aus den betroffenen Gebieten organisiert. In den vergangenen Jahren hat das Auswärtige Amt an vielen Evakuierungsoperationen mitgewirkt und deutsche Staatsangehörige unter anderem aus Sierra Leone, Zentralafrika, Eritrea und den Salomonen evakuiert.

Auch bei Katastrophen wie etwa die Tsunami-Flut in Südostasien sind die Bundesbürger auf die Unterstützung durch das AA wie auf die Hilfe anderer Organisationen angewiesen. Dank des Internets geht heute die Klärung von Vermisstenfällen bei Katastrophen und Unglücken schneller. Polizei, Auswärtiges Amt und andere Behörden oder Helferorganisationen werden – je nach Schwere der Katastrophe – umfassend aktiv. Bei der Tsunami-Flutkatastrophe in Südostasien im Dezember 2004 reagierte etwa das Innenministerium in Nordrhein-Westfalen umgehend und teilte unter anderem über die Internetseiten der örtlichen Polizeidienststellen wie auch der örtlichen Medien mit, dass „ab sofort alle Polizeidienststellen in NRW Vermisstenanzeigen zu Personen entgegennehmen, die sich mutmaßlich in dem Katastrophengebiet in Asien aufgehalten haben. Die Kreispolizeibehörden informieren umgehend die lokalen Medien hierüber. Die Kreispolizeibehörden gewährleisten auch an Wochenenden und Feiertagen sowie zur Nachtzeit eine unverzügliche Bearbeitung der Vermisstenanzeigen.... Die Kreispolizeibehörden halten engen Kontakt zu der Erstatterin/dem Erstatter der Vermisstenanzeige, damit Informationen über eine Rückkehr der vermissten Person in ihr gewohntes Lebensumfeld oder sonstige Informationen über deren Verbleib oder eine Kontaktaufnahme zu Dritten sofort aufgenommen werden können. Liegen ernsthafte Anhaltspunkte dafür vor, dass eine Person bei dem Seebeben in Asien getötet worden ist, muss die zuständige Kreispolizeibehörde gegebenenfalls DNA-Material der vermissten Person an Spurenträgern im persönlichen Lebensumfeld sichern. Nur bei gesicherter Identifizierung der verstorbenen Person erhalten die Angehörigen eine Todesbenachrichtigung. Auswärtiges Amt, Bundeskriminalamt und die Polizei in NRW tauschen ihre Informationen über den Aufenthalt vermisster Personen laufend untereinander aus und gleichen sie ab".

Im Anhang zu diesen Informationen berichtete die Polizei in Essen auch über einen Erfolg, der zeigt, dass das Internet zu einem wichtigen Info-Medium im Katastrophenfall geworden ist: „Ehepaar aus Essen galt als vermisst – Mann meldete sich heute – seine Frau wird noch gesucht. Die Essener Polizei hat schon vor zwei Tagen von einem Reiseunternehmen in Ostwestfalen eine Nachricht erhalten, dass ein Ehepaar aus Essen vermisst sei. Der 64-jährige Mann und seine 58- jährige Ehefrau sollen in Khao Lak (Thailand) ihren Urlaub verbracht haben. Die Vermisstenanzeige wurde ans Landes- und Bundeskriminalamt weitergeleitet sowie in die allgemeinen Fahndungssysteme der Polizei eingestellt. Heute meldete sich das Reiseunternehmen erneut. Man habe zu dem Mann mittlerweile Kontakt gehabt. Er habe das Unglück überlebt, seine Frau sei allerdings noch verschwunden. Er wolle so lange in Thailand bleiben, bis man sie gefunden habe. Alle Essener, die Angehörige in dem Krisengebiet vermissen, werden gebeten, eine Vermisstenanzeige aufzugeben."

Gerade die Tsunami-Katastrophe bewies, wie flexibel und leistungsstark eine Gesellschaft ist, die sich der Probleme mit ihrer ganzer Kraft annimmt. Auf den Internetseiten der „Tagesschau" fanden sich schnell Informationen mit wichtigen Links und Hotlines zu Anlaufstellen für Angehörige: „Das Auswärtige Amt gibt auf seinen Internetseiten Hinweise für Angehörige von Vermissten und Rückkehrer. Darüber hinaus können aktuelle Informationen sowie psychologische Betreuungsangebote abgerufen werden. Das Bundesministerium der Justiz hat für Angehörige und Betroffene der Flutkatastrophe rechtliche Informationen (Lebensversicherung, Konten, rechtliche Beratung etc.) zusammengestellt. Weiterhin besteht die Hotline des Auswärtigen Amtes für Angehörige von Vermissten. Die Rufnummer lautet 030 - 5000 1000. Wenn Sie lediglich Reisehinweise zu den betroffenen Ländern benötigen, rufen Sie bitte nicht die Hotline an! Damit Angehörige vermisste Familienmitglieder suchen können, hat das Rote Kreuz einen englischsprachigen Suchdienst eingerichtet. Der Dienst ist nach Ländern aufgeteilt und wurde tagesschau.de von mehreren Benutzern empfohlen. Das Deutsche Rote Kreuz (DRK) bietet auch einen telefonischen Suchdienst, der unter 089 - 680 7730 zu errei-

139

chen ist. Eine Suchanfrage kann auch auf den DRK-Internetseiten eingegeben werden. Das Internationale Rote Kreuz bietet eine Datenbank für die Suche nach Vermissten. Weitere Suchdienste bieten Deutsche Welle und BBC an. Die Deutsche Welle nimmt unter der Telefonnummer 0228 - 429 4466 die Namen von vermissten Angehörigen entgegen und strahlt diese dann in ihrem Asien-Programm aus. Die BBC hat im Internet mehrere englischsprachige Foren eingerichtet."

Darüber hinaus informierte die ARD-Tagesschau über Links und Telefonnummern in einzelnen Staaten wie Thailand, Sri Lanka, Indien und Indonesien und qualifizierte sich damit als gut informierter Helfer in der Not, den man sich für zukünftige Ereignisse merken sollte: „Unter den Adressen fluthilfe-deutschland.de, Flutopfer-Forum und Asienfluthilfe.de finden sich zahlreiche Informationen für Betroffene der Flutwelle in Südasien. Unter anderem besteht die Möglichkeit, nach Vermissten zu suchen und Patientenlisten zu durchforsten. Des Weiteren werden auch diverse Linklisten und Fotogalerien aufgeführt. Auch im Forum von tagesschau.de können Sie sich mit anderen Betroffenen austauschen und weitere Hinweise geben. Wenn Sie weitere interessante Links und Telefonnummern finden, schicken Sie uns bitte eine E-Mail mit Ihrem Hinweis."

Wer also in Zukunft bei einer großen Katastrophe in Not gerät, sollte sich neben den Internetadressen des Auswärtigen Amtes, des Bundeskriminalamtes und des Deutschen Roten Kreuzes auch die Internetseiten der Tagesschau merken.

Profis bei der Suche nach Kriegsvermissten vor allem aus dem 2. Weltkrieg sind die Mitarbeiter des Deutschen Roten Kreuzes. Bei der Suche nach Personen deutscher sowie ausländischer Staatsangehörigkeit, die im Zuge der Wirren des 2. Weltkrieges oder von sonstigen Katastrophen- und Unglücksfällen verschollen sind, weiß der Suchdienst des Deutschen Roten Kreuzes oft Rat. „Die Arbeit des Suchdienstes ist ein aufregendes humanitäres Puzzle. Noch heute ist das Schicksal von rund 1,3 Millionen Menschen ungeklärt, die infolge des 2. Weltkrieges als vermisst gemeldet worden sind. Gegründet wurde die Einrichtung im Mai 1945 in Flensburg. Tausende machten vom ersten Tag an von der Möglichkeit Gebrauch, die vermissten Angehörigen in die Suchkarteien eintragen zu lassen", notiert der Suchdienst zu seiner Geschichte.

Schon seit Kriegsende 1945 wurden zunächst Verschollene vom Deutschen Roten Kreuz wieder mit ihren Familien zusammengebracht. Mit Hilfe einer umfangreichen Heimkehrerbefragung aller nach Westdeutschland Entlassenen aus sowjetischem Gewahrsam, Suchmeldungen über die Medien – insbesondere dem Rundfunk, enger Zusammenarbeit mit dem Sowjetischen Roten Kreuz und einem Abgleich aller Meldekarteien – konnte ein erheblicher Anteil der Vermisstenschicksale geklärt werden. Der Suchdienst bemühte sich intensiv um Zugang zu Quellen in Russland, der Ukraine, Belarus, Tschechien, Serbien, Montenegro, Slowenien und anderen Staaten Ost- und Südosteuropas. So wurden in einem Krankenhausarchiv in Ljubljana Unterlagen über deutsche Patienten aus der Endphase des 2. Weltkrieges gefunden, die ausnahmslos zur Klärung noch offener Verschollenenschicksale führten. Das bisher aus östlichen Beständen erhaltene Material ermöglichte es dem Suchdienst, jährlich zwischen 10 000 und 15 000 wartende Angehörige über die letzte Lebensstation ihrer Verschollenen zu informieren.

Ein im Jahr 2004 begonnenes Großprojekt zwischen dem staatlichen Militärarchiv Russlands und dem DRK-Suchdienst beinhaltet die Aufarbeitung von zwei Millionen Gefangenenakten. Das Projekt ist ein Teilprojekt der von Präsidenten *Jelzin* und Bundeskanzler *Kohl* 1993 initiierten „Deutsch-russischen Historikerkommission für die Erforschung der jüngeren Geschichte der deutsch-russischen Beziehungen".

Der Suchdienst des Deutschen Roten Kreuzes kümmert sich aber auch um die Vermissten aus aktuellen kriegerischen Konflikten und Katastrophen. Diese reißen immer Familien auseinander. Seit Ende des 2. Weltkrieges hinterließen über 350 kriegerische Auseinandersetzungen Elend und Leid. „Einer der ersten Nachweltkriegskonflikte, mit denen der Suchdienst konfrontiert wurde, war der Vietnamkrieg. Rund 40 000 Kontingentflüchtlinge aus Vietnam wurden Ende der 60er Jahre von der Bundesrepublik aufgenommen. Sie waren sowohl Suchende wie auch Gesuchte. Unter zum Teil äußerst dramatischen Umständen von ihren Angehörigen getrennt, wussten sie nicht, ob diese überlebt hatten und wo sie sich seinerzeit aufhielten. Der Vietnamkrieg ist auch ein Beispiel für die lange währende suchdienstliche Herausforderung nach dem Trennungsereignis. Während dieses seit Jahrzehnten aus den Schlagzeilen der Medien und den Überlegungen der Politiker verschwunden ist, treffen beim Suchdienst noch heute Anfragen nach den Opfern ein", heißt es in der Selbstdarstellung des Suchdienstes. Es folgte der erste Golfkrieg zwischen dem Irak und dem Iran 1980, in dessen achtjährigem Verlauf über eine Million Menschen starben und Hunderttausende in Gefangenschaft gerieten. Die Bundesrepublik und damit auch der DRK-Suchdienst waren davon insofern betroffen, als dass zu dieser Zeit geschätzte 200 000 Menschen aus Iran und Irak in Deutschland lebten und berechtigte Sorge um ihre Angehörigen hatten. Für einen irakischen Kriegsgefangenen war der Suchdienst 10 Jahre lang die einzige Verbindung zu seinen Angehörigen in der Bundesrepublik.

141

Info: So hilft der DRK-Suchdienst bei Katastrophen

1. *Suche nach vermissten Familienangehörigen in Konflikt- und Katastrophengebieten: Entgegennahme und Weiterleitung von so genannten Rotkreuz-Nachrichten, persönlichen Nachrichten an ihre Verwandte, wenn der normale Postweg und die Telefonverbindung unterbrochen sind. Die Suchdienstarbeit erfolgt in enger Zusammenarbeit mit dem Zentralen Suchdienst des Internationalen Roten Kreuzes (IKRK) in Genf und den Nationalen Rotkreuz- und Rothalbmondgesellschaften.*

2. *Amtliches Auskunftsbüro: Hilfe für Angehörige. Der Suchdienst des Deutschen Roten Kreuzes bietet mit seiner Einrichtung des Amtlichen Auskunftsbüros eine Hilfeleistung für vermissende Angehörige bei bewaffneten Konflikten und Katastrophen an.*

3. *Angehörige werden bei Katastrophen informiert: Bei einem schweren Unglück oder einer Katastrophe muss in der Regel mit einer Vielzahl verletzter und evakuierter Personen gerechnet werden. Die Erfahrungen aus mehreren dramatischen Ereignissen wie der Tsunami-Katastrophe oder das Zugunglück in Eschede haben gezeigt, dass sich Angehörige möglichst schnell über den Verbleib und den Gesundheitszustand einer betroffenen Person informieren möchten. Verwandte, Bekannte und Freunde von Opfern können sich in ihrer Not an die Vermissten-Auskunftsstellen des Roten Kreuzes wenden, um sich über einen Angehörigen zu informieren. Dort werden die Informationen über die Betroffenen von Schadensereignissen gesammelt, systematisiert und ggf. aufbereitet und stehen so für eine qualifizierte und schnelle Auskunft an suchende Angehörige zur Verfügung. Wichtig hierbei ist die Registrierung der Betroffenen direkt in den Sammelstellen im Schadensgebiet oder später in den Krankenhäusern bzw. Notunterkünften durch die Einsatzkräfte der Hilfsorganisationen. Die Auskunftsstellen des Amtlichen Auskunftsbüros werden auf allen Verbandsebenen des Deutschen Roten Kreuzes vorgehalten. Derzeit steht mit der Direktion Amtliches Auskunftsbüro (D/AAB) auf Bundesverbandsebene, 19 Landesauskunftsbüros (LAB) und rund 340 Kreisauskunftsbüros (KAB) mit ca. 5 000 ausgebildeten, überwiegend ehrenamtlichen Mitarbeitern eine flächendeckende und gut funktionierende Hilfeleistungskette für Angehörige zur Verfügung.*

Die Balkankonflikte in den 1990er Jahren trafen die über eine Million in Deutschland lebenden Personen aus dem ehemaligen Jugoslawien besonders hart. Die familiären Verbindungen in ihre Herkunftsländer existierten weiterhin, obwohl sie teilweise schon jahrzehntelang in Deutschland lebten. Mit ihren Angehörigen im isolierten und belagerten Bosnien und insbesondere Sarajewo konnten sie nur über Rotkreuzkanäle in Verbindung treten. Mit Hilfe von weit über 500 000 Rotkreuz-Nachrichten wurde während des Krieges von 1992 bis 1995 die Kommunikation zwischen den Familienmitgliedern in Deutschland und in Bosnien aufrechterhalten. Der Kosovo-Konflikt löste beim Suchdienst ca. 200 000 Anfragen aus. Die Familiennachrichten wurden zum Teil durch die Bereitstellung telefonischer Kontaktmöglichkeiten abgelöst.

Und auch der jüngste Irakkrieg betraf viele in Deutschland lebende Menschen. Erstmals setzte das Internationale Rote Kreuz das Internet bei der Klärung von Vermisstenschicksalen und der Verbindungsaufnahme zwischen den getrennten Angehörigen ein. Die elektronische Möglichkeit wurde von Tausenden Suchenden im Irak und aller Welt intensiv genutzt. Gleichwohl ist das Internet nicht in der Lage, die klassische Suchdienst-Arbeitsweise, also die traditionellen Suchanfragen und so genannten Rotkreuz-Nachrichten, zu ersetzen.

Eine weitere Organisation, die sich seit Jahrzehnten um das Schicksal von Vermissten kümmert, ist „Amnesty international". Diese internationale Vereinigung kümmert sich u. a. um Vermisste, die meist aus politischen Gründen verschwunden sind. „ai" kommt gerade seit der Einrichtung von gesetzfreien Strafgefangenenlagern wie „Guantanamo Bay" durch die Vereinigten Staaten von Amerika eine ganz besondere Bedeutung zu. Es hat sich herausgestellt, dass der NATO-Partner USA nicht davor Halt macht, Angehörige europäischer Staaten, auch Deutschlands, in Nacht- und Nebelaktionen widerrechtlich zu entführen. Die deutschen Behörden beteuern, an diesen gesetzwidrigen Entführungen von angeblich mutmaßlichen Terroristen nicht beteiligt oder darüber informiert gewesen zu sein. Da deutsche Behörden auf diese Gewalttaten einer befreundeten Nation nur sehr zurückhaltend reagieren, sind hier die Aktivitäten von Menschenrechtsgruppen wie amnesty international einmal mehr von großer Bedeutung. Die weltweit größte Menschenrechtsorganisation mit mehr als 1,8 Millionen Mitgliedern und Unterstützern in mehr als 150 Ländern ist eine von Regierungen, politischen Parteien, Ideologien, Wirtschaftsinteressen und Religionen unabhängige Institution. Auf Grundlage der Allgemeinen Erklärung der Menschenrechte wendet sich ai gegen schwer wiegende Verletzungen der Rechte eines jeden Menschen auf Meinungsfreiheit, auf Freiheit von Diskriminierung sowie auf körperliche und geistige Unversehrtheit. 1977 erhielt amnesty international den

Friedensnobelpreis. Immer wenn ai von willkürlichen Festnahmen, Morddrohungen, „Verschwindenlassen", Folterungen oder Hinrichtungen erfährt, startet die Organisation eine Eilaktion – eine so genannte Urgent Action. Fast 80 000 Menschen in 85 Ländern schreiben dann umgehend per Luftpostbrief, Fax oder E-Mail an die verantwortlichen Stellen des menschenrechtsverletzenden Staates. Bei den Adressaten gehen Tausende von Appellschreiben aus aller Welt ein.

Die Rückkehr von Vermissten – und die Folgen für das Familienleben

Nach der Rückkehr eines Vermissten, soviel ist gewiss, beginnt in einer Familie noch lange nicht das normale Leben. Die Schwierigkeiten, die Angehörige und Vermisste gleichermaßen zu bewältigen haben, sind vielfältig. Davon zeugen die Berichte von Heimkehrern. Es gilt, die Probleme, die vor dem Verschwinden bestanden, zu klären. Es muss aufgearbeitet werden, was Vermisste wie Angehörige in der Zwischenzeit erlebt haben. Und es muss versucht werden, für die Zukunft einen neuen, gemeinsamen Weg zu finden. Das bedeutet viel Arbeit und Engagement für beide Seiten. Ein Vorteil ist, dass Psychologen und Psychotherapeuten, Familienhelfer und Sozialarbeiter auf Problemlösungen im Beziehungsalltag eingerichtet sind und helfen können.

Dieses Buch endet mit einigen Erfahrungsberichten von Heimkehrern und ihren Angehörigen. Es sind ungewöhnliche Geschichte, die zeigen, wie breit das Spektrum der Vermisst-Situationen ist: Ich berichte von einem 17-Jährigen, der aus Abenteuerlust aus dem Elternhaus verschwand und für einige Zeit in der Fremdenlegion untertauchte, und von einem jungen Mann, der nach über drei Jahrzehnten zum Sterben heimkehrte. Die Freundin von *Karlheinz K.* berichtet von ihren Empfindungen bei der Heimkehr ihres unter Depressionen leidenden Freundes, der sich in der Welt nicht mehr zurecht fand. *Natascha Kampusch* aus Wien erklärt der Welt in einem offenen Brief, was ein junges Mädchen empfindet und von der Öffentlichkeit erwartet, das acht Jahre in Gefangenschaft lebte. Und ich erzähle von *Stephanie R.* aus Dresden, die fünf Wochen in der Gewalt eines Sexgangsters war und nicht länger Opfer und unterdrückt sein will.

„Warum ich abgehauen bin, ist eigentlich schwer zu erklären. Nicht dass ich riesige Probleme gehabt hätte. Es war eher so ein Gefühl – wenn man da so sonntags zu Hause sitzt –, da denkt man sich, dass man sein Leben jetzt einmal selbst bestimmen will", erinnert sich der 17-jährige *Martin R.* an den Tag seines Verschwindens. „Jetzt fährst Du in die Welt, habe ich gedacht, lernst andere Sprachen. Arbeiten tust Du nur, um Dich selbst

144

zu ernähren. Du bist eben frei. Ich habe mir dann auch keine großen Gedanken gemacht, einfach ein paar Sachen eingepackt und mich zu meinem Freund in den Wagen gesetzt und ab."

Es ist ein Sonntag, und seit diesem Tag ist für die Familie in einem kleinen Ort in Nordrhein-Westfalen die Welt nicht mehr in Ordnung. Der Junge verschwindet ohne ein Wort des Abschieds, ohne Murren und Klagen und bleibt vier Wochen lang verschwunden. *Martin* und sein Freund fahren zunächst mit dem Auto durch Belgien, Luxemburg und den Niederlanden. Sie übernachten im Wagen und bestreiten ihren Lebensunterhalt von dem Geld, das sie vor der Tour gerade verfügbar hatten. „Dann standen wir in Frankreich irgendwo bei Paris und hatten so gut wie kein Geld mehr", erzählt *Martin*, „wir haben ein paar Tage richtig gehungert, und dann nahmen wir unser letztes Geld, um nach Marseille zu kommen. Leute hatten uns angesprochen und meinten, wir sollten zur Fremdenlegion gehen."

Die Fremdenlegion ist seit Jahrzehnten Zufluchtsort für Gestrandete und Straffällige, Verzweifelte und Verwirrte, Mutige und Übermütige. Wer in dieser verschworenen Militärgemeinschaft untertaucht, ist zunächst einmal vor Strafverfolgern, Alltagssorgen und ihre Vermissten suchenden Angehörigen sicher – und auch vor der eigenen Zivilcourage. Denn wer hier landet, bekommt seinen Tagesablauf und das Denken vorgeschrieben. Ausgerechnet dort landet der 17-jährige *Martin*, der eigentlich die Welt und die Freiheit kennenlernen möchte: in der härtesten Erziehungsanstalt Europas. Auf dem Bahnhof von Marseille treffen er und sein Freund auf Fremdenlegionäre – und jene, die es werden wollen: Junge Menschen mit Rucksäcken und kleinen Koffern, die ihr Heil in einem Leben hinter Kasernenmauern erhoffen. Die beiden melden sich im Rekrutierungsbüro – man spricht deutsch. Sie werden zusammen mit anderen Bewerbern mit einem Bus zur Kaserne außerhalb der Hafenstadt gefahren und erhalten dort erst einmal Verpflegung und einen Schlafplatz. Am nächsten Tag werden die Neuankömmlinge zu ihren Personalien und nach den Gründen für den Ausstieg aus einer bürgerlichen Gesellschaft befragt. Haben Sie Probleme mit der Polizei? Werden Sie gesucht?

Letztlich spielt es keine Rolle, ob jemand mit „ja" oder „nein" antwortet. Die Fremdenlegion ist eine militärische Einrichtung, vor deren Toren selbst die Macht der französischen Polizeibehörden endet. Vermisste, die in der Fremdenlegion verschwinden, werden nie mehr gefunden, zumal die jungen Rekruten bei Eintritt in die Truppe ihre eigene Identität ablegen und einen Phantasienamen erhalten.

Newcomer absolvieren zunächst einen mehrwöchigen Test und erhalten erstes theoretisches Rüstzeug. „Ich hab' da erfahren, was die Fremden-

legion überhaupt bedeutet: Dass die Soldaten wirklich im Krieg eingesetzt werden, dass es die stärkste Armee der Welt ist, die zum Beispiel im
Golfkrieg 20 Kilometer vor der Front der Amerikaner aufgeräumt hat,
dass man 14 Monate ausgebildet wird und anschließend irgendwo eingesetzt wird", erinnert sich *Martin*. Die nächsten Etappen für die angehen-
den Soldaten sind klar abgesteckt: Drei Wochen dauern die Tests. Nach
fünf Tagen erhält man eine Uniform und gleichzeitig – wenn man will –
einen Legionsausweis mit neuem Namen, frisiertem Geburtsdatum nebst
Angaben zu den Scheineltern. Wer eine erste theoretische Prüfung bestanden hat, erhält Schulterklappen mit grünen Streifen und nach den
Sporttests gibt es die roten. Den Tests folgt für 14 Monate der Marsch in
der Ausbildungskompanie. „Hier kann man nur innerhalb der ersten drei
Wochen selbst bestimmen, ob man bleiben oder wieder gehen will. Danach
hat nur noch die Legion das Recht, einen rauszuwerfen." Wer bleibt, verpflichtet sich gleich für fünf Jahre.

Martin beeindrucken weder Karrierechancen noch Kampfmoral-Parolen
seiner neuen Vorgesetzten. „Die Fremdenlegion war schon vorher nicht
mein Fall", sagt *Martin R.*, „ich hasse eigentlich Söldner und Drill und
morgens um 4.30 Uhr raus und dann erst mal 30 Liegestützen machen
zusammen mit 200 Mann. Und wer nicht mitkommt, muss raus aus der
Reihe und die 30 Liegestützen allein vormachen und dann wieder rein in
die Reihe und im normalen Tempo mithalten. Das war nicht mein Fall".

Klar. Das schlaucht den Körper und schwächt den Geist. „Dienst und
Ausbildung bei der französischen Fremdenlegion sind hart, manchmal
brutal und nicht selten sadistisch. Trotzdem brauchen die Rekrutierungsbüros in Strassburg und Marseille über Nachfrage nicht zu klagen", berichtet der Autor *Jürgen Roth* in seinem Buch „Sie töten für Geld – Die
Söldner", „hier finden gestrauchelte Existenzen Unterschlupf: der kleine
Ladendieb, der Ehemann auf der Flucht vor Unterhaltszahlungen, der
Gewaltfanatiker, der eine militärische Ausbildung außerhalb der regulä-
ren Armee genießen will... Die Legionäre werden zu Tötungsautomaten
erzogen".

Das Militärleben ist härter als es sich *Martin R.* vorgestellt hat. Er er-
kennt sehr schnell: „Das ist hier kein unbeschwerter Urlaub." Immer
wieder denkt er an Zuhause, an seine Familie, seine Eltern, die Geschwister. „Das Abhauen, das war doch einfach eine Kurzschlussreaktion. Ich
hab gedacht: Ist das hier ätzend, ich will einfach weg."

60 Prozent der Kandidaten fallen durch die Tests, haben ihm die Ausbil-
der gesagt. Die Legion kann die Bewerber großzügig auswählen, der be-
rühmteste Killer-Club Europas hat keine Nachwuchsprobleme. „Jeden
Tag kamen da 20 oder 30 Jugendliche an, auch viele aus Deutschland,
der größte Teil aus Polen und Ungarn", erinnert sich *Martin*.

146

„Der Zulauf zur Fremdenlegion ist nie abgebrochen. Nach 1945 zog es ehemalige Angehörige der Wehrmacht und der Waffen-SS zu ihr, nach dem Ungarn-Aufstand 1956 strömten Ungarn zu ihren Rekrutierungsbüros. 1968, als der Warschauer Pakt den Warschauer Frühling erstickte, kamen Tschechoslowaken und nach der Revolution der Nelken 1974 in Portugal eilten Portugiesen zu den Weißkäppis. Bis zum heutigen Tag bewerben sich jährlich zwischen 4 000 und 5 000 junge Leute zum Dienst in der Legion. Voila, la legion! Mit 76 Schritten in der Minute wird exerziert – mit Fanatismus wird getötet. Und 'Natürlich wird der Legionär zum bedingungslosen Sterben erzogen', sagt *Colonel Boileau*, Kommandeur des 6. Sturmpionier-Regiments", so schildert Autor Roth die Legionärs-Szene.

Martin steigt aus, bevor es wirklich ernst wird. Schon nach fünf Tagen muss er Abschied nehmen. Der 17-Jährige verpatzt die Sportprüfung. Beim 4000-Meter-Lauf stolpert er, schafft die vorgegebene Zeit von 25 Minuten nicht – und findet sich im Kreis einiger anderer Mitstreiter vor dem Tor der Kaserne wieder. Der Freund bleibt in der Legion. *Martin* und „ein paar Kumpel sind in Marseille geblieben bis der letzte Franc weg war". Jeder hat für die paar Tage umgerechnet 50 Euro Sold bekommen.

Zuhause hat *Martins* Mutter mittlerweile bei der Polizei eine Vermissten-Anzeige aufgegeben. „Es ist uns nicht leicht gefallen", erinnert sie sich, „wir haben zunächst angenommen, dass *Martin* zusammen mit seinem Freund in Holland Urlaub macht. Das jedenfalls hatte der Freund seinen Eltern gesagt. Wir haben zunächst mit einer Vermissten-Anzeige gewartet. Doch als der Urlaub des Freundes herum war, habe ich gedacht: ‚Jetzt müssen wir etwas tun. Das gibt es doch nicht, dass unser Sohn einfach so abhaut.' Er hat nichts mitgenommen außer ein paar Sachen".

Während die Mutter auf der Polizeiwache eine Vermisstenanzeige aufgibt, plant der Sohn die nächste Reise-Etappe; er will in Spanien arbeiten. Zwar denkt er immer wieder an seine Angehörigen, aber in erster Linie hat er damit zu tun, „mich um mich selbst zu kümmern. Da war so viel, das man erlebt. Man wurde so stark abgelenkt. Und man denkt immer daran, wie man etwas zu essen bekommt, wo man arbeiten kann".

Die Postkarte, die er nach zwei Wochen nach Hause schickt, kommt erst einen Tag vor seiner Rückkehr in der Heimat an. „Habe Geld und Arbeit. Sucht mich bitte nicht", schreibt er aus Marseille an die Eltern. „Die Nachricht hab ich geschickt, so als Lebenszeichen. Sie sollen wissen, dass ich lebe. Damit sie wissen, dass ich in einem anderen Land und auf Reisen und nicht irgendwo abgesunken bin."

Eine Postkarte, ein Lebenszeichen - immerhin mehr als die meisten Angehörigen erhalten. Ein Lkw-Fahrer nimmt *Martin* und zwei seiner neuen

Freunde mit nach Spanien. Noch ist das Abentcuer nicht zu Ende. „Wir sind mit einem Trucker, der die Stierkampfarenen in Spanien mit Stoffen belieferte, an der Küste entlang bis nach Malaga und wieder zurück bis nach Barcelona gefahren. Haben ihm beim Abladen der Stoffe geholfen", erzählt der Junge. Im Hafen von Barcelona endet die Reise jäh. „Auf einmal stehen vier dunkle Typen vor uns, ziehen das Messer raus, verlangen Geld. ‚Wir haben keins', antworteten wir, warfen denen unsere Taschen vor die Füße und sind geflüchtet", erzählt *Martin*. Doch die Flucht misslingt, kurz darauf stehen sechs Mann vor und fünf hinter uns und haben uns verprügelt."

Nach dem Überfall wird *Martin* von spanischen Polizisten zum deutschen Konsulat gebracht. „Eigentlich wollte ich ja weiter nach Marokko. Und ich muss ehrlich sagen, wenn das mit dem Überfall nicht gewesen wäre, dann hätte man mich nicht so früh zu Hause wieder gesehen."

Im Generalkonsulat informieren die Behördenmitarbeiter den 17-Jährigen, wie er sich telegraphisch aus Deutschland Geld überweisen lassen kann. *Martin* ruft noch am Abend in Deutschland an, erreicht aber seine Eltern nicht und telefoniert schließlich mit einem Freund, der ihm verspricht, das Geld für die Rückreise zu überweisen. Zwei Nächte schläft er im Park. Zwei Tage und zwei Nächte hungert er. Dann übergibt der Mitarbeiter im Zentralpostamt von Barcelona *Martin* endlich das Geld für das Zugticket in die Heimat.

Es ist Abend, als *Martin* vor dem Haus seiner Eltern steht. „Ich habe geklingelt, und meine Mutter fragte durch die Tür erst einmal, wer da ist. Dreimal darfst du raten, sage ich. Dann ging die Tür auf und dann der Trubel. Die hat mich erst einmal angesprungen und ist nur noch um mich rumgerannt. Und ich, ich war auch froh, wieder zu Hause zu sein. Vier Wochen sind ja doch eine lange Zeit. Aber ich habe gelernt, wie lächerlich und unwichtig manche Probleme sind, die man sich macht, wenn man Zuhause lebt. Die Probleme, die mir zu Hause so unlösbar schienen, die schienen mir – als ich die Gewalt und Kriminalität, die Armut der Leute und den Raubüberfall erlebte – so klein."

Die Rückkehr des Siegfried L. – zum Sterben heim zur Familie

Martin und seine Angehörigen haben Glück im Unglück gehabt – der Zufall hat sie schon nach wenigen Wochen wieder zusammengeführt. Das ist nicht immer so. *Siegfried L.* blieb Jahrzehnte fort – und kam heim zum Sterben. Seiner Schwester *Ingrid L.* ist nicht viel von ihm geblieben. Sie legt ein Bündel Unterlagen auf den Tisch. Dokumente ihres Bruders. Einen Lebenslauf, Arbeitsbescheinigungen, ein halbes Dutzend entwertete

Reisepässe mit vielen Stempeln und Visen. Der so lange vermisste Bruder ist viel in der Welt herumgekommen. *Ingrid L:* „Das ist alles. Das sind die Kopien der Dokumente, die in dem kleinen Köfferchen lagen, mit dem er nach Hause gekommen ist."

Jamin: „Kannst Du Dich noch daran erinnern, wie das war, als er weggegangen ist?"

Ingrid L: „Das war 1970. Ich war sieben Jahre alt als er abgehauen ist. Er war 15 Jahre älter. Das letzte Mal habe ich ihn gesehen als er mit 21 heiratete, und ich das Blumenmädchen war. Und ungefähr ein halbes Jahr nachdem er verheiratet war, ist er weg. Seine Frau meldete sich bei meinen Eltern und fragte: ‚Ist der *Siegfried* bei Euch?' Erst nach und nach kam uns die Idee, dass er wirklich für immer verschwunden sein könnte. Dann hörten wir viele Jahre nichts mehr von ihm, nur zum 65. Geburtstag meines Vaters kam ein Telegramm ohne Absenderangabe: ‚Schöne Grüße zum Geburtstag, mir geht's gut'."

Jamin: „Wie ging's weiter?"

Ingrid L: „Anfang 2004 hat er plötzlich angerufen. Er hat sich bei meinem Bruder gemeldet und der rief bei mir an. ‚Setz Dich mal eben hin', sagte mein Bruder zu mir. Immer wenn jemand in unserer Familie so etwas sagte, ging es um meinen Bruder. Setz' dich mal eben hin, war eine feste Redewendung. Denn zwischendurch wurden wir immer wieder einmal daran erinnert, dass es ihn gab. Mal rief ein unbekannter Mann bei uns an und fragte nach meinem Bruder. Dann stand die Polizei vor unserer Tür, weil ihn jemand in Indonesien angezeigt hatte. Diesmal hatte eine Frau aus Thailand meinen Bruder angerufen und ihm mitgeteilt, dass *Siegfried* in Puket mit Lungenkrebs im Krankenhaus liege und nach Hause wolle, aber kein Geld habe."

Jamin: „Was habt Ihr gemacht?"

Ingrid L: „Wir haben mit ihm Kontakt aufgenommen und er hat uns eine E-Mail geschickt: ‚Ja, ich bin es tatsächlich, ich bin Euer Bruder, ich liege hier und mir geht es nicht gut, ich bin sehr krank.' Da haben wir 3 000 Dollar für die Krankenhaus-Behandlung geschickt, ein Flugticket gekauft und auf ihn gewartet."

Jamin: „Was bedeutete das für die Familie? Der verloren geglaubte Sohn kehrt heim. Was fühlt man? Ist man wütend?"

Ingrid L: „Nein. Für mich persönlich war er eh nie wirklich existent. Und mein Bruder hat das als ganz normalen Zustand hingenommen Okay, haben wir gedacht, jetzt ist der Bruder wieder da, dann kümmern wir uns um ihn. Pragmatisch, so wie er ist. Familie hilft. Aber für unseren

149

Bitte: Vermisste gebt ein Lebenszeichen

Die Erfahrungen zeigen, dass es für die meisten Angehörigen eine ungeheure Qual ist, nicht zu wissen, wo die Vermissten sind – ob sie noch leben, ob sie freiwillig fortgegangen sind oder ob sie gar ermordet wurden. Diese Verzweiflung hält Monate, Jahre und Jahrzehnte an. Dieser Appell richtet sich an die Vermissten, die irgendwo unentdeckt unter uns leben. Sie sollen wenigstens kurz mitteilen, dass sie leben. Der Appell richtet sich auch an all' jene, die vor ihren Angehörigen ganz bewusst geflohen sind, weil sie von ihnen mit Worten oder durch Taten dazu getrieben wurden. Verzeiht ihnen.

Papa war das ein Schock. Gerade erst war unsere Mutter gestorben – da kommt der Sohn nach Hause. Der Älteste, lange verloren geglaubt und auch noch todkrank. Aber auch er war nicht wütend, eher enttäuscht, weil er ihn erst dann wieder sieht, als es ihm schlecht geht. Andersherum wäre es schöner gewesen, die guten Zeiten eben auch zu teilen."

Jamin: „Was passierte nach der Heimkehr des Vermissten?"

Ingrid L.: „Mein Bruder hat Siegfried erst einmal ins Krankenhaus gefahren. Siegfried ließ sich gründlich untersuchen. Er hatte wohl die Hoffnung, dass sich die thailändischen Ärzte geirrt hätten und seine Krankheit nicht so bald zum Tode führen würde. Aber die Ärzte konnten ihm keine Hoffnung machen. Sein Tumor in der Lunge war schon faustdick. Blut und Wasser sind ihm durch die Haut aus dem Körper gelaufen."

Jamin: „Blieb da noch Zeit, um Erinnerungen auszutauschen?"

Ingrid L.: „Er hat einiges erzählt. Wir haben ihn nicht gedrängt. Aber wenn wir dann bei ihm waren, gab er immer wieder einmal etwas von seinem Leben preis. Drei Mal war er verheiratet. So wie wir das sehen, ist er aber nie geschieden worden – er hat nur die Länder und Kontinente und die Religionen gewechselt. In Deutschland heiratete er evangelisch-lutherisch. In Israel heiratete er eine Jüdin, mit der er ein Kind hatte. In Indonesien wechselte er zum Islam und bekam mit seiner moslemischen Ehefrau auch ein Kind. Er war eben sehr flexibel, denn als er im Krankenhaus nach seiner Glaubenszugehörigkeit gefragt wurde, war er schon wieder ‚evangelisch'."

Jamin: „Wie war Deine erste Begegnung mit ihm?"

Ingrid L: „Ich habe mich auf sein Bett gesetzt, habe ihn umarmt und gesagt: ‚Guten Tag, wie geht's Dir?' Nicht: Wie war Dein Leben, oder warum kommst Du jetzt erst? Niemand aus der Familie hat ihn bedrängt und gefragt: Warum bist Du weg? Warum hast Du Dich nie gemeldet. Was ist passiert? Was haben wir Dir getan? Keine Vorwürfe."

Tipp: Verhalten bei der Heimkehr des Vermissten

Jamin: „Das ist sicherlich auch ein guter Tipp für andere Betroffene, nämlich dem Heimkehrenden einfach ein ‚Herzlich willkommen' zu sagen. Mit der neuen Situation möglichst normal umzugehen, als wäre gerade jemand mal um die Ecke gegangen."

Ingrid L.: „Ja, es hilft, so zu tun, als wäre der Vermisste nur in Urlaub gewesen. Er kommt zurück und man fragt: ‚Wie geht's Dir denn?' Es hilft, so zu tun, als hätte man eine Freundin ein halbes Jahr nicht gesehen, weil man einfach so weit auseinander wohnt. Und dann trifft man sich, und man tauscht ein paar Infos aus. Und das fand mein Bruder so erstaunlich, dass es genauso war. So hatte er sich das nicht vorgestellt. Er hatte Ärger befürchtet, und das war für ihn eine weitere Barriere gewesen, nicht heimzukehren. Er wollte keine Fragen gestellt bekommen. Und wir haben keine Fragen gestellt, wenn er nicht von selbst erzählen wollte. Und so war das schön."

Jamin: „Das lag vielleicht an der Situation, dass er schwer krank war?"

Ingrid L: „Vielleicht. Ich habe mir vorher immer überlegt, wie das sein wird, wenn er in der Tür steht und klingelt und sagt: ‚Guten Tag auch, ich bin der Siegfried.' Aber wir haben immer alle in der Familie gedacht: Vorwürfe? Nein, die machen wir ihm nicht. Wir würden immer eher sagen: Komm rein. – Ins Krankenhaus habe ich ihm etwas zum Essen mitgebracht. Ich habe mir gedacht, wenn er so richtig aus unserer Familie kommt, dann mag er garantiert auch Sushi, weil unsere ganze Familie gerne Fisch und in Kombination eben Sushi isst. Also habe ich ihm zwei Riesenpakete Sushi mitgebracht und dachte mir: dann gucken wir mal, ob das ein echter Bruder ist. Er war einer! Er hat gesagt: ‚Das gibt's ja gar nicht, woher weißt Du, dass das mein Lieblingsessen ist?' Und er hat sich sofort draufgestürzt, obwohl sein Geschmacksempfinden wegen der Chemotherapie nicht mehr so gut war."

Jamin: „Habt Ihr ihn auch noch des Öfteren getroffen?"

Ingrid L.: „Ja, mehrmals. Auch mit der ganzen Familie. Er hat über seine Ehen erzählt, was er in den Jahren gemacht hat. Auf einer Weltkarte hat er für uns Kreuzchen und Kreise gemacht, wo er überall gelebt hat. In 35 Ländern ist er ‚gewesen', in 15 hat er ‚gelebt': Schweiz, England, Israel, Afrika, Asien, Amerika und so weiter. Er hat in der Hotelbranche gearbeitet. Er war Manager, zeitweise mit einem Monatsverdienst von mehr als 20 000 Euro und Dienstwagen und bezahlten Urlaubsreisen für die ganze Familie."

151

Jamin: „Und er hat keine Zeit gehabt, heimzukehren?"

Ingrid L.: „Es hat ihn nicht zurückgetrieben. Einmal hat er sogar für einige Zeit ganz in der Nähe in einem Hotel in Deutschland gearbeitet..."

Jamin: „... und sich nicht gemeldet..."

Ingrid L.: „... Nein, das interessierte ihn nicht. Das war für ihn kein Thema. In Chicago war damals sein Büro und von Chicago aus ist er in die Welt geflogen und betreute drei, vier Hotelprojekte im Jahr. Als er ein Projekt in Indonesien managte, lernte er seine dritte Frau kennen. Sie verliebten sich ineinander, und sie wurde schwanger. Mit 41 Jahren. Und Muslime. Ihre Brüder machten ihm recht deutlich klar, dass es nur zwei Alternativen gab: heiraten oder heiraten."

Jamin: „Er hätte glücklich werden können?"

Ingrid L.: „Ein paar Jahre später ist er auch von ihr über Nacht abgehauen. Nach England. Das war die Zeit, als die deutsche Polizei sich bei uns erkundigte, ob wir Siegfried gesehen hätten. Seine Ehefrau ließ ihn suchen – und fand ihn in England. Gemeinsam ließen sie sich dann in Thailand nieder Er betrieb dort ein Restaurant, weil er seine Managerstelle inzwischen verloren hatte. Später trennte seine Frau sich dann von ihm, und er verarmte immer mehr."

Jamin: „Krank und ohne Geld in der Fremde. Welch ein Lebensende."

Ingrid L.: „Geld nützt einem nichts, wenn man todkrank ist. Ob man da Geld hat oder nicht, ist dann auch egal. Viel wichtiger war für ihn, nach Deutschland zurückzukommen und hier betreut zu werden."

Jamin: „Und wieder eine Familie zu haben, die sich um einen kümmert?"

Ingrid L.: „Genau. Obwohl er das eigentlich nicht so wollte. Er hat irgendwann einmal gesagt, er wollte quasi seinem Vater immer etwas beweisen. Ganz reich und berühmt nach Hause zu kommen, das war sein Ziel. Und es ärgerte ihn sehr, dass er todkrank war, arm wie die Kirchenmaus nach Hause kam und nichts vorzuweisen hatte. Und dann sagte ich zu ihm: ‚Was willst Du uns denn eigentlich mit irgendwelchem Geld beweisen? Dass Du ein toller Hecht bist? Das ist doch uninteressant. Was ist Geld? Persönlichkeit ist doch viel interessanter. Dein Leben, das Du gelebt hast, das ist doch dreimal interessanter als irgendwelcher Besitz oder Geld.' Für meinen Bruder war es erstaunlich, dass wir ihn einfach so aufgenommen haben. Er musste nichts tun, er musste nichts machen, er musste nichts mitbringen – hatte ja nun auch nichts mehr. Ich schlug ihm aber vor, doch an seine beiden Kinder zu denken. Ihnen die Geschichte seines Lebens aufzuschreiben. Seine Gefühle, seine Gedanken, was auch immer."

Jamin: „Hat er es gemacht?"

Ingrid L.: „Mein Bruder stellte ihm auch noch einen Laptop hin. Nichts! Gar nichts! Weder aufgeschrieben noch notiert hat er etwas für seine Kinder. Er hat nur seine Blutdruckwerte und die Herzfrequenz regelmäßig notiert und wie viele Tabletten er eingenommen hat. Und zu einem bestimmten Zeitpunkt hörte das auch auf, und ich denke, das war der Moment, als ihm dann klar wurde, dass er sein Leben regeln oder irgendeinen Abschluss finden müsse. Er hat eine E-Mail an seine letzte Frau geschickt, die daraufhin antwortete: ‚Ich kann mich nicht mehr weiter um Dich kümmern, ich muss mich um mich und meinen Sohn kümmern, ich wünsche Dir noch ein schönes Leben.' Und dann hat er seiner zweiten Frau eine E-Mail geschickt und gefragt: ‚Was kann ich tun?' Und sie hat geschrieben: ‚Herzelein, ich sitze hier in Israel und habe keine müde Mark'."

Jamin: „Niemand ist gekommen?"

Ingrid L.: „Er hatte sie ja verlassen. Und er ist bald gestorben. Ganz allein. Er hatte die Schwestern auf der Station angewiesen, dass seine Angehörigen nicht benachrichtigt werden dürfen, wenn es mit ihm zu Ende geht. Da war er eben absolut konsequent. So wie er das Leben für sich eingerichtet hat, war in der Hauptsache er erstmal nur sich selbst wichtig und hat sich nicht darum gekümmert, was andere denken, machen, tun, glauben oder fühlen. Vielleicht hat er sich auch einfach aus der Welt stehlen wollen, so wie er immer gegangen ist. Also ohne Fragen zu beantworten und ganz viele Fragen offen lassen. Wir wissen nicht einmal, ob er Angst vor dem Tod hatte. Er hat darüber genau so wenig gesprochen, wie über seine Gefühle. Erst später, nach seinem Tod, haben wir Kontakt mit seinen Familien aufgenommen und heute pflegen wir die Beziehungen untereinander so gut es auf diese Entfernungen geht. Man telefoniert mal, schickt sich eine E-Mail. Meine Tochter hat jetzt einen Cousin und eine Cousine. Eine Jüdin und einen Muslime. Das ist doch ein schönes Erbe..."

Jamin: „War es für Euch letztlich gut, dass er zurückgekommen ist? Auch unter diesen Umständen?"

Ingrid L: „Für uns war das wunderbar. Wir sind jetzt eine noch größere, eine Multikulti-Familie. Ich bin noch zwei Mal mehr Tante geworden, meine Tochter hat einen Cousin und eine Cousine. Und für Papa gibt es jetzt nicht mehr die vielen Fragen abends wenn er im Bett liegt: ‚Was macht mein Sohn? Lebt er noch? Sehe ich ihn noch einmal?' Diese Geschichte hat ein Ende."

Die Rückkehr des Karlheinz K. – und das Ende der Beziehung

Wenn ein Mensch verschwindet, beginnt für die Angehörigen die Zeit großen Leids und vieler unbeantworteter Fragen. Und wenn dann der Vermisste heimkehrt, ist zwar die Freude groß, doch vielfach sprechen Betroffene auch von einer Wut auf den Heimkehrer – weil er ihnen so große Sorgen bereitet, weil er sie allein gelassen, weil er keine Nachricht hinterlassen hat.

Maria A. erinnert sich, dass sie „sauer auf Karlheinz war. Und der stand im Wohnzimmer, ganz kleinlaut, sehr schuldbewusster Blick, hat sich x-mal entschuldigt. ‚Ich weiß, das war nicht richtig, ich kann mir vorstellen, welche Sorgen Du hattest. Aber versteh' mich, ich halte das nicht mehr aus.' Ich habe sehr gestritten mit ihm. Er hat alles über sich ergehen lassen".

Maria A. machte dem Freund Vorwürfe. Sie hatte das Gefühl, sich wegen der Vermisst-Meldung auf der Polizeiwache erniedrigt zu haben. Verständlich, viele schämen sich, wildfremden Menschen ihr Versagen oder ihre Schwäche zu gestehen; Probleme in der Familie oder mit Familienangehörigen gehören dazu.

Maria A. kam auch mit ihren Empfindungen nicht zurecht. Sie erzählte ihrem Freund davon: „Meine Gefühle fuhren Achterbahn. Ich lag nachts alleine im Bett, und Dein Platz war leer, und ich wusste nicht, wo Du bist. Ich habe tausend Nöte und Ängste ausgestanden. Ich habe Dich am Rhein gesucht und an jeder Bucht erwartet, dass du da irgendwo tot liegst."

Die Wut stieg in ihr hoch, die „ganzen ausgestandenen Ängste mussten irgendwo ein Ventil finden. Und das habe ich auch ganz bewusst an ihm ausgelassen".

Eigentlich könnte die Welt nach der Rückkehr der Vermissten wieder in Ordnung sein. Tatsächlich aber gibt es zwei große Problemkreise: Alles, was zum Verschwinden des Partners führte, muss jetzt aufgearbeitet werden. Alles, was man während der Zeit der Abwesenheit des Partners erlebte, muss bewältigt werden. „Man ist erleichtert, dass dieser Mensch nicht tot ist, und dass er gefunden wurde. Aber nach dieser Erleichterung kommen auf einmal tausend Fragen und Gedanken, u.a. die Frage, wie es jetzt weiter geht", sagt *Maria A.* Auch erinnerte sie sich daran, dass der Freund nicht viel getan hatte, um seine Krankheit in den Griff zu bekommen. Er hatte zum Beispiel seine Medikamente nicht regelmäßig eingenommen und sich vehement gegen eine ambulante Psychotherapie gewehrt, obwohl die Ärzte darauf gedrängt hatten. *Maria A.* mahnte ihren Freund: „Es reicht jetzt. Wenn Du noch mal weglaufen willst, dann tu es, wenn Du Dich umbringen willst, dann tu es."

Maria A. wollte diese Ängste, die sie während der Zeit der Abwesenheit des Freundes plagten, nicht noch einmal erleben. Sie wollte mit ihren Problemen auch nicht mehr ihre Freunde belasten: „Seine letzte Heimkehr in New York war eigentlich der Anfang vom Ende unserer Beziehung. Ich war so fertig, habe so viel Nerven gelassen, habe so viel gekämpft und musste doch einsehen: Es bringt ja nichts. Er geht seinen Weg, und ich muss alles ausbaden. Er trägt seine Probleme auf meinen Schultern aus, das lasse ich nicht mehr zu. Einige Monate später habe ich meinen Freund gebeten, sich eine Wohnung zu suchen, weil ich es nicht mehr ertragen konnte. Ich habe ihm gesagt: ‚Ich trenne mich nicht von Dir, aber ich brauche räumliche Trennung. Du ziehst mich sonst mit in den Abgrund.'" Heute befindet sich *Karlheinz K.* in ständiger ärztlicher Betreuung; das Paar ist getrennt, aber weiter gut befreundet.

Die Rückkehr von Stefanie R. – und ewig Angst vor dem Täter

Es sind nicht nur die persönlichen, ganz privaten Probleme, die nach der Rückkehr einer vermissten Person aufzuarbeiten sind. Im Extremfall, etwa bei einer Entführung bleibt die Angst vor den Tätern, auch wenn man sich in Freiheit befindet – manchmal ein Leben lang. Schlagzeilen machte im Herbst 2006 der Fall der 14-jährigen *Stephanie* aus Dresden. Das Kind war auf dem Weg zur Schule entführt und fünf Wochen von einem brutalen Sexualtäter gefangen gehalten worden. In dieser Zeit wurde die damals noch 13-jährige Schülerin über 100 Mal vergewaltigt.

In dem Prozess gegen den Täter, *Mario M.*, sollten nach Anklage der Staatsanwaltschaft allerdings nur 30 Einzeltaten verhandelt werden. Möglicherweise hatten sich ja die Verteidigung des Täters und die Staatsanwaltschaft auf diese Zahl der Taten geeinigt und hofften, so auf ihre Kosten zu kommen: Für den Täter springt bei einem Geständnis ein Strafnachlass heraus, der Staatsanwalt kann den Prozess schneller und ohne Komplikationen über die Bühne bringen.

Doch der Staatsanwalt hatte die Rechnung ohne das Opfer gemacht. Stephanie verlangte über ihren Rechtsanwalt, dass sie im Prozess gehört wird und dass der Täter sich für alle 100 Vergewaltigungen verantworten müsse. Das war ein mutiges Vorgehen des Kindes und seiner Angehörigen. Möglicherweise auch richtig im Sinne des Opfers. Ein Entführungsopfer muss nach solchen schrecklichen Erfahrungen seine Psyche stabilisieren. Manchen gelingt es durch intensive Gespräche mit Psychologen, Familie und Freunden, anderen aber auch durch die harte Konfrontation mit dem Täter. Diesem selbstbewusst gegenüber zu treten, ihm zu zeigen, dass man selbst, das Opfer, gesiegt und die Erniedrigungen

155

durch den Täter bewältigt hat, ist für manche eine wichtige Form der Auseinandersetzung. *Stephanie* wollte sogar selbst vor Gericht aussagen, um ein zu mildes Urteil oder seine Einweisung in eine möglicherweise ungenügend gesicherte psychiatrische Krankeneinrichtung zu verhindern. Gleich zu Beginn des Prozesses legte der bereits einschlägig vorbestrafte 36-jährige Täter ein Geständnis ab. Offenbar versprach er sich dadurch eine Strafmilderung. Das aber wollten Opfer, Angehörige und Opferanwälte unbedingt verhindern – sie forderten die Höchststrafe, also 15 Jahren Gefängnis und anschließende Sicherungsverwahrung. Zu viele Qualen hatte das junge Mädchen erlitten, es forderte lebenslangen Schutz vor dem Täter.

Die Dresdner Staatsanwaltschaft folgte den Argumenten des Opfers nicht. Sie hatte auf eine Ladung von Stephanie in dem Verfahren verzichtet, weil es möglich sei, dass *Stephanie* noch nach Jahren unter den Folgen einer solchen Gerichtsverhandlung leiden könnte. Eltern und Anwälten des Mädchens ließen sich allerdings nicht beirren, zumal Psychologen bestätigten, dass das Kind eher und nachhaltig durch das Verbrechen selbst, weniger aber durch die Teilnahme an der Gerichtsverhandlung geschädigt würde. *Stephanies* Vater *Joachim R.* klagte gar in der „Bild"-Zeitung: „Die Staatsanwaltschaft soll sich schämen, das zu beurteilen. Zumal sie *Stephanie* noch nie gesehen hat. Wir haben schon lange gefordert, dass *Stephanie* aussagt, damit der Angeklagte für immer weggesperrt wird. Das Gericht hat uns und unseren Anwälten jetzt Recht gegeben, indem es Stephanie hört: Ihre Aussage ist wichtig und wird ihr nicht schaden. Sie ist stark genug, das durchzustehen."

Ein Vorteil für das Opfer war es, dass die Verhandlung vor der Jugendschutzkammer und meist unter Ausschluss der Öffentlichkeit geführt wurde. So blieben auch die meisten der offensichtlich erschreckenden Vergewaltigungsdetails hinter den Türen des Gerichts und vor der Öffentlichkeit verborgen. *Stephanie* selbst sollte abwechselnd von der Mutter oder dem Vater und einer Psychologin ins Gericht begleitet werden. Ihre Rechtsanwälte *Thomas Kämmer* und *Dr. Ulrich von Jeinsen* hatten auch zugesichert, dass „*Stephanies* Eltern den Saal verlassen, wenn die Tochter über die schrecklichsten Details des sexuellen Missbrauchs berichtet. Das ist so schlimm, das können ihre Eltern nicht ertragen. Und für *Stephanie* wäre die Scham zu groß."

Mario M. hatte *Stephanie* im Januar 2006 entführt und 36 Tage in seiner Wohnung gefangen gehalten, nur wenige hundert Meter von Stephanies Elternhaus entfernt. Mehrmals am Tag vergewaltigte er das Kind. Manchmal sperrte er es in eine Kiste und hinderte es mit einem Socken im Mund daran, um Hilfe zu rufen. Über den Socken klebte er auch noch ein Pflaster, so dass sie kaum atmen konnte. Das alles und vieles mehr

156

konnte *Mario M.* problemlos bewiesen werden, weil er das meiste selbst mit einer Videokamera aufgezeichnet hatte.

Glück im Unglück hatte *Stephanie*, weil sie der Täter nachts zu Spaziergängen mitnahm; bei diesen Unternehmungen ließ sie Zettel mit Hilferufen fallen. Einer der Zettel wurde gefunden, und der Finder alarmierte die Polizei. Stephanie schien einen besonders wachsamen Schutzengel gehabt zu haben. Denn zu Beginn der Fahndung nach ihrem Verschwinden waren der Polizei, wie sie einräumte, Ermittlungspannen unterlaufen: Erst drei Wochen nachdem *Stephanie* als vermisst gemeldet wurde, überprüften Polizeibeamte die Datenbank nach Sexualstraftätern in der Nachbarschaft. Doch die neue Adresse war noch nicht im Computer gespeichert, so dass nicht festgestellt wurde, dass ein Sexualstraftäter in direkter Nähe zum Elternhaus des Kindes wohnte. Auch suchte die Polizei nur nach Tätern, die bis zum Jahr 2001 aufgefallen waren. Sie suchte zudem noch mit dem falschen Begriff, nämlich nach „Sexualstraftäter" statt nach dem damals gültigen „sexuell motivierter Straftäter".

Mario M. war nur aufgrund eines positives Gutachten einer Psychologin aus einer psychiatrischen Klinik entlassen worden. Eigentlich hätte *Mario M.* sich schon lange lebenslänglich hinter Gittern befinden müssen: Zwischen 1992 und 1999 quälte und vergewaltigte er vier Mädchen. Verurteilt wurde er nur in einem Fall, der Vergewaltigung eines 14-jährigen Mädchens zu drei Jahren und fünf Monaten Gefängnis. Doch im Sommer 2002 kam er auf Bewährung frühzeitig frei, eine Gutachterin sah keine Rückfallgefahr. Staatsanwaltschaft und Gefängnisleitung waren gegen eine Entlassung, konnten sich aber gegen die Psychologin nicht durchsetzen. Zwei Jahre später hätte *Mario M.* eigentlich wieder zurück in die Haft gemusst, als er gegen die Bewährungsauflagen verstieß und wieder gewalttätig wurde – er klemmte einem Autofahrer absichtlich den Arm ein. Doch von der Verurteilung wegen dieser Körperverletzung erfuhr die Bewährungskammer erst im Februar 2006. Da hatte *Mario M.* bereits sein jüngstes Opfer entführt – Stephanie.

Wie weit die Vorwürfe in allen Facetten berechtigt sind, kann hier nicht beurteilt werden. Doch die Ereignisse in Dresden sollten die Behörden veranlassen, die interne Kontrolle zu verstärken. In einer ersten Phase vorgenommene Ermittlungen in einem Vermisstenfall, bei dem eine Entführung vermutet wird, bedürfen zu einem späteren Zeitpunkt einer Kontrolle. Nur so kann man sicher sein, dass mögliche Hinweise, die in der ersten Phase der Suche nach Vermissten übersehen wurden, dann doch noch als relevant erkannt und entsprechend verfolgt werden. Fehler passieren in allen Bereichen unserer Gesellschaft, es müssen jedoch Kontrollen in Arbeitsabläufe eingebaut werden, die dazu beitragen, dass die Zahl der Pannen so niedrig wie eben möglich gehalten wird.

Vor dem Hintergrund der Pannenliste im Fall *Mario M.* kann man das Opfer verstehen, das einen lebenslänglichen Schutz vor dem Täter fordert. Die Ermittlungsmethoden der Polizei haben versagt, die Gutachter von Sexualstraftätern sind zu einem Großteil schlecht ausgebildet und irren sich so oft, dass man sich wundert, warum sie eigentlich in Strafverfahren noch so eine bedeutende Rolle spielen. Darüber hinaus bewies *Mario M.* noch einmal während des Gerichtsverfahrens, wozu er fähig ist. Zum Auftakt des Prozesses während der Verlesung der Anklageschrift kam es zu tumultartigen Szenen. Der Täter stand erst auf, ließ sich dann wieder zusammensacken. Fünf Justizbeamten konnten nur mühsam den sich heftig wehrenden Täter unter Kontrolle bringen.

Dem schwer bewachten *Mario M.* gelang ein anderes Mal sogar die Flucht auf das Dach der Justizvollzuganstalt Dresden, wo er 20 Stunden verbrachte, bevor er sich der Polizei ergab. Die Folge davon war, dass die Vernehmung von *Stephanie* als Zeugin zunächst verschoben, dann ganz abgesagt wurde. Ihr Vater sah nach der zeitweisen Flucht des Angeklagten die Sicherheit der Tochter im Gerichtssaal nicht gewährleistet. Ob sie sich jemals wirklich sicher in ihrem Leben fühlen wird, darf bezweifelt werden.

Immerhin: Als im Dezember 2006 das Urteil über den Täter gesprochen wurde – 15 Jahre Gefängnis und anschließende Sicherungsverwahrung – zeigten sich das Opfer und seine Familie erleichtert. „Jetzt hat das Leben für unser Kind wieder einen Sinn. Es beginnt ein neuer Abschnitt für uns alle", sagte *Stephanies* Vater. Nach so einem Urteil habe man nicht mehr ganz so viel Angst, dass *Stephanie* ihrem Peiniger je wieder begegnen würde. Auswanderungspläne, die die Familie zeitweise schmiedeten, seien erst einmal erledigt. Man wolle versuchen, in Dresden ein normales Leben zu führen.

Prozessbeobachter bezweifeln, dass das gelingt. Schon einige Tage vor dem Urteilsspruch gab es Spekulationen über *Mario M.'s.* Zukunft. Man kann nicht sicher sein, dass der Täter nie mehr das Gefängnis verlassen, nie mehr frei sein wird. Nach Ansicht des Gutachters und Direktors des Instituts für forensische Psychiatrie der Freien Universität Berlin, Hans-*Ludwig Kröber*, kann *Mario M.* die Sicherungsverwahrung unter Umständen vermeiden, wenn er eine Sozialtherapie während des Strafvollzugs macht.

Stephanie wird vermutlich ein Leben lang mit der Angst vor dem Täter leben müssen. Wenn die Schlagzeilen der Prozesse lange in den Zeitungsarchiven verblasst und die Millionen Megabits an Filmmaterial über ihr Schicksal längst in den Archiven der Fernsehanstalten verrottet sind und sich kaum noch ein Polizeibeamter an die Taten von *Mario M.* und den

Leiden seines Opfers Stephanie erinnert – dann werden die Drohungen des Täters für die erwachsene Stephanie noch immer so präsent sein wie am jedem Tag ihrer Gefangenschaft, als *Mario M.* der 13-Jährigen drohte, dass er sich im Fall seiner Entdeckung, Verurteilung und Unterbringung in der Haft oder in einer Psychiatrie irgendwann befreien, sie suchen und töten werde.

Solche Drohungen vergisst ein Opfer nie.

Die Rückkehr der Natascha Kampusch – ein langer Brief an die Öffentlichkeit

Für manche Opfer ist der Tod eine Gnade – der Tod des Täters. So war es im Fall der entführten *Natascha Kampusch* aus Wien. Denn nachdem die junge Frau geflüchtet war, brachte sich ihr Entführer um. Auch wenn man keinem Menschen den Tod wünschen sollte, in diesem Fall war es sogar ein Gnadenakt des Täters. Durch seine Selbsttötung ersparte er dem Opfer, dass durch die Vernehmungen bei der Polizei alle Qualen, die sie während der Jahre ihrer Entführung erlebt hatte, noch einmal in Erinnerung gerufen wurden. Da der Täter tot war, musste gegen ihn kein Prozess geführt werden, und das Opfer musste nicht mehr gegen ihn aussagen. Das Opfer konnte sich daran machen, die Erlebnisse zu verarbeiten.

Es war ein ungewöhnliches, zeitliches Zusammentreffen, dass sich die junge Frau aus Österreich kurz vor dem Prozess gegen den Entführer von Stephanie R. aus Dresden selbst aus den Händen eines Entführers befreien konnte. Beide, die 14-Jährige aus Deutschland und die 18-Jährige aus Österreich, zeigten nach ihrer Befreiung erstaunliche Parallelen: Sie traten selbstbewusst und selbstbestimmend auf und forderten von Staat und Gesellschaft ihre Rechte.

Natascha Kampusch, die als 10-Jährige entführt und erst acht Jahren später aus der Gefangenschaft entkommen war, verblüffte bei ihrer Rückkehr Polizisten, Psychologen wie Pressevertreter durch ihre disziplinierte, intelligente Art mit der Entführung, ihrer Gefangenschaft und der neu gewonnenen Freiheit umzugehen. Schon wenige Tage nach ihrer Selbstbefreiung wandte sie sich über ihren Psychiater *Prof. Max H. Friedrich* an die Öffentlichkeit. Auf einer Pressekonferenz Ende August 2006 in Wien verlas der Arzt folgenden Brief, in dem das junge Opfer über ihr Befinden und ihre Zukunftspläne sprach und gleichzeitig Falschmeldungen in den Medien korrigierte und mitteilte, wie sie sich in der Gefangenschaft gefühlt hatte. Dieses Dokument ist so beeindruckend und sagt so viel über die Kraft der heimgekehrten Vermissten und Entführten aus, dass es hier im Wortlaut veröffentlicht wird:

*„Sehr geehrte Journalisten, Reporter, sehr geehrte Weltöffentlichkeit!
Ich bin mir durchaus bewusst, welch starken Eindruck die Ereignisse der
letzten Tage auf Sie alle gemacht haben müssen. Ich kann mir gut vorstellen, wie schockiert und beängstigend der Gedanke ist, dass so etwas
überhaupt möglich ist. Ich bin mir ferner bewusst, dass Sie mir eine gewisse Neugier entgegenbringen und natürlich nähere Details über meine
Umstände wissen wollen, in denen ich lebte.*

*Ich möchte Ihnen im Voraus jedoch versichern, dass ich keinerlei Fragen
über intime oder persönliche Details beantworten will und werde. Ich werde persönliche Grenzüberschreitungen, von wem auch immer voyeuristisch
Grenzen überschritten werden, ahnden. Wer das versucht, kann sich auf
etwas gefasst machen. Ich wuchs heran zu einer jungen Dame mit Interesse an Bildung und auch an menschlichen Bedürfnissen.*

*Der Lebensraum: Mein Raum war hinreichend eingerichtet. Es ist mein
Raum gewesen. Und nicht für die Öffentlichkeit zum Herzeigen bestimmt.
Der Lebensalltag: Dieser fand geregelt statt, meist ein gemeinsames Frühstück – er hat ja meist nicht gearbeitet –, Hausarbeit, lesen, fernsehen,
reden, kochen. Das war es, jahrelang. Alles mit Angst vor der Einsamkeit
verbunden.*

*Zur Beziehung: Er war nicht mein Gebieter. Ich war gleich stark, aber –
symbolisch gesprochen – hat er mich auf Händen getragen und mit den
Füßen getreten. Er hat sich aber – und das hat er und das habe ich ge-
wusst – mit der Falschen angelegt. Er hat die Entführung alleine gemacht,
alles war schon vorbereitet. Gemeinsam hat er dann mit mir den Raum
hergerichtet, der nur 1,60 Meter hoch war. Ich hab' übrigens nach der
Flucht nicht geweint. Es war kein Grund zur Trauer. In meinen Augen
wäre sein Tod nicht nötig gewesen. Es wäre sicherlich eine Strafe, nicht
der Weltuntergang gewesen.*

*Er war ein Teil meines Lebens. Deswegen trauere ich in einer gewissen
Weise um ihn. Es stimmt natürlich, dass meine Jugend anders als die
manch anderer war, aber im Prinzip hab ich nicht das Gefühl, dass mir
etwas entgangen ist. Ich hab mir so manches erspart, nicht mit Rauchen
und Trinken zu beginnen und keine schlechten Freunde gehabt zu haben.*

*Botschaft an die Medien: Das Einzige, wovor die Presse mich verschonen
soll, sind die ewigen Verleumdungen meiner selbst, die Fehlinterpretatio-
nen, die Besserwisserei und der mangelnde Respekt mir gegenüber.*

*Gegenwärtig fühle ich mich an meinem Aufenthaltsort wohl, vielleicht ein
bisschen bevormundet. Ich hab es aber so beschlossen, nur telefonische
Kontakte zu meiner Familie aufnehmen zu wollen. Ich werde selbst bestimmen, wann ich mit Journalisten Kontakt aufnehmen werde.*

Zu meiner Flucht: Als ich das Auto im Garten putzen und aussaugen sollte, hat er sich während des Staubsaugerlärms entfernt. Das war meine Gelegenheit, ich ließ den Staubsauger einfach laufen.

Übrigens nannte ich ihn nie Gebieter, obwohl er das wollte. Ich denke, er meinte das nicht wirklich ernst.

Ich habe einen Vertrauensanwalt, der Rechtliches mit mir regelt. Die Jugendanwältin (Monika, d.A.) Pinterits ist meine Vertraute, mit Dr. Friedrich (Univ. Prof. Dr. Max H. Friedrich, Leiter der Universitätsklinik für Neuropsychiatrie des Kindes und Jugendalters am Wiener AKH, d.A.) und Dr. Berger (Univ. Prof. Ernst Berger von der Kinder- und Jugendpsychiatrie Rosenhügel, d.A.) kann ich gut reden. Das Team von Herrn Chefermittler Johann Frühstück war sehr gut mit mir. Ich lasse Sie auch herzlich grüßen, aber ein wenig neugierig waren Sie schon. Das ist allerdings Ihr Beruf.

Intimfragen: Alle wollen immer intime Fragen stellen, die gehen niemanden etwas an. Vielleicht erzähle ich das einmal einer Therapeutin oder dann jemandem, wenn ich das Bedürfnis habe oder aber auch vielleicht niemals. Die Intimität gehört mir alleine.

Herr H. (der Freund des Täters Wolfgang P., der ihn kurz vor seinem Selbstmord mit dem Auto mitgenommen hat, d.A.) – das ist meine Botschaft – soll sich nicht schuldig fühlen. Er kann nichts dafür, es war Wolfgangs (P.'s, d.A.) eigene Entscheidung, sich vor den Zug zu werfen. Mit der Mutter von Wolfgang verbindet mich Mitgefühl. Ich kann mich in die jetzige Situation hineinfühlen und hineinversetzen. Ich, und wir beide denken an ihn. Bedanken möchte ich mich aber auch bei allen Menschen, die an meinem Schicksal so sehr Anteil nehmen. Bitte lasst mich in der nächsten Zeit noch in Ruhe. Dr. Friedrich wird es mit dieser Erklärung erklären. Viele Leute kümmern sich um mich. Lasst mir Zeit, bis ich selbst berichten kann.

Natascha Kampusch"

Eine kurze Bilanz – Hilfe kann nur aus den Rathäusern in den Städten und Gemeinden kommen

Vermisste wird es immer geben. Einzelne werden entführt, ermordet. Die meisten Vermissten kehren nach einige Zeit wieder heim zu ihren Angehörigen, manche flüchten für lange Zeit oder für immer in ein neues Leben, weil sie keinen anderen Ausweg mehr sehen. Nicht immer sind die Angehörigen die Opfer; so manche, die verschwinden, werden auch von zu Hause vertrieben.

Doch die meisten werden unter dem Verlust eines geliebten Menschen leiden. Niemand wird das verhindern können. Vieles passiert ohne Zutun anderer, vieles wird von Mitmenschen verursacht. Unsere Gesellschaft hat aber viele Möglichkeiten, manchem Leid vorzubeugen oder Leiden zu lindern. Angehörige können auf Signale achten, die einen drohenden Ausstieg eines Menschen ankündigen. Sie können in diesem Fall Hilfe bei Psychologen, Selbsthilfegruppen oder anderen Helfern suchen. Menschen, die Probleme haben, müssen versuchen, genau das ihren Mitmenschen mitzuteilen und Hilfe bei Experten suchen.

Wenn die Vermisst-Situation erst eingetreten ist, gilt es für alle, ein offenes Ohr zu haben. Auch zunächst Unbeteiligte – Behördenvertreter wie Bank-Mitarbeiter, Arbeitgeber wie Versicherungsangestellte u. a. – können helfen, indem sie sich auch einmal zu unbürokratischen Lösungen entschließen, wenn Angehörige von Vermissten sie brauchen.

Dass sich die Situation der Angehörigen aber grundsätzlich und nachhaltig verbessert, dazu können nur die Politiker in den Städten und Gemeinden entscheidend beitragen. Bürgermeister und Ratsmitglieder müssen sich um die Anliegen der Angehörigen von Vermissten kümmern, indem sie Mitarbeiter in ihren Sozialbehörden zu Vermisst-Experten aus- bzw. weiterbilden, Vermisst-Internet-Informationsseiten einrichten und Informationsbroschüren entwickeln lassen. Schon vor Jahren wies eine Untersuchung „Veröffentlichung und Bewältigung von Vermissungserlebnissen" des Psychologischen Instituts der Universität Köln darauf hin, dass „Hinterbliebene vermisster Personen bei ihrer Suche auf ein defizitäres bzw. mangelhaftes institutionelles sowie staatliches Suchangebot stoßen".

Die Autorin dieser umfangreichen, 1997 veröffentlichten Diplomarbeit, *Daniela Jochlik*, recherchierte intensiv bei Angehörigen und Helfern und interviewte die Redakteure und Autoren von Fernsehsendungen, die sich mit der Vermisst-Problematik auskannten. Ihr Fazit in der 300 Din-A4-Seiten dicken Untersuchung ist Forderung und Mahnung zugleich: „Es scheint dringend notwendig, eine Strukturverbesserung der staatlichen Hilfsangebote zu erzielen. Zudem ist es zwingend erforderlich, ein Stützsystem für die Angehörigen vermisster Personen zu entwickeln, welches Angebote enthält, die die praktische Suche nach dem Vermissten betreffen, aber auch jene Angebote impliziert, die die psychologische Betreuung der Hinterbliebenen berücksichtigt, als auch jene, die sich mit den Präventivmaßnahmen sowie wichtigen Informationen des Bereichs Verschwinden auseinandersetzen."

Von Bundes- und Landespolitikern ist offensichtlich keine Unterstützung zu erwarten; ebenso wenig von den für die Familien- und Sozialarbeit zuständigen Bundes- und Landesministerien. Sie müssten sich grundsätzlich des Themas annehmen und sich mit den Problemen der Angehörigen auseinandersetzen und Hilfsmöglichkeiten entwickeln. Letzte Instanz für die Hilfe von Angehörigen von Vermissten sind die Politiker in den Parlamenten der Städte und Gemeinden und die Führungskräfte und Mitarbeiter in den Rathäusern. Wenn die sich allerdings in Zukunft auch nicht für die Probleme interessieren und für eine Änderung der Notlage engagieren, wird sich die Situation der Angehörigen von Vermissten nie bessern.

Adressen

Vermisstensuche allgemein

Erste, wichtigste Anlaufstelle: die örtliche, für den Wohnsitz der vermissten Person zuständige Polizeidienststelle, in Notfällen: Tel. 110, Homepage: www.polizei.de

Polizei der Bundesländer, Landeskriminalämter, Bundespolizei, Bundeskriminalamt: Homepage: www.polizei.de

Vermissten-Telefon, c/o Peter Jamin, Telefon +49 211 4920569, Homepage: www.vermisst-verband.de; E-Mail: vermisst@jamin.de

Yahoo, Verzeichnis verschiedener Suchdienste etc., Internet: http://de.dir.yahoo.com/Gesellschaft_und_Politik/Menschen/Vermisste_Personen/

http://www.suchmeldung.de/

Vermisste Kinder

Elterninitiative vermisste Kinder, c/o Monika Bruhns, Pommernstr. 9, 24629 Kisdorf, Telefon: 0180-30022102900 (12Cent/min), E-Mail: Suchmeldung@vermisste-kinder.de, Internet: www.vermisste-kinder.de

Der Weiße Ring e.V., Bundesgeschäftsstelle, Weberstraße 16, 55130 Mainz, Info-Telefon: 01803-343434, Internet: www.weisser-ring.de

www.gesuchte-kinder.de

www.kindervermisst.de

Österreichische Kindersuchseite im Internet, E-Mail: kindersuche@chello.at, Internet: http://members.chello.at/kontrollgruppe/Kindersuche1.htm

http://www.fredi.org/index.htm

„Wer hilft?"-Seite der Autorin Karin Jaeckel, für Angehörige vermisster Kinder, Internet:http://www.karin-jaeckel-autorin.de/werhilft/kidnapping.html

Tipp: Vorsicht bei Vermisst-Helfern aus dem Internet
Auf den weltweiten Seiten des Internets finden sich gute wie schlechte Helfer. Immer öfter werden den Angehörigen von Vermissten auch Angebote zur Suche per Internet gemacht. Seien Sie bei diesen Angeboten grundsätzlich vorsichtig. Insbesondere sollten Sie Angebote gründlich prüfen, die mit der Zahlung von Gebühren etc. verbunden sind. Gelegentlich treten auch Detektive unter dem Deckmantel des sozial engagierten Helfers auf, um Angehörige für Aufträge zu werben. Manche Anbieter von Hilfsangeboten bieten nicht mehr als Seiten mit einer Reihe von Suchmeldungen und bitten dafür um Spenden ohne den Status einer gemeinnützigen Organisation zu haben oder fordern Industrie und Handel auf, Werbung auf den Internetseiten zu schalten. Die Internetadresse eines solchen Helfers (www.wir-suchen-dich.de) veröffentlicht sogar die Internetredaktion eines Fernsehsenders neben einer Reihe von „Hilfsangeboten im Web für Angehörige von Vermissten". Hier findet sich auch ein Link zu einer „Inititiative Hoffnung", die angeblich Angehörigen von vermissten Menschen hilft. Wer den Link anklickt, landet auf einer Internetseite mit Angeboten von Internet-Geschäften wie „Heisser Spaß? – Hot Ladys. Tabulose Treffen! Hier suchen Sexy Frauen nach Spaß www.SingleNachricht.de".

Vermisste Kinder (Kindesentziehung)

Verband bi-nationaler Familien und Partnerschaften iaf e.V., Bundesgeschäftsstelle, Ludolfusstraße 2 – 4, 60487 Frankfurt/Main, Tel: 069/71 37 560, E-Mail: iaf.frankfurt@t-online.de, Internet: www.verband-binationaler.de,

Verein familie international frankfurt e.V. (fif), Monisstr. 4, 60320 Frankfurt am Main, Tel.: 069 – 95636431, eingeschränkter Telefondienst: Dienstags/ Donnerstags 10 – 13 Uhr, E-Mail: kontakt@fif-ev.de, Internet: www.fif-ev.de

Vermisste im Ausland

Auswärtiges Amt, Werderscher Markt 1, 10117 Berlin, Postanschrift: 11013 Berlin, Telefon: 030-5000-0, Infos: http://www.auswaertiges-amt.de/diplo/de/Laender/Konsularisches/Aufenthaltsermittlung.html

Deutscher Verein für öffentliche und private Fürsorge – Internationaler Sozialdienst (ISD), Michaelkirchstraße 17/18, 10179 Berlin, Tel.: 0 30/62980-403, E-Mail: isd@issger.de, Homepage: www.issger.de

Info: Keine Hilfe aus dem Bundesfamilienministerium

Neben der Polizei gibt es keine Behörde, die sich spezialisiert um die sozialen, rechtlichen und psychischen Probleme der Angehörigen von Vermissten in Deutschland kümmert und beispielsweise Konzepte zur Hilfe oder Selbsthilfe Betroffener entwickelt, Mitarbeiter weiterbildet oder eine Informationsplattform für Angehörige von Vermissten im Internet anbietet. Der Autor dieses Buches stellte darum im Januar 2007 in einem Schreiben an das Bundesfamilienministerium, das sich seiner Meinung zumindest mit der Problematik intensiv auseinandersetzen müsste, folgende Fragen:

1. Die EU-Kommissarin Viviane Reding hat im Dezember 2006 alle EU-Mitgliedsländer aufgefordert, eine gebührenfreie Hotline-Nummer für vermisste Kinder (Tel. 116) einzurichten. (IP/06/1866 vom 20.12.06) Ich wäre Ihnen dankbar, wenn Sie mir mitteilen würden, wie der Stand der Umsetzung dieser Empfehlung in Deutschland ist.

2. In diesem Zusammenhang ergibt sich die zweite Frage, ob das Bundesfamilienministerium a) die Möglichkeit sieht, eine solche Notfallnummer auch auf den Bereich der vermissten Erwachsenen auszuweiten und b) eine Chance sieht, in eigener Kompetenz eine nationale Vermissten-Homepage einzurichten, auf der vor allem Tipps und Hilfsangebote für Angehörige von Vermissten gemacht werden.

Die Antwort aus dem Bundesfamilienministerium:

Zu 1:
Das Bundesfamilienministerium teilte mit, dass in dieser Frage das Bundesinnenministerium zuständig sei. Das ergebe sich daraus, dass sich die Polizei ohnehin um die Vermisstensuche kümmern müsse.

Zu 2:
Das Bundesfamilienministerium teilte mit, man sei nicht zuständig. Es gäbe auch keine Überlegungen etwa eine Vermissten-Homepage einzurichten. Wer zuständig sei, könne das Bundesfamilienministerium nicht sagen. Sicher wäre es aber besser, eine Lösung vor Ort, etwa mit Ansprechpartnern in den Kommunen, anzubieten.

Die wiederholte Anfrage des Autors an das Bundesinnenministerium wurde bis Redaktionsschluss nicht beantwortet.

Vermisste aus politischen Gründen suchen

amnesty international, Sektion der Bundesrepublik Deutschland e.V., 53108 Bonn, Telefon: 0228/983 73-0, E-mail: info@amnesty.de; Homepage: www.amnesty.de

Kriegs- und Katastrophenvermisste suchen

DRK Suchdienst München, Zentrale Auskunfts- und Dokumentationsstelle, Amtliches Auskunfsbüro bei bewaffneten Konflikten und Katastrophen: Hilfe für Angehörige, Chiemgaustraße 109, 81549 München, Telefon: 089-6807773-0, E-Mail: info@drk-suchdienst.org, Homepage: www.drk-suchdienst.org

Allgemeine Helfer

Arbeiterwohlfahrt - Bundesverband e.V., Marie-Juchacz-Haus, Oppelner Straße 130, 53119 Bonn 1, Tel.: 0228/6 68 50, E-Mail: info@awo.org; Homepage: www.awo.org

Beratungsstelle T.A.B.U e.V., Trauerbegleitung – Lebensberatung, Goethestraße 1, 45128 Essen 1, Tel.: 0201/32 87 77, E-Mail: tabu-team@online.de, Homepage: www.tabu-team.de

Bundesverband der Angehörigen psychisch Kranker e.V., Thomas-Mann-Straße 49a, 53111 Bonn 1, Tel.: 0228/632646, E-Mail: bapk@psychiatrie.de, Homepage: www.ang-psych-kr.de

Bundesverband der Elternkreise drogengefährdeter und drogenabhängiger Jugendlicher e.V., Ansabacher Str. 11, 10787 Berlin, Tel. 030-556702-0, E-Mail: bvek@snafu.de, Homepage: www.snafu.de

Bundesverband der Pflege -und Adoptivfamilien e.V. (PFAD), Heinrich-Hoffmann-Str. 3, 60528 Frankfurt am Main, Tel.: 069 / 67 06 – 285, E-Mail: info@pfad-bv.de, Homepage: www.pfad-bv.de

Deutscher Anwaltsverein, Anwaltsuche Tel. 01805-181805, Homepage: www.anwaltauskunft.de;

Deutscher Caritasverband, Helpline Caritasverband Mainz e.V., Grebenstraße 9, 55116 Mainz, Homepage Helpline: https://www.beranet.de/extern/about/index.php?&id=451, Homepage Carits: www.caritas.de

Deutscher Kinderschutzbund Bundesverband e.V., Bundesgeschäftsstelle, Hinüberstr. 8, 30175 Hannover, Tel.: 0511 - 30 485-0, E-Mail: info@dksb.de, Homepage: www.dksb.de

Freundeskreise für Suchtkrankenhilfe, Bundesverband e.V.,
Untere-Königsstraße-Straße 86, 34117 Kassel, Tel.:0561-780413,
E-Mail: mail@freundeskreise-sucht.de,
Homepage: http://www.freundeskreise-sucht.de

Kirchlicher Suchdienst, Lessingstraße 3, 80336 München,
Tel.: 089/544 97-201, E-Mail: ksd@kirchlicher-suchdienst.de,
Homepage: www.kirchlicher-suchdienst.de

Nationale Kontakt- und Informationsstelle zur Anregung und
Unterstützung von Selbsthilfegruppen (NAKOS),
Wilmersdorfer Str. 39, 10627 Berlin, Tel. 030 / 31 01 89 60,
E-Mail: selbsthilfe@nakos.de, Homepage: www.nakos.de

Tipp: Suchen Sie Rat bei Politikern und Behörden

Fragen Sie bei Problemen die Sozialbehörden der Stadt- oder Gemeindeverwaltungen: Scheuen Sie sich nicht, sich etwa an das Sozialamt zu wenden. Auch wenn es noch keine speziell ausgebildeten Vermisst-Berater gibt, so kann man ihnen zumindest in Einzelfragen behilflich sein. Gehen Sie davon aus, dass die Mitarbeiter der Stadtverwaltung auch für Vermisst-Fälle zuständig sind, auch wenn das in deren
Leistungskatalog nicht speziell aufgeführt ist. Lassen Sie sich nicht
mit der Begründung abweisen, man sei nicht zuständig.

Politiker Ihres Stadtteils und Ihrer Gemeinde können manchmal auch
helfen: Wenden Sie sich mit der Bitte um Unterstützung auch an die
für Ihren Stadtteil zuständigen Ratsmitglieder. Sie verfügen meist über
gute Beziehungen zur Stadt- oder Gemeindeverwaltung und können
Ihnen so manche Tür öffnen und vielleicht auch den einen oder anderen Rat geben. Die Adressen der Ratsmitglieder erhalten Sie über die
Stadtverwaltung (telefonisch oder im Internet). Helfen können gelegentlich auch die Abgeordneten der Landtage und des Bundestages
sowie die Geschäftsstellen der in den Parlamenten vertretenen Parteien. Die Adressen liegen bei der Stadt- oder Gemeinde-Verwaltung
vor.

Es gibt unzählige Beratungs- und Hilfsdienste, die ihnen unter Umständen in Einzelfragen weiter helfen können: z.B. Jugendämter, Bahnhofsmissionen, Sozialdienste, Verbraucherberatung, Jugend- und El-
tern-Beratungsdienste, Lebensberatungen, Schulpsychologische Beratung, Prozesskosten-/Beratungshilfe der Gerichte, Sozialämter der
Städte und Gemeinden, Zeugnistelefone, örtliche kirchliche Einrichtungen, Streetworker, Frauenhäuser, Eltern- und Sekten-Initiativen wie
viele andere Selbsthilfegruppen.

Nummer gegen Kummer:
1. Kostenloses Kindertelefon 0800-1110333. Das Kinder- und Jugend-
telefon ist ein telefonisches Gesprächs- und Beratungsangebot für Kinder und Jugendliche jeden Alters, die mit jemanden ohne Stress und Zeit-
druck vertrauensvoll sprechen möchten. Es gibt kein Thema, über das
man nicht mit den Beratern reden kann.
2. Kostenloses Elterntelefon 0800-1110550: Das Elterntelefon ist ein bun-
desweites telefonisches Gesprächs- und Beratungs- und Informationsangebot, das Eltern oft in schwierigen Fragen der Erziehung ihrer Kinder
schnall, kompetent und anonym unterstützt.

Telefonseelsorge Deutschland, Tag und Nacht besetzt,
Tel. 0800/ 111 0 111 (evang.) oder 0800/ 111 0 222 (kath.)

Verband Alleinstehender Mütter und Väter e.V.,
Kuhstraße 26, 38100 Braunschweig, Tel. 0531-6018400,
E-Mail: info@vamv-bs.de, Homepage: www.vamv-bs.de

Quellen / Literatur / Filme

Amnesty International (Hrsg.): „Nicht die Erde hat sie verschluckt. Verschwundene, Opfer politischer Verfolgung", Fischer-Verlag, Frankfurt am
Main 1982

Amnesty International (Hrsg.): „Bericht über die Folter", Fischer-Verlag,
Frankfurt am Main 1975

Amnesty International (Hrsg.): „Auslöschen könnt ihr sie nicht – Kampa-
gne gegen das Verschwindenlassen und politischen Mord", Bonn 1993

Bundeskriminalamt: „Die polizeiliche Bearbeitung von Vermisstenfällen
in Deutschland", Dokumentation des Bundeskriminalamt, Wiesbaden
2003, Internet: bka.de/profil/faq/faq-vermisste.pdf

Clages, Horst / Schlieper, Klaus-Dieter: „Polizeiliche Bearbeitung von
Vermisstenfällen", Kriminalistik Verlag, Heidelberg 1995

Deutsches Institut für Menschenrechte: „Jahrbuch Menschenrechte 2004",
Suhrkamp-Verlag, Frankfurt am Main 2003

Geilhausen, Stefani: „Die Witwe sagt: ‚Es ist Schicksal'", Theodor-Wolff-
Preis/Rheinische Post, Düsseldorf 2004, Internet: http://www.bdzv.de/
stefani_geilhausen.html

Jamin, Peter: „Vermisst! Über Menschen, die verschwinden, und jene,
die sie suchen", Bastei-Lübbe-Verlag, Bergisch Gladbach 1993

170

Jamin, Peter: „Opfer! Das Leben nach dem Überleben: Verbrechen – Unglück – Katastrophe", Bastei-Lübbe-Verlag, Bergisch Gladbach 1994

Jamin, Peter: „Hilflos! Gewalt gegen Kinder", Bastei-Lübbe-Verlag, Bergisch Gladbach 1995

Jamin, Peter: „Sexopfer Kind – Die Hintergründe des Falls Dutroux und die Machenschaften der internationalen Pornomafia", Bastei-Lübbe-Verlag, Bergisch-Gladbach 1997

Jamin, Peter / Grandt, Guido: „Sexualstraftäter – Eine Herausforderung für unsere Gesellschaft", Patmos-Verlag, Düsseldorf 2002

Jamin, Peter / Kniola, Franz-Josef / Kronenwerth, Susi (Hrsg.): „Vermißt - Informationen für Angehörige", Broschüre von WDR Fernsehen und NRW-Innenministerium, Düsseldorf 1996

Jamin, Peter: „Warten auf ein Lebenszeichen", „Die Zeit", 10. April 1992

Jamin, Peter: „Vermisst" Über Menschen, die verschwinden, und jene, die sie suchen", Fernsehdokumentation, WDR u.a., 3. April 1992

Jamin, Peter / Dibs-Filmproduktion u.a.: „WDR-Vermisst", Fernsehreihe in unterschiedlichen Formaten, 1992 bis 1997

Jamin, Peter in: Harnischdörfer, Claus, „betrifft: Straße nach nirgendwo", Fernsehdokumentation, SWR u.a., 9. Oktober 2004

Jochlik, Daniela: „Veröffentlichung und Bewältigung von Vermissungserlebnissen", Diplomarbeit, Psychologisches Institut der Universität Köln, Köln 1997

Köster-Hetzendorf, Maren: „Ich hab dich gesucht – der Krieg und seine verlorenen Kinder", Pattloch Verlag, Augsburg 1995

Landeskriminalamt NRW: „Bericht Jugendkriminalität und Jugendgefährdung 2005", Düsseldorf 2006, Internet: polizei-nrw.de/lka/stepone/data/downloads/8c/00/00/Lagebild_Jugendkrimiminalit%E4t_2005.pdf#search=%22Polizei%20Essen%20Statistik%20vermisste%22

Milke, Günter: Vermisst – was nun? Sachbearbeitung, Rechtslage, Problematik, Schicksal", Boorberg-Verlag, Stuttgart 1994

MDR: „Tipps gegen Tricks, Vermisst – wenn Menschen verschwinden", 2006, Internet: mdr.de/hier-ab-vier/tipps-gegen-tricks/3039982.html

Obermaier, Josef: „Zur Unterstützung der Angehörigen von Vermissten – Eine Handreichung für die Seelsorge"; Aufsatz, München 2006, Internet: http://www.notfallseelsorge.de/ arbeitshilfe_seelsorge_nach_flutkatastrophe.pdf

Rettungshundestaffel Hessen Mitte der Johanniter-Unfall-Hilfe, RV Giessen: „Warum werden wir so spät oder gar nicht gerufen", Gießen 2003, Internet: rettungshunde-juhgiessen.de/page176.html

Roth, Jürgen: „Sie töten für Geld – die Söldner", Droemer-Knaur, München 1992

Wontora, Jörg: „Bitte melde dich", S & L Medienkontor, Hamburg 1996

Stichwortverzeichnis

A

Abenteuerlust *144*
Abwesenheitspfleger *43, 53*
Amtliches Auskunftsbüro *142*
Angehörige *38, 42, 53, 64, 70,
75, 86, 87, 92, 93, 108,
125, 142, 150, 161, 162*
Angst *22, 66, 109, 156, 158*
Anwaltsuche *169*
Anzeige *31, 33, 34*
Arbeitgeber *43, 63, 90, 93, 162*
Aufenthaltsermittlung *29, 42*
Ausland *81, 82, 130, 132, 133,
166*
Auswärtiges Amt *130, 132, 138,
139, 140*

B

Bank *53, 75, 93*
Behörde *17, 43, 93, 162, 169*
Betroffene *15, 26, 84*
Beweismittel *40*
Bundeskriminalamt (BKA) *29, 41,
44, 48, 49, 53, 80, 98, 111,
112, 130, 132*
Bundesministerien *88, 163*
Bundesministerium der Justiz *53*
Bundesrechtsanwaltkammer *53*
Bundesverband der Betroffenen *64*

D

Demenzkranke 36
Depression *24, 97, 102, 105, 144*

Detektiv *19, 82, 84, 124, 125*
Deutsche Botschaft *82, 85, 130,
133*
Deutscher Anwaltverein *53*

Deutscher Städtetag *95*
Deutsches Rotes Kreuz (DRK)
139, 140, 141, 142
DNA-Abgleich *82, 112, 119*

E

Elterninitiative *37, 55*
Entführung *19, 32, 48, 59, 70,
71, 73, 76, 81, 110, 124,
126, 157, 159, 160*
Erfahrungsaustausch *65*
Ermordung *122*
Europäisches Parlament *127*

F

Fachhochschule *65, 94*
Fahndung *34, 35, 124*
Finanzfond *63*
Fliegerstaffel *81*
Flutkatastrophe *53*
Foto *42, 68, 77*
Freitod *56*
Fremdenlegion *144, 145, 146*

G

Gesetzgeber *94*
Gewalt *26*
Grundgesetz *28*

H

Heimkehr *151*
Hellseher *19, 82, 84*
Hilferufe *39, 91*
Hilflose Personen *32, 81, 82*
Hilflosigkeit *22, 29*
Hilfsorganisation *75*
Hoffnung *21, 22, 47, 67, 101,
104, 105, 107, 108, 109*
Hubschrauber *34, 36, 77, 100*

Hundertschaft *36, 100*
Hundesuchtrupp *36, 100*

I

Informationsmaterial *17*
Informationssystem der Polizei *34,*
98
Initiativen *88*
Innenminister *48*
Institutionen *43, 64, 88, 90, 93*
Internet *17, 31, 55, 56, 69, 138,*
139, 166
Interpol *132*

J

Jugendamt *43*
Jugendliche *30, 36, 39, 40, 41,*
43, 47, 83, 102
Jugendschutz *32*

K

Katastrophe *66, 136, 138, 140,*
142, 168
Kinder *20, 22, 30, 33, 34, 35, 36*
38, 39, 40, 41, 47, 68, 71,
83, 102, 165
Kinderkommission des Bundes-
tages *37*
Kinderpornografie *80*
Kinderschutzbund *63*
Kindesentziehung *80, 103, 136,*
137, 166
Kommune *37, 43, 52, 88, 94, 95,*
97, 98
Konflikte *33, 39, 67, 101*
Konsulargesetz *131*
Konsulat *82, 126*
Kontovollmacht *53*
Körperliche Gewalt *104*
Krankenhäuser *35, 42*
Krankenkasse *63, 89, 93*
Kriegsvermisste *140*

Krisenmanagement *61*

L

Landeskriminalamt (LKA) *53, 80,*
111, 119, 165
Landesministerium *163*
Lebensversicherung *53*
Lebenszeichen *150*
Lobby *64, 65*

M

Medien *17, 19, 35, 41, 50, 52, 55,*
57, 58, 62, 63, 66, 70, 71,
84, 93, 100, 129, 138, 160
Miete *93*
Minderjährige *29, 31*
Mord *19, 23, 32, 38, 110, 119,*
122, 124

N

Nachlass *23*
Notfall *20*

O

Opfer *61, 74, 79, 110, 158,*
159, 161
Opferhelfer *63, 93*
Orte *40*

P

Persönliche Daten *41*
Politik *17*
Politiker *162, 163, 169*
Politische Gründe *143*
Polizei *15, 23, 25, 28, 29, 30, 31,*
32, 34, 35, 36, 38, 39, 41,
42, 45, 46, 47, 50, 52, 53,
56, 64, 68, 69, 74, 75, 78,
80, 83, 85, 93, 94, 97, 98,
99, 101, 111, 113, 115, 117,
129, 132, 137, 156, 157, 165
Polizeidienstvorschrift *31*

PR-Experten *62, 63*
Probleme *22, 58, 64, 65, 67, 68,*
  88, 94, 144, 156, 157, 162
Psyche *22, 26*
Psychische Erkrankung *32*
Psychologe *16, 21, 62, 63, 93,*
  101, 107, 157, 162
Psychose *97*
Psychotherapie *108, 157*

R

Rechtsanwalt *43, 53, 90, 125, 128*
Rechtslage *30*
Reiterstaffel *36, 100*
Rente *89, 91, 93*
Rettungsdienste *34, 35*
Rettungshundestaffel *38, 34, 36,*
  45, 77
Rückkehr *144, 154, 157, 159*

S

Schengener Informationssystem
  (SIS) *81*
Schmerz *66, 105*
Schock *17, 21, 22, 67*
Schuld *22*
Selbsthilfe *34, 89, 93*
Selbsthilfegruppe *64, 84, 162*
Selbstmord *29, 30, 109*
Sexuelle Gewalt *38, 104*
Sozialarbeit *75*
Sozialarbeiter *62, 89*
Sozialbehörde *15, 16, 43, 52, 91*
Spuren *40, 42, 127*
Statistik *30, 47, 55, 58, 69, 71,*
  75, 80, 88, 101, 102,
  110, 111, 118, 122
Sterbeurkunde *53*
Stockholm-Syndrom *79*
Straftat *29, 56, 102, 118*
Suche *22, 34, 35, 36,*

  38, 40, 41, 42, 44, 45, 55,
  93, 97, 110, 114, 125, 137,
  162, 165

T

Tag der vermissten Kinder *37*
Täter *70*
Tauchergruppe *36*
Telefonliste *39*
Telefonseelsorge *26*
Theodor-Wolff-Preis *50, 170*
Tod   *23, 26, 53, 56, 66, 69, 108,*
  131, 159
Totschlag *110*
Trauer *21, 105, 107, 109*

U

Unbekannte Tote *81, 82, 112*
Unfall *29, 102*
Universität *65, 68*
Unruhe *138*
Urlaub *23*

V

Verbände *88*
Verbrechen *110*
Vermisst-Berater *63, 92, 93, 99*
Vermisst-Bundesverband *65*
Vermisst-Flugblatt *35, 38, 41, 42,*
  43, 93
Vermisst-Formulare *32*
Vermisstanzeige *32, 105, 156*
Vermissten-Fahndung *29*
Vermissten-Helfer *16, 26, 30, 31,*
  38, 63, 64, 65, 82, 91,
  93, 99, 162, 168
Vermissten-Registrierung *89*
Vermissten-Telefon *35, 94, 118, 165*
Vermisstenanzeige *25, 26, 28, 34,*
  39, 42, 46, 50, 89, 93, 94,
  115, 117, 138
Vermisstenstelle *46, 80, 81, 117*

Versicherung *43, 53, 63, 75, 90,*
    93, 162
Verwaltungshochschulen *94*
Verzweiflung *22, 66*
Vormundschaftsgericht *53*

W
Weisser Ring *63, 68*
Weiterbildung *65*
Wohnungsbesitzer *75*